Arbeitsbuch Hauswirtschaft

von

Cornelia A. Schlieper

12., aktualisierte Auflage

Dr. Felix Büchner – Handwerk und Technik
Hamburg

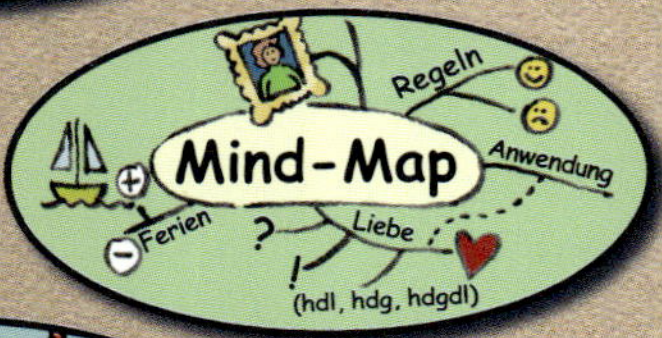

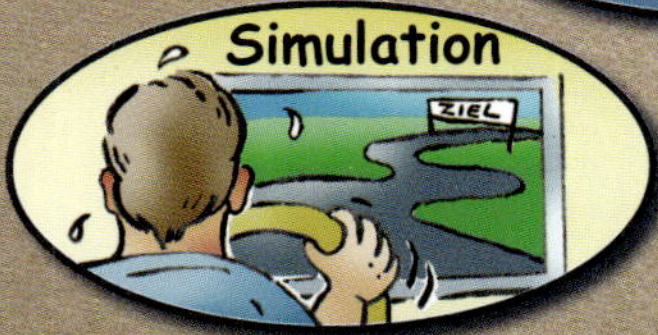

Für die Haushaltsführung, so meinen viele, benötigt man keine besondere Ausbildung. Das notwendige Wissen und Können erwirbt jeder im eigenen Zuhause.

Anders denken sie erst, wenn Schwierigkeiten auftreten und Zusammenleben bzw. Gesundheit beeinträchtigt werden.

In dem Arbeitsbuch Hauswirtschaft werden die Aufgabenbereiche Nahrungszubereitung und die dafür benötigten Kenntnisse und Einsichten wie gesunde Ernährung, Einkauf, Arbeitsplanung, Arbeitsgestaltung und Arbeitsteilung grundlegend behandelt. Daneben werden Themen wie Wohnen, Sicherung der Haushaltsmitglieder, Freizeit, Werkstoffe und Reinigung angesprochen.

Durch die vielfältigen Handlungsideen sollen zugleich Methoden- und Sozialkompetenz der Schülerinnen und Schüler gestärkt werden. Sie erlernen unterschiedliche Methoden, die es ihnen ermöglichen, auch in anderen Situationen selbstständig eine passende Methode auszuwählen bzw. neue Methodenideen zu entwickeln.

Schülerinnen und Schüler erfahren bei der Umsetzung der Handlungsideen, dass die Beschäftigung mit einer angemessenen, umweltfreundlichen und gesunden Lebensweise nicht allein das Gebiet von Fachleuten, sondern ihre Sache ist.

Die Handlungsideen sind im Inhaltsverzeichnis und auf den Buchseiten mit einem gekennzeichnet.

Das schülerzentrierte Lernen kann durch den Einsatz der **Arbeitsblätter Hauswirtschaft** (Bestellnr. HT 7435) verstärkt werden.

Cornelia A. Schlieper

Sommer 2009

Inhaltsverzeichnis

Unterschiedliche Lebenssituationen bewältigen

Esssituationen – Lebenssituationen

Betrachte die unterschiedlichen Lebenssituationen.

1. Beschreibe die verschiedenen Situationen, in denen Menschen allein oder zusammen essen und trinken.
2. Unterteile die Abbildungen in zwei Gruppen: Hier
   a) macht das Essen Spaß,
   b) gefällt mir die Esssituation nicht.
3. Schreibe einen Bericht über eine Esssituation, bei der dir das Essen Spaß gemacht hat.
4. Überlege, wie die Menschen auf den Bildern leben. Wie
   – wohnen sie?
   – organisieren sie ihren Haushalt?
   – ernähren sie sich?
   – usw.

5

6

8

7

9

Kein ungewöhnlicher Tag bei Familie Hauser

Morgens kurz vor sechs Uhr

Frau Hauser steht auf, geht leise ins Bad und bereitet dann das Frühstück zu. Inzwischen ist auch Herr Hauser aufgestanden. Er kommt um 6:30 Uhr aus dem Bad, geht in die Küche, setzt sich an den Frühstückstisch und liest Zeitung.

Frau Hauser weckt die beiden Kinder Marie und Stefan, deren Unterricht um 7:40 Uhr beginnt. Es ist bereits 6:45 Uhr, Frau Hauser frühstückt mit ihrem Mann. Marie und Stefan liegen noch in den Federn. Frau Hauser ruft sie bereits zum dritten Mal: „Aufstehen – ihr kommt sonst zu spät zur Schule." Endlich geht Marie ins Bad, Stefan folgt kurze Zeit später.

Schließlich erscheint Marie in der Küche und meckert über das Frühstück: „Schon wieder Erdbeerkonfitüre ..., ich habe keinen Hunger." Marie geht in ihr Zimmer, um ihre Schulsachen zu packen. Sie findet den Atlas nicht, ebenso fehlt ein Turnschuh.

Stefan schlingt das Frühstücksbrot herunter. Inzwischen ist es 7:10 Uhr. Marie und Stefan rennen zum Bus. Stefan weiß nicht, ob er alle Schulsachen eingepackt hat, er hatte keine Zeit nachzusehen.

Herr Hauser hat um 7:00 Uhr das Haus verlassen, um ins Büro zu gehen. Er wird um 17:00 Uhr zurückkommen. Frau Hauser verlässt um 7:15 Uhr das Haus. Sie arbeitet halbtags als medizinische Fachangestellte. Gegen 12:45 Uhr wird sie wieder zu Hause sein.

Zurück bleiben ein unordentlicher Frühstückstisch, ein übervoller Mülleimer, ein Badezimmer mit herumliegenden Handtüchern, Zahnbürsten usw. In Maries Zimmer sieht es chaotisch aus. Beim Suchen ihres Turnschuhs hat sie einiges aus den Schränken und Regalen auf den Fußboden geworfen. In Stefans Zimmer sieht es auch nicht viel besser aus. Kleidungsstücke liegen herum, kein Bett ist gemacht.

Mittags um 12:45 Uhr

Nach einem anstrengenden Morgen in der Arztpraxis kommt Frau Hauser nach Hause. Was soll sie jetzt schnell kochen? Sie findet in den Vorräten nichts Geeignetes für das Mittagessen. Sie macht sich nochmals auf den Weg, um die notwendigen Lebensmittel für das Mittagessen zu kaufen. Um 13:15 Uhr kommt sie abgehetzt heim und beginnt mit der Zubereitung des Mittagessens.

Es ist 13:30 Uhr

Marie und Stefan kommen aus der Schule zurück. Sie murren, weil das Essen noch nicht fertig ist, und verziehen sich in ihre Zimmer. Stefan legt sich auf sein Bett und hört eine CD. Marie mag diese Musik nicht, die sie aufgrund der Lautstärke auch in ihrem Zimmer hört. Marie legt ebenfalls eine CD in den CD-Player und dreht voll auf, um Stefans Musik zu übertönen.
Türen knallen.

Es ist 14:00 Uhr

Das Essen ist fertig. Frau Hauser, Marie und Stefan sitzen am Mittagstisch. Stefan erklärt, dass er heute um 16:00 Uhr ein Treffen mit seinem Freund in der Nachbarstadt vereinbart hat: „Da musst du mich hinfahren und abends wieder abholen“, erwähnt er nebenbei.

Marie hat um 18:00 Uhr Tennisunterricht. Sie will ebenfalls von ihrer Mutter gefahren und nach einer Stunde wieder abgeholt werden.

Frau Hauser überlegt, wie sie das heute alles schaffen kann. Sie muss noch einkaufen, die Wohnung in Ordnung bringen, Wäsche waschen und bügeln, die Hausaufgaben nachsehen ... und eigentlich wollte sie bei ihrer Freundin einen Krankenbesuch machen und abends mit ihrem Mann einen Vortrag besuchen.

Ob daraus etwas wird?

Ist dies wirklich auch in Zukunft kein ungewöhnlicher Tag bei Familie Hauser?

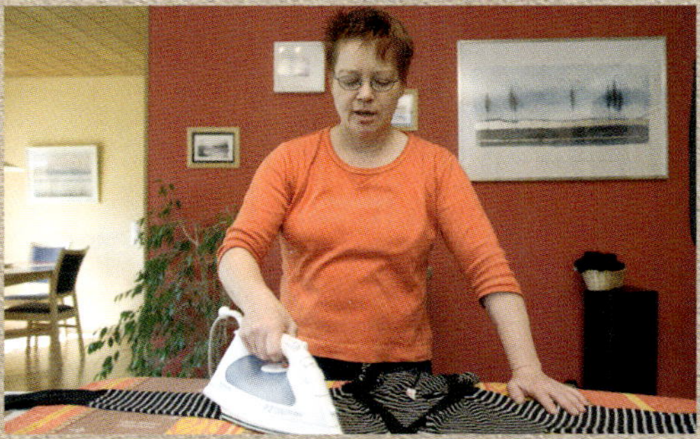

1. Was sollte bei Familie Hauser verändert werden, damit das Zusammenleben harmonischer verläuft?
2. Im Haushalt von Familie Hauser gibt es viele Aufgaben zu erledigen. Alle sollten mithelfen.
   a) Nenne Aufgaben, die bei Familie Hauser erledigt werden müssen.
   b) Welche Aufgaben sollten Marie und Stefan übernehmen?
   c) Welche Aufgaben sollte Herr Hauser übernehmen?
   d) Welche Aufgaben sollte Frau Hauser weiterhin übernehmen?
3. Erstelle einen Tagesplan für Familie Hauser. Beachte dabei Beruf/Schule, anfallende Aufgaben und Freizeit.

1 Arbeitsplatz Küche

1.1 Arbeitsplanung

Wir bringen die Tätigkeiten bei der Zubereitung einer Mahlzeit in eine sinnvolle Reihenfolge

Das Mittagessen muss rechtzeitig fertig werden!

Gemeinsam geht es leichter

Die Abbildungen von der Zubereitung eines Möhren-Rindfleisch-Eintopfs und einer Quarkspeise mit frischen Erdbeeren sind durcheinandergeraten.

Auch die Zutaten für den Eintopf stehen nicht mehr in der richtigen Reihenfolge.

1. Beschreibt zunächst die Tätigkeiten, die die Abbildungen zeigen, vgl. S. 11.
2. Überlegt dann, mit welchem Arbeitsschritt begonnen werden sollte, damit nicht so lange Wartezeiten entstehen.
3. Notiert die richtige, zeitsparende Reihenfolge der Arbeitsschritte/Abbildungen.
4. Erstellt einen Zeitplan für die Zubereitung des Mittagessens.
5. Welche Fehler werden sonst gemacht?
   Arbeitsgeräte?
   Arbeitsablauf?
   usw.
6. Welche Geräte können eingesetzt werden, damit Zeit gespart wird?
7. Nutzt die gewonnenen Informationen und schreibt ein Rezept für die Zubereitung des Möhren-Rindfleisch-Eintopfs.
8. Nehmt das Rezept für den Möhren-Rindfleisch-Eintopf in eure Rezeptsammlung auf.

QUARK
50 Minuten garen lassen
TiK TaK

Planen und Zubereiten einer Mahlzeit für zwei Personen

Tina und Ole bekommen einen Korb mit Lebensmitteln. Sie sollen gemeinsam aus diesen Lebensmitteln eine Mahlzeit für **zwei Personen** zusammenstellen, zubereiten und den Tisch für die zubereiteten Speisen decken. Tischdecken, vgl. S. 198.

Tina und Ole wissen: Die vorhandenen Lebensmittel sollen alle verwendet werden. Restmengen, z. B. ½ Möhre, dürfen aber übrig bleiben. Gewürze und kleine Mengen an Grundnahrungsmitteln, z. B. Mehl, Stärke, Zucker, Honig, sind im Vorrat.

Informieren
Tina und Ole werden nun Rezepte in ihrem Schulbuch suchen, nach denen sie Speisen aus diesen Vorräten, vgl. Abbildung, herstellen können.

Planen der Zubereitung
Nun müssen Tina und Ole planen, in welcher Reihenfolge sie die Rezepte zubereiten wollen und wer welche Arbeiten dabei übernehmen soll.

Ausführen
Nachdem der Arbeitsplan erstellt worden ist, geht es an die Zubereitung der Speisen und das Tischdecken.

Aufräumen
Nach dem Essen müssen Ole und Tina dann die Küche und das Geschirr wieder säubern und alles an seinen „Stammplatz" zurückstellen.

Zum Schluss besprechen Tina und Ole, was gut geklappt hat bzw. was sie nächstes Mal besser machen wollen.

Variante: Jetzt wird es noch schwieriger
Tina und Ole bekommen keinen Korb mit Lebensmitteln, sondern eine Personengruppe und eine Mahlzeit vorgegeben, z. B. Jugendliche – Mittagessen.

Tina und Ole müssen nun für diese Personengruppe eine bedarfsgerechte und saisonale Mahlzeit planen und zubereiten.

Zutaten, die Tina und Ole bekommen

Tina und Ole sollen das Mittagessen gemeinsam zubereiten:

1. Ermittle Rezepte aus dem Buch, die mit den auf S. 12 abgebildeten Zutaten hergestellt werden können.
2. Bereitet den Arbeitsplatz vor: Geräte herrichten, Lebensmittel bereitstellen und abwiegen bzw. abmessen.
3. Übertrage die Tabelle „Arbeitszeitplan für das Mittagessen" in dein Heft und ergänze die fehlenden Arbeitsschritte/-zeiten.
4. Verteilt die Arbeiten auf zwei Personen. Denkt auch an das Tischdecken und Aufräumen.
5. Ermittle die Gesamtarbeitszeit. Lege den Zeitpunkt fest, wann ihr essen wollt.
6. Bereitet die Mahlzeit nach Plan zu und berichtigt ihn gegebenenfalls.
7. Lies die Bezeichnungen der genannten Zutaten in dem Korb unten rechts.
8. Schaut auch hier im Buch, für welche Rezepte ihr diese Zutaten verwenden könnt.
9. Erstellt für diese Rezepte einen Arbeitsplan für zwei Personen.

Ämterplan

Arbeitsgruppen planen grundsätzlich für jede neue Aufgabe alle einzelnen Arbeitsschritte, den optimalen Ablauf und wer welche Tätigkeiten übernimmt.

Zur Vereinfachung erstellt man für die üblichen Ordnungsaufgaben einen Ämterplan, z. B.
- *Spülamt*
- *Abtrockenamt*
- *Bodenamt*
- *usw.*

Arbeitszeitplan für das Mittagessen

Zeit	Schüler 1	Schüler 2
10 Min.	Zutaten und Geräte bereitstellen	
10 Min.	Wasser mit Salz und Öl aufsetzen	Zitrone auspressen
	?	?
10 Min.	?	?
? Min.	?	?

Tätigkeitszeit

Wartezeit

Pausen

Erstellung von Arbeitsplänen

- Untergliedere den Arbeitsablauf für einzelne Speisen usw. zuerst in Arbeitsschritte. Auch die Dauer der einzelnen Arbeitsschritte muss bestimmt werden.
- Überlege bei den einzelnen Arbeitsschritten, ob es sich um Tätigkeitszeiten, z. B. Schälen von Zwiebeln, oder um Wartezeiten, z. B. Garziehen der Spaghetti, handelt.
- Durch eine sinnvolle Nutzung der Wartezeiten wird die Gesamtarbeitszeit verkürzt. Wartezeit, z. B. während des Garziehens der Spaghetti, wird für die Zubereitung des Obstsalats genutzt.
- Plane den Arbeitsablauf für die Zubereitung der Speisen so, dass möglichst geringe Wartezeiten anfallen. Können die Wartezeiten nicht für andere Zubereitungsarbeiten genutzt werden, so werden sie für Reinigungsarbeiten oder für das Tischdecken eingeplant.
- Achte darauf, dass die Speisen möglichst gleichzeitig fertig werden bzw. Speisen, die noch abkühlen müssen, zuerst zubereitet werden.
- Der Arbeitsablauf wird im Allgemeinen mit der Speise begonnen, die die längste Zubereitungsdauer hat.
- Aus einer ersten Arbeitsplanung ergibt sich die ungefähre Gesamtarbeitszeit und dadurch die Uhrzeit für den Arbeitsbeginn bzw. für die Mahlzeiteneinnahme.

Die Gesamtarbeitszeit entsteht aus

Tätigkeitszeit: eine planmäßige, unmittelbar der Arbeitsaufgabe dienende Tätigkeit, Ausführung der notwendigen Arbeiten.

Wartezeit: ablaufbedingte Unterbrechung, z. B. Garen der Lebensmittel, man wartet, bis das Tätigsein wieder notwendig wird.

Pausen: entstehen durch störungsbedingte oder persönlich bedingte Unterbrechungen, z. B. Nase putzen.

Pausen dienen auch der Wiederherstellung der Arbeitskraft, z. B. Erfrischungsgetränk zu sich nehmen.

Planvoll arbeiten

Vorbereitungen

- Das Rezept gründlich durchlesen.
- Einen Arbeitsplan erstellen.
- Lebensmittel genau abwiegen oder abmessen.
- Lebensmittel und Geräte bereitstellen.

Wir beginnen mit der Zubereitung

- Möglichst im Sitzen arbeiten.
- Lebensmittel, soweit möglich, gründlich waschen, da sich Schmutz und evtl. auch Schadstoffe auf der Oberfläche befinden.
- Den Abfall auf einem Teller oder in einer Schüssel sammeln.
- Nur saubere Geräte für die Speisenzubereitung verwenden.
- Fleisch ist besonders häufig mit krank machenden Bakterien behaftet. Durch bereits verwendete Geräte können diese auf andere Lebensmittel übertragen werden und zu Lebensmittelvergiftungen führen.
- Lebensmittel erst unmittelbar vor der Weiterverarbeitung zerkleinern.
- Lebensmittel abgedeckt und kühl aufbewahren.
- Speisen nicht warm halten, sondern abkühlen und bei Bedarf wieder aufwärmen. Besonders in warmen Speisen, aber auch bei Zimmertemperatur können sich Bakterien schnell vermehren.
- Speisen gut, aber mit Bedacht abschmecken.
- Speisen ansprechend anrichten und garnieren.

Nun geht es an das Aufräumen

- Die Küche nach dem Essen und auch zwischendurch sorgfältig aufräumen und reinigen.
- Geschirrtücher und Wischtücher regelmäßig wechseln und waschen.
- Arbeitstische nicht als Sitze benutzen.
- Ein Ämterplan erleichtert die Verteilung der Aufräumarbeiten.

Rezept gründlich lesen

Arbeitsplatz einrichten

Speisen abgedeckt und kühl aufbewahren

Hände waschen

Wunden sauber abdecken

Sauberer Löffel zum Probieren

Hygienisch arbeiten

„Hallo Marie, wir hatten gerade Hauswirtschaft. Stell dir mal vor, wie wir nächste Woche zum Unterricht kommen sollen: Wir sollen eine Schürze umbinden. Alle, die lange Haare haben, sollen sie zusammenbinden. Die Hände sollen wir uns waschen – als ob meine sonst schmutzig wären! Ringe dürfen wir nicht tragen ...

Die will uns ärgern, oder siehst du einen Sinn in diesen Vorschriften?"

Vor Praxisbeginn

- Eine Schürze umbinden oder einen Kittel anziehen. Die Kleidung wird geschützt, und es soll verhindert werden, dass Bakterien von der „Straßenkleidung" auf die Speisen gelangen.
- Schmuck ablegen. Armbänder, Ringe und Armbanduhren können zur Gefahr werden.
- Lange Haare zusammenbinden. Ein Kopftuch oder Ähnliches tragen. Lange Haare und Halstücher können z.B. in elektrische Geräte geraten. Schwere Unfallfolgen sind möglich.
- Vor Praxisbeginn und nach dem Gang zur Toilette die Hände waschen. Personen – auch eure Mitschülerinnen und Mitschüler – können krank machende Bakterien ausscheiden, ohne dies zu wissen. Bereiten sie nun Speisen zu, ohne sich vorher die Hände zu waschen, können andere Personen erkranken.
- Schnittwunden oder andere Verletzungen müssen mit einem sauberen Pflaster oder Verband abgedeckt sein.
- Nach dem Naseputzen oder Husten die Hände waschen. Nicht auf Speisen niesen oder husten.
- Speisen nur mit sauberen Löffeln abschmecken bzw. probieren. Auf eiternden und offenen Wunden, Nasen- und Rachenschleimhäuten befinden sich Bakterien, diese können sich in Speisen vermehren und zu Lebensmittelvergiftungen führen.

Arbeitsbereiche

1. Betrachte die unten abgebildete Küche:
   Was gehört zu den verschiedenen Arbeitsbereichen in der Küche?
2. Zeige die verschiedenen Arbeitsbereiche in deiner Schulküche.
3. Es soll ein Möhreneintopf zubereitet werden.
   Lies den Text „Tätigkeiten bei der Zubereitung eines Möhreneintopfs“.
   Nenne die Arbeitsbereiche, in denen diese Tätigkeiten durchgeführt werden:
   a) Möhren holen ?
   b) ?

Eine Schulküche

Diese Grundelemente gehören zu den Arbeitsbereichen:

- **Vorbereitungsbereich:** Arbeitsplatz zwischen Spüle und Herd
- **Kochbereich:** Herd und Stellflächen rechts und links davon
- **Spülbereich:** Spüle, die Stellfläche rechts davon und die Abtropffläche links davon
- **Vorratsbereich:** Kühlschrank und weiterer Schrankraum zum Aufbewahren von Vorräten und Geschirr usw.

Tätigkeiten bei der Zubereitung eines Möhreneintopfs

Die Möhren werden aus dem Kühlschrank geholt.
In der Spüle werden sie gewaschen.
Am Arbeitsplatz werden sie geschält.
Dann werden sie nochmals gewaschen und schließlich in Würfel geschnitten.
Danach werden die Möhren gegart.

1. Beide Schülerinnen haben einen Arbeitsplatz für die Herstellung eines Obstsalats eingerichtet. Was wird richtig gemacht? Was wird falsch gemacht?
2. Richte einen Arbeitsplatz ein.

Arbeitsplätze: Herstellen von Obstsalat

Arbeitsplatzgestaltung

Beim Einrichten des Arbeitsplatzes ist auf den richtigen Arbeitsablauf und die Anordnung der Arbeitsgeräte, Schüsseln usw. zu achten:

- Der Teller für den Abfall und das Brett, das zum Zerkleinern benutzt wird, stehen direkt vor der arbeitenden Person bzw. rechts daneben.
- Die Hände sollen sich beim Arbeiten möglichst nicht kreuzen – sich nicht gegenseitig behindern –, und es soll nicht zu unnötig weiten Bewegungen kommen. Rechtshänder: Die Rohware wird mit der linken Hand gegriffen, also steht sie links.
- Der Bewegungsablauf muss dem Menschen angepasst werden. Rechtshänder arbeiten im Allgemeinen von rechts nach links, Linkshänder umgekehrt.
- Beide Hände sollten möglichst gleichmäßig benutzt werden, auch wenn die Arbeitshand meist geübter ist.
- Die Zahl der Bewegungen möglichst gering halten.

Greifraum – man unterscheidet inneren und äußeren Greifraum

- **Innerer Greifraum:** Gegenstände, die häufig benötigt werden, gehören in den inneren Greifraum. Hier können sie mit gebeugtem Arm bequem erreicht werden, z. B. das Brett, auf dem das Obst zerkleinert wird.
- **Äußerer Greifraum:** Gegenstände, die nicht so häufig gebraucht werden, gehören in den äußeren Greifraum. Sie können nur mit gestrecktem Arm erreicht werden, z. B. die Schüssel für den Obstsalat.

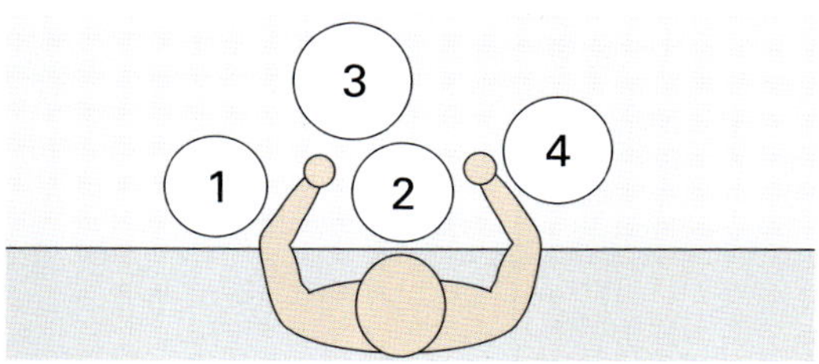

1 Rohware – Obst
2 Schneidebrett
3 Schüssel für geschnittenes Obst
4 Schüssel für Abfall

Arbeitshaltung

1. Betrachte die Abbildungen:
   Beschreibe die Arbeiten.
   Was wird hier falsch gemacht?
   Wie macht man es richtig?
2. Es wird ein Obstsalat hergestellt.
   Welche Teilarbeiten müssen
   a) im Sitzen,
   b) im Stehen
   erledigt werden?
3. Welche Arbeiten sollen im Sitzen und welche im Stehen ausgeführt werden?
   a) Kartoffeln schälen
   b) Hefeteig kneten
   c) Plätzchen ausstechen
   d) Tischdecke bügeln
   e) Pflaumen entsteinen
   f) Gemüse putzen
   g) Mandeln mahlen
   h) Kopfsalat waschen und putzen
   i) Bluse bügeln
   j) Teig ausrollen

- Bei jeder Arbeit auf eine gute Körperhaltung achten.
- Jeweils überlegen, ob man die Arbeit besser im Stehen oder im Sitzen durchführt.
- Arbeiten in gebückter oder hockender Körperhaltung möglichst vermeiden.

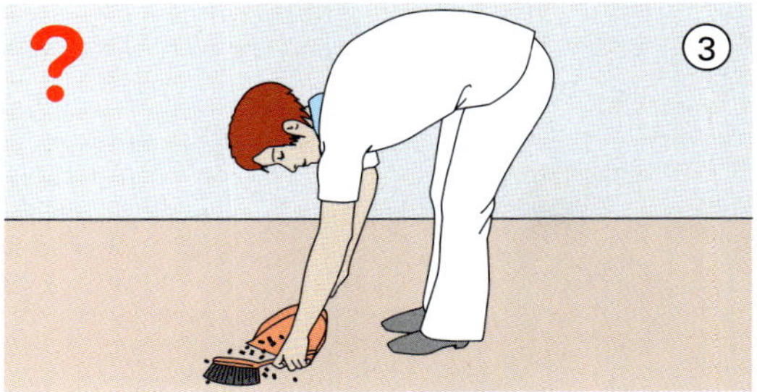

1.2 Arbeitssicherheit

Unfallgefahren – Unfallschutz

1. Betrachte die Abbildungen:
   Erläutere, was hier falsch gemacht wird.
   Wie macht man es richtig?
2. Beschreibe Sicherheitsmaßnahmen, die bei der Arbeit mit
   a) einem Messer,
   b) einem Dampfdrucktopf, vgl. S. 49,
   beachtet werden müssen.
3. Erstellt Plakate zum Thema „Unfallgefahren/Unfallschutz für die Schulküche“.
4. Beschreibe Erste-Hilfe-Maßnahmen, vgl. S. 22, bei
   a) kleineren Schnittverletzungen,
   b) Verbrennungen.
5. Erstelle einen Fingerkuppenverband, vgl. S. 22.

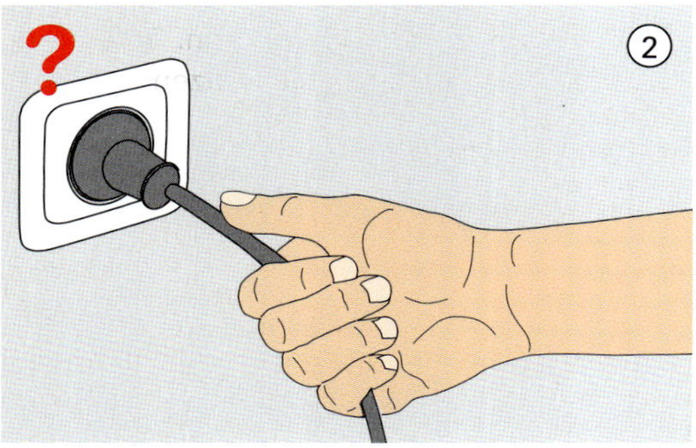

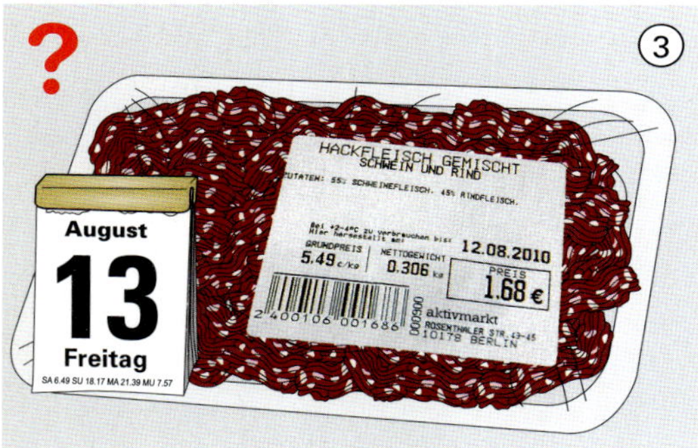

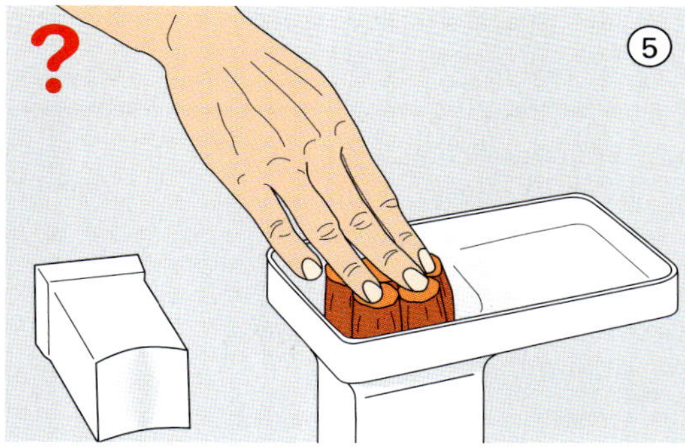

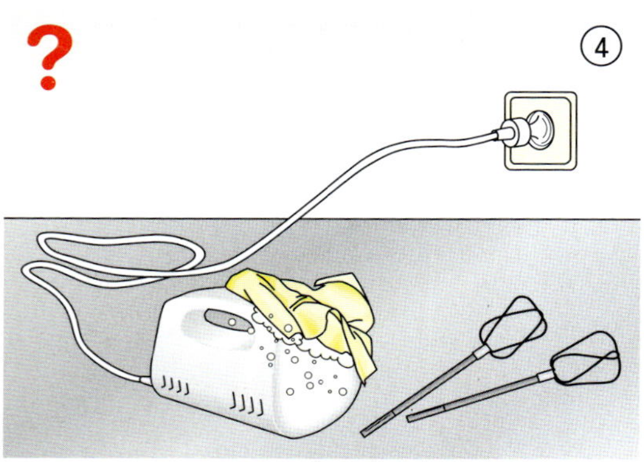

Vermeidung von Stürzen – 85 % aller Unfälle sind Stürze

- Herabgefallene Abfälle, z. B. Obstschalen, sofort aufheben.
- Verspritztes Fett sofort aufwischen.
- Auf richtige Arbeitskleidung, besonders rutschfeste Schuhe, achten.
- Keine Anschlusskabel von elektrischen Geräten herunterhängen lassen.
- Stühle nicht als Leiterersatz verwenden. Eine Leiter mit rutschfesten Tritten, Gummifüßen und Sicherheitsbügel benutzen.

Vermeidung von Schnittwunden und Verletzungen durch Geräte

- Beim Arbeiten Haare zusammenbinden, Schmuck ablegen.
- Den Resthalter bei Zerkleinerungsmaschinen benutzen.
- Krallengriff beim Schneiden anwenden.
- Schneidegeräte nicht herumliegen lassen.
- Nicht mit Schneidegeräten, z. B. Messer, herumlaufen. Sollte dies notwendig sein, Klinge bzw. Schneide nach unten halten.
- Keine elektrischen Geräte mit beschädigten Anschlusskabeln benutzen. Vor dem Reinigen der Geräte den Stecker ziehen. Motorgehäuse nur feucht abwischen, nicht spülen.
- Stecker nicht an der Schnur aus der Steckdose ziehen, Stecker anfassen.
- Beschädigtes Geschirr wegwerfen.

Vermeidung von Verbrennungen und Verbrühungen

- Heiße Flüssigkeit, z. B. von Kartoffeln, vorsichtig abgießen.
- Auf brennendes Fett kein Wasser gießen. Einen Deckel auf das Gefäß legen, damit die Flamme erstickt.
- Lebensmittel gut abtupfen, bevor sie frittiert oder gebraten werden. So werden gefährliche Fettspritzer vermieden. Zum Frittieren deshalb auch nur wasserfreies, reines Fett bzw. Speiseöl verwenden, vgl. S. 84.
- Darauf achten, dass z. B. der Grill auch von außen sehr heiß werden kann. Topfhandschuhe bzw. Topflappen benutzen.

Vermeidung von Vergiftungen und Verätzungen

- Beim Einkauf von leicht verderblichen Lebensmitteln – z. B. Hackfleisch – auf das Verbrauchsdatum achten. Bis zu diesem Datum muss das Hackfleisch verzehrt sein, vgl. S. 130.
- Bei schlechtem Geruch oder Schimmelbildung Lebensmittel nicht mehr essen.
- Selbst gesammelte Pilze nur dann essen, wenn man sie wirklich kennt. Vorsichtshalber zur Pilzberatungsstelle gehen.
- Reinigungsmittel nur in entsprechend gekennzeichneten Flaschen aufbewahren, nie in Getränkeflaschen füllen.
- Dosierungsvorschriften beachten. Es kann sonst evtl. zu gefährlicher Gasbildung kommen.

Krallengriff

Gefahrensymbole (Auswahl)

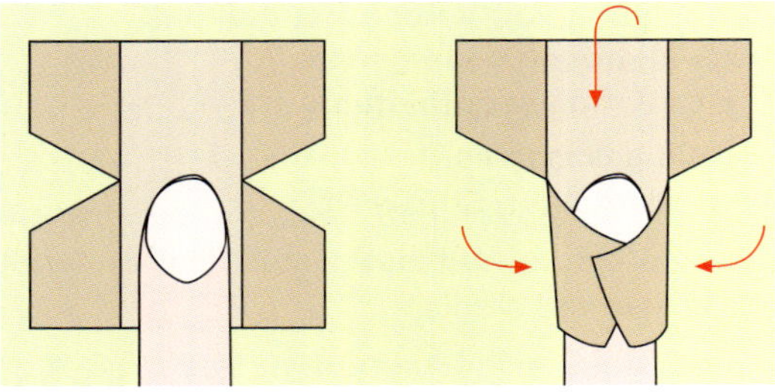

Fingerkuppenverband

Behelfsmäßige Ruhigstellung bei Oberarmbruch

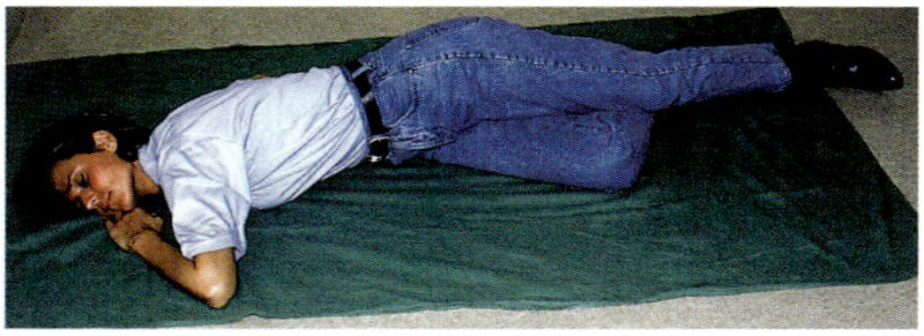

Stabile Seitenlage

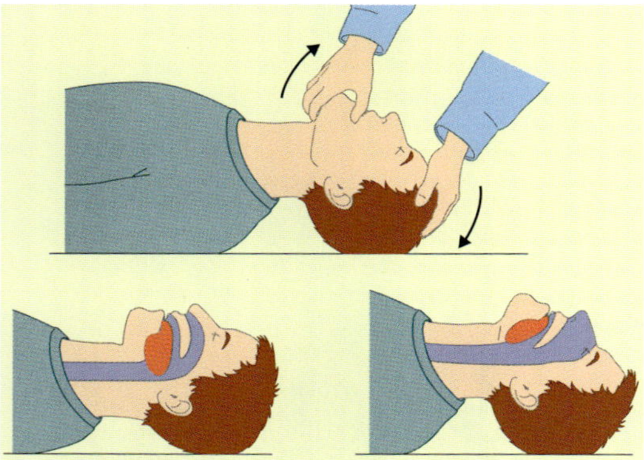

Atemwege frei halten

Erste-Hilfe-Maßnahmen

Größere Wunden
Nicht berühren. Weder Puder, Salbe noch Desinfektionsmittel verwenden. Mit steriler Wundauflage und Mullbinde oder Verbandpäckchen bedecken. Zum Arzt! An Tetanusimpfung denken.

Kleine Wunden
Nicht auswaschen, etwas bluten lassen. Grobe Schmutzteile vorsichtig mit sauberem Tuch entfernen. Steriles Pflaster verwenden.
Sonst können selbst kleine Wunden lebensgefährlich werden. Es kann zu Entzündungen und zu einer Blutvergiftung kommen.

Nasenbluten
Den Kopf leicht vornüberbeugen. Kalte Umschläge in den Nacken.

Insektenstiche
Feuchte, kühle Umschläge mit Essigwasser oder verdünntem Salmiakgeist. Bei Bienenstichen und Wespenstichen im Mundraum sofort Notruf – **Erstickungsgefahr**!
Inzwischen Hals mit Eisbeutel kühlen.

Verbrennungen und Verbrühungen
Betroffene Stelle sofort in kaltes Wasser – kein Eiswasser – eintauchen oder unter fließendes Wasser halten, bis der Schmerz nachlässt; mindestens 15 Minuten. Kein Mehl oder sonstige Hausmittel verwenden. Evtl. mit Brandwunden-Verbandpäckchen oder Verbandtuch abdecken.

Verätzungen
Sofort Notruf!
Kleidung über den betroffenen Stellen entfernen. Haut ausgiebig mit Wasser abspülen. Dabei die unverletzten Teile, z.B. das andere Auge, schützen.

Vergiftungen durch Chemikalien
Bei Verätzungen des Magen-Darm-Trakts reichlich Wasser trinken lassen, niemals zum Erbrechen reizen. Bei allen anderen Vergiftungen beim Erbrechen helfen, Giftreste und Ausscheidungen sicherstellen.

Knochenbrüche/Verletzungen der Gelenke
Ruhigstellung möglichst ohne Bewegung der verletzten Körperteile.

Erstickungsgefahr – Fremdkörper in der Luftröhre
Sofort Oberkörper tief nach vorn beugen, mit der flachen Hand kräftige Schläge zwischen die Schulterblätter, husten lassen.

Elektrounfälle
Sofort den Stromkreis unterbrechen, z. B. den Stecker ziehen, den Strom abschalten.
Auf Selbstschutz achten.
Atem- und Pulskontrolle durchführen. Bei Bewusstlosigkeit stabile Seitenlage, bei Atemstillstand Atemspende.

Grundsätzliches bei Unfällen
- Ruhe bewahren
- Erkennen, überlegen, handeln
- Weitere Schädigungen verhindern
- Unfallstelle absichern
- Hilfe herbeiholen – Notruf
- Verletzte Person nicht allein lassen

1. Lies die folgenden Fallbeispiele. Überlege, welche Erste-Hilfe-Maßnahmen durchgeführt werden müssen.
   a) Monika rutscht aus. Beim Stürzen ist ein Knacksen im Sprunggelenkbereich zu hören.
   b) Durch Unachtsamkeit verbrennt sich Hans die Hand an der Herdplatte.
   c) Peter rutscht mit dem Messer vom Braten ab und zieht sich eine Schnittwunde am Finger zu.
   d) Bei einer Rauferei bekommt Claudia einen Schlag auf die Nase. Die Nase beginnt stark zu bluten und zu schmerzen.
2. Welches Erste-Hilfe-Material ist in der Schulküche vorhanden?
3. Ermittelt wichtige Notanschriften und Telefonnummern:
   a) Notruf Polizei
   b) Feuerwehr
   c) Krankenhaus

Der Notruf muss folgende Informationen enthalten:
- **Wo** geschah es?
  Unfallort, Straße/Nr., Ortsbeschreibung
- **Was** geschah?
  kurze Beschreibung des Unfallhergangs
- **Wie viele** Verletzte?
  Zahl der Verletzten
- **Welche** Arten von Verletzungen?
  ungefähre Verletzungsart, besonders lebensbedrohliche Verletzungen nennen
- **Warten** auf Rückfragen
  gegebenenfalls Name und Telefonnummer für Rückrufe

Grundausstattung zur Ersten Hilfe
- *Wundschnellverband*
- *Mullbinden*
- *Verbandpäckchen*
- *Fingerkuppenverband*
- *Fixierbinde, elastisch*
- *Heftpflaster*
- *Pflasterstrips*
- *Verbandwatte*
- *Verbandklammer*
- *Schere*
- *Dreiecktuch mit Sicherheitsnadeln*
- *Augenkompresse aus Watte mit Textilumhüllung*
- *Lederfingerling*
- *Einmalhandschuhe*
- *Erste-Hilfe-Anleitung*

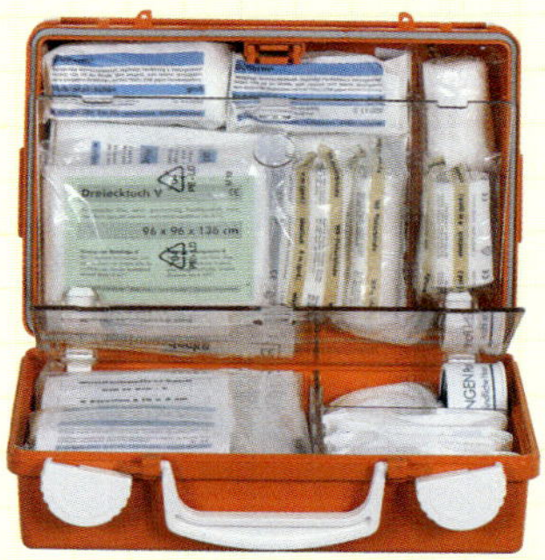

1. Beschreibe die Vorgänge auf den einzelnen Abbildungen. Was wird hier falsch gemacht?
2. Ordne Merksätze – wie man es richtig macht – den Abbildungen zu.
3. Notiere die Beschreibungen und die jeweiligen Merksätze in deinem Ordner.
4. Berechne mithilfe der Abbildung, wie viel Liter Trinkwasser eine Person täglich verbraucht.
5. Wie viel Liter Wasser werden davon zum Essen und Trinken verwendet?

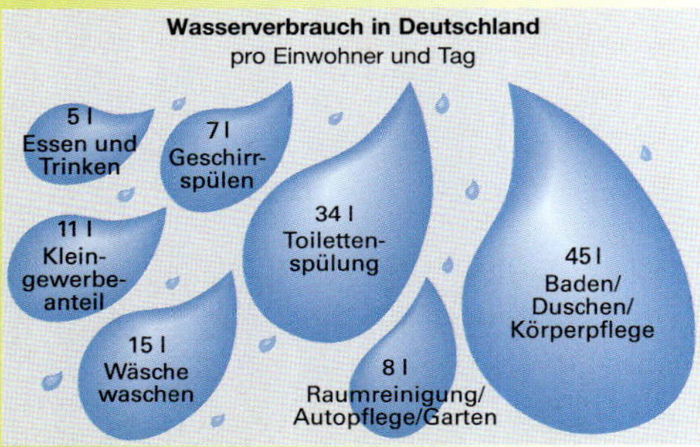

1.3 Umweltschutz

Umweltbewusster Umgang mit dem Trinkwasser

!

- Waschmittel und Reinigungsmittel genau dosieren – sparsam verwenden.
- Speisereste und Abfälle gehören nicht in das Abwasser – die Toilette.
- Wasserhähne nach der Benutzung richtig schließen.
- Waschen ohne Vorwäsche spart Wasser.
- Öfter duschen statt baden spart Wasser.
- Fettreste und Ölreste gehören nicht in das Abwasser.
- Zimmerpflanzen und Balkonblumen können auch mit Regenwasser gegossen werden.
- Waschmaschinen und Geschirrspülmaschinen nur einschalten, wenn sie voll beladen sind.
- Lebensmittel möglichst in stehendem Wasser und nicht unter laufendem Wasserhahn waschen.

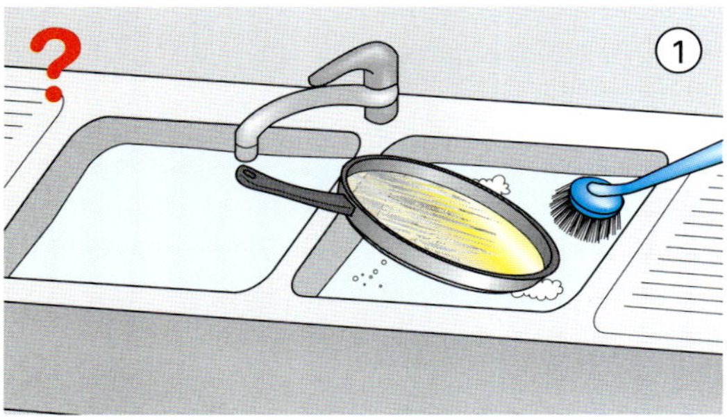

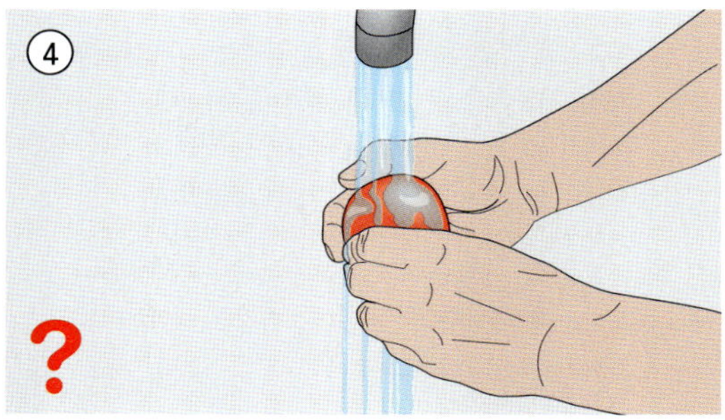

Umweltbewusster Umgang mit Energie – Strom

- Kochplatten rechtzeitig zurückschalten, die Nachwärme ausnutzen.
- Der Dampfdrucktopf spart Energie.
- Auf die richtige Topfgröße achten, bei zu großen oder zu kleinen Töpfen geht Energie verloren.
- Grundsätzlich im geschlossenen Topf garen.
- Wäsche muss nur zum Teil im Kochwaschgang gewaschen werden.
- Wäsche im Trockner nicht übertrocknen, zum Bügeln und Mangeln sollte Restfeuchte vorhanden sein.
- Bei Bügelmaschinen die volle Walzenbreite ausnutzen.
- Türen von Kühlgeräten und Gefriergeräten nie länger offen stehen lassen.
- Speisen nur abgekühlt und in verschlossenen Behältern in Kühlgeräte oder Gefriergeräte geben.
- Beim Kauf von elektrischen Geräten auf den Stromverbrauch – das Energielabel – achten, vgl. S. 144.
- Energiesparlampen anstelle von Glühbirnen benutzen.
- Heizkörper regelmäßig feucht reinigen. Staubige Heizkörper haben eine schlechtere Wärmeabgabe.
- Schocklüften, Fenster im Winter kurz und weit öffnen.

1. Beschreibe die Vorgänge auf den Abbildungen.
2. Betrachte die Abbildungen. Was wird falsch gemacht?
3. Ordne Merksätze den Abbildungen zu.
4. Notiere die Beschreibungen und die jeweiligen Merksätze in deinem Ordner.
5. Notiere die restlichen Merksätze zum umweltbewussten Umgang mit Wasser und Strom ebenfalls in dem Ordner.
6. Beurteile die unterschiedlichen Möglichkeiten, Teewasser zu erhitzen.

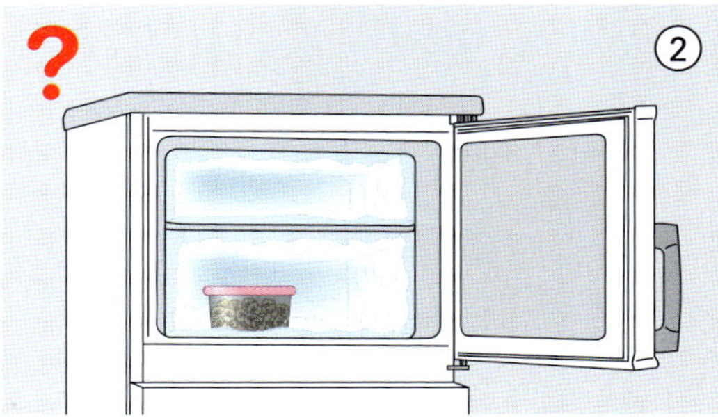

Müll – eine Gefahr für unsere Umwelt

1. Wohin gehören die abgebildeten Gegenstände:
   a) zur weiteren Verwertung,
   b) zu welcher Entsorgung?
2. Beschreibe je ein Produkt, das
   a) umweltfreundlich,
   b) umweltbelastend
   verpackt ist.
3. Wie kann eine Mülltrennung bei den entstehenden Abfällen im Praxisunterricht vorgenommen werden?
4. Erzähle aus dem „Leben einer Mehrwegflasche“.

Müllvermeidung

- Waren in großer, aufwendiger Verpackung ablehnen, z.B. Pralinenkarton oder zweimal verpackte Waren, z.B. Teebeutel mit Einzeltüten und Karton oder Joghurtbecher mit Kartonbanderole.
- Wenn möglich, Nachfüllpackungen kaufen.
- Seifenspender statt kleiner Seifenpackungen verwenden.
- Wasch- und Reinigungsmittel in großen Packungen oder als Konzentrat kaufen.
- Große Packungen statt Portionspackungen verwenden.
- Verpackungsmaterial einsparen.
- Lebensmittel, wie Obst, Gemüse und Fleisch, nicht in Kunststoffverpackungen kaufen, sie werden auch unverpackt angeboten.
- Glas ist besser als anderes Verpackungsmaterial. Eine Pfandflasche kann etwa 10-mal gefüllt werden. Deshalb Getränke und Milchprodukte in Mehrwegflaschen, -gläsern bevorzugen.
- Frühstücksbehälter benutzen.
- Dosen vermeiden. Die Aluminiumherstellung ist umweltbelastend.
- Zum Einkauf einen Korb oder eine Tasche mitnehmen, keine Plastiktüten.

Die Müllmenge kann durch einen umweltbewussten Einkauf verringert werden.

Teebeutel und loser Tee

Mülltrennung

In Schulen und im Haushalt sollte die Mülltrennung dort beginnen, wo der Müll anfällt.

Es sollten also getrennte Müllbehälter für

- Papier u. a.,
- Glas,
- Verpackungen mit dem Grünen Punkt,
- Biomüll und
- Restmüll vorhanden sein.

Die Abfallbehälter sollten jeweils die üblichen Farben haben.

Im Hausmüll enthaltene Wertstoffe sollen nach Möglichkeit dem Stoffkreislauf wieder zugeführt werden.

Grüner Punkt: Verpackungen aus Pappe, Karton und Papier sowie Verpackungen aus Metall, Kunststoff und Verbundmaterialien tragen häufig den Grünen Punkt: Sie werden gesammelt und wieder verwertet.

Der Grüne Punkt besagt nur, dass die Entsorgung geregelt ist. Auch für diese Müllabfuhr müssen wir bezahlen.

Sonstiges Papier und Pappe gehören in den Altpapiercontainer.

Aus Altpapier lässt sich Verpackungsmaterial und wieder Papier (Umweltpapier) herstellen, z. B. Schreibpapier, Toilettenpapier.

Nicht zum Altpapier gehören Tapeten, Papiertaschentücher, Kohlepapier, Getränkeverpackungen und alle kunststoffbeschichteten Papiere.

Am Briefkasten einen Aufkleber anbringen: „Bitte keine Werbung". Hierdurch wird Müll vermieden.

Glas wird sortiert in Glascontainer geworfen. Bei Glas ist eine farbliche Sortierung Voraussetzung für das weitere Altglasrecycling. Altglas wird eingeschmolzen und z. B. wieder zu Flaschen verarbeitet. Umweltfreundlicher ist jedoch der Kauf von Mehrwegflaschen.

Mehrwegflaschen haben keinen Grünen Punkt, weil sie nicht weggeworfen werden. Das Recyclingzeichen auf Einwegflaschen besagt nur, dass die Entsorgung geregelt ist.

Küchenabfälle von Obst und Gemüse, Eierschalen, Kaffeesatz usw. machen etwa 30 % des Hausmülls aus.

Diese Abfälle können kompostiert werden. Sie gehören in spezielle Müllcontainer bzw. auf den Komposthaufen.

Nicht auf den Kompost gehören gekochte Speisereste, sie könnten Ratten anlocken.

Abfälle nicht in die Toilette schütten. Diese Abfälle müssen mit großem Aufwand wieder aus dem Abwasser entfernt werden, da sie nicht in die Umwelt gelangen dürfen.

Sondermüll – Giftmüll

Viele Gegenstände, z. B. Batterien, Leuchtstoffröhren, Energiesparlampen, Farbreste, Fettreste, Lösungsmittel, Reinigungsmittelreste, gehören in den Sondermüll und nicht in die Abfalltonne, da sie auf einer Mülldeponie eine Gefahr für die Umwelt wären.

- Batterien enthalten oft umweltgefährdende Stoffe, diese werden in den Mülldeponien teilweise freigesetzt. Viele Geschäfte nehmen Batterien zurück. Nach Möglichkeit wiederaufladbare Akkus verwenden.
- Brat- und Frittieröle in geschlossenen Gläsern in den Hausmüll geben.
- Medikamente an Apotheken zurückgeben.
- Auch manche Geräte, z. B. Kühlschränke, müssen gesondert entsorgt werden.

Müllcontainer

2 Arbeitstechniken in der Küche

2.1 Vorbereitungsarbeiten

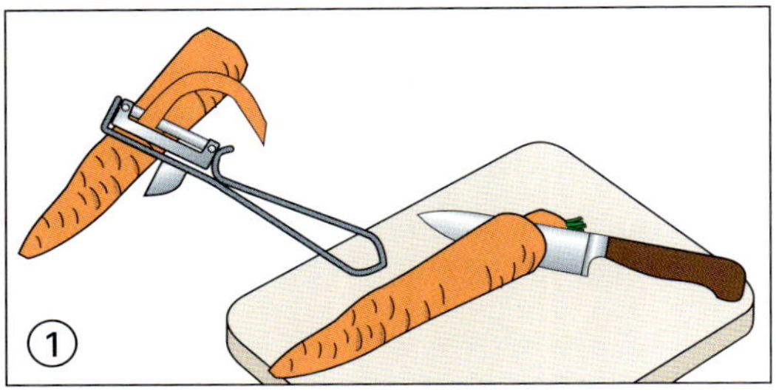

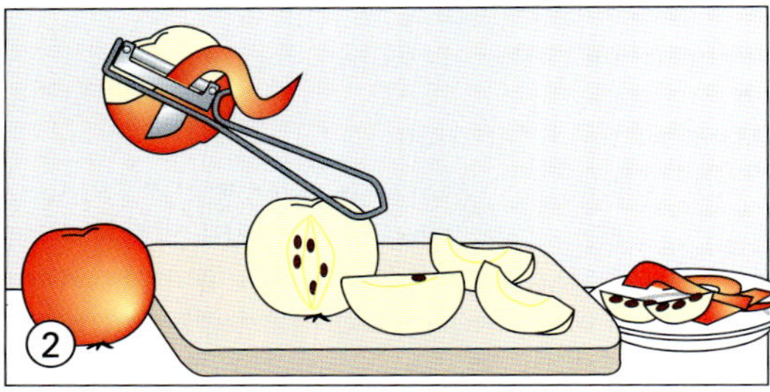

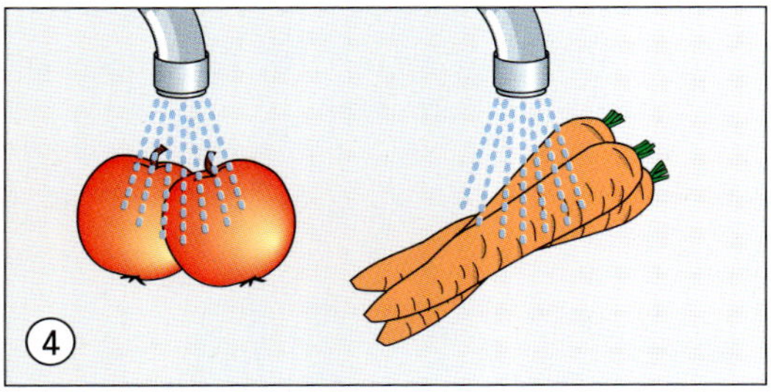

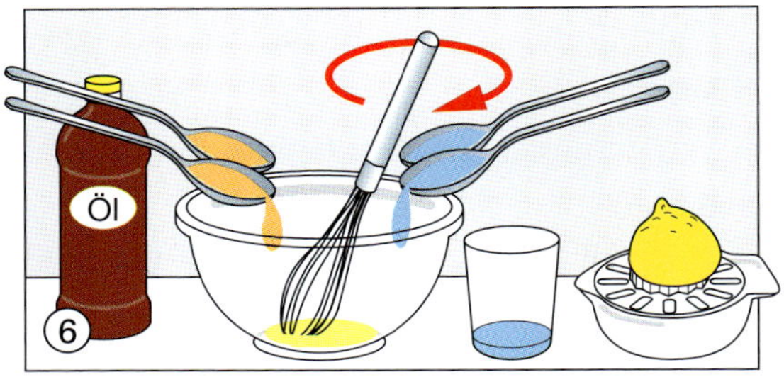

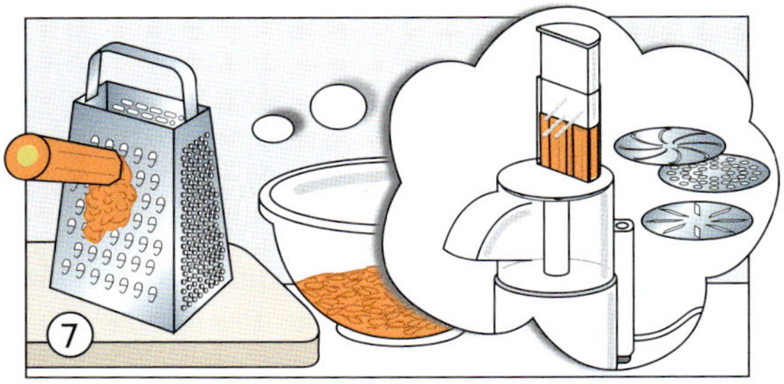

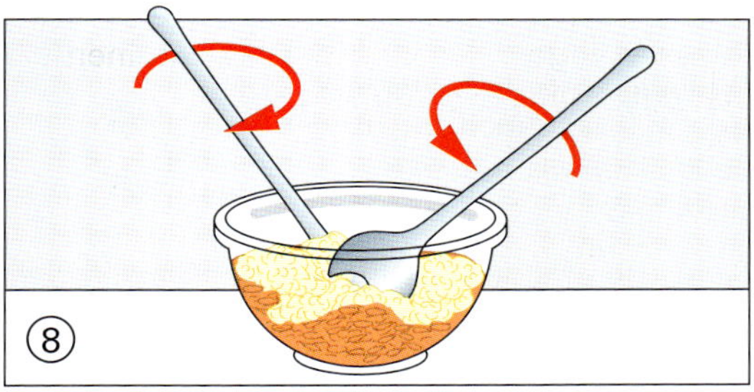

1. Eine Möhren-Apfel-Rohkost soll hergestellt werden.
   Betrachte die Abbildungen.
   Beschreibe die einzelnen Arbeitsschritte.
   Welche Arbeiten – Grundtechniken – sind notwendig?
   Welche Geräte können hier sinnvoll eingesetzt werden?
2. Bringe die Abbildungen in die richtige Reihenfolge.
3. Bereite einen Arbeitsplatz für die Herstellung der Rohkost vor.
   Informationen, wie ein Arbeitsplatz dafür richtig gestaltet wird, sind auf S. 18 zu finden.

Schneidegeräte

Das **Kochmesser** hat eine breite Klinge. Es eignet sich zum gleichmäßigen Schneiden von Obst und Gemüse.

Das **Gemüsemesser** wird hauptsächlich zum Putzen von Gemüse und Salaten verwendet.

Das **Buntschneidemesser** hat eine gezackte Messerklinge. Obst und Gemüse können damit dekorativ geschnitten werden.

Das **Tomatenmesser** hat einen Wellenschliff. Die Tomaten können damit leicht geschnitten werden.

Der **Sparschäler** ermöglicht das dünne Schälen von Obst und Gemüse.

Das **Wiegemesser** ermöglicht das feine Zerkleinern – Wiegen – von Kräutern, Zwiebeln usw.

Mit dem **Apfelentkerner** kann das Kerngehäuse des Apfels herausgenommen werden.

Mit dem **Kugelaushöhler** können Kugeln in unterschiedlicher Größe aus Früchten, z. B. Wassermelonen, herausgebohrt werden.

Entfernen von unerwünschten Bestandteilen

Waschen: Sämtlicher Schmutz wird entfernt. Lebensmittel mit empfindlicher Struktur, z. B. Salat, werden in stehendem Wasser gewaschen.

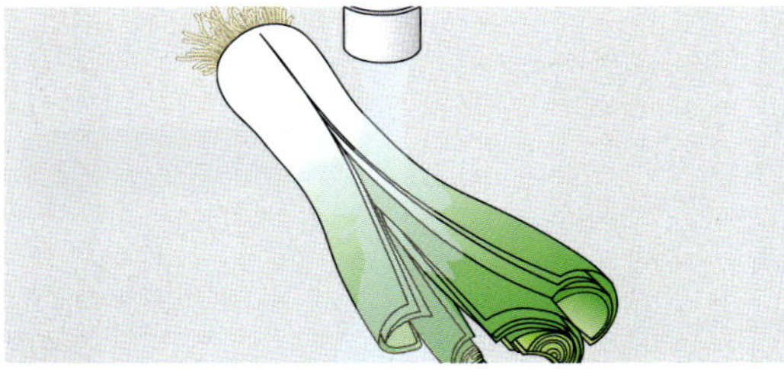

Waschen: Lebensmittel mit fester und stärkerer Struktur, z. B. Lauch, werden unter fließendem Wasser gewaschen.

Putzen: Schadhafte, nicht essbare Bestandteile werden entfernt, z. B. durch Abschneiden.

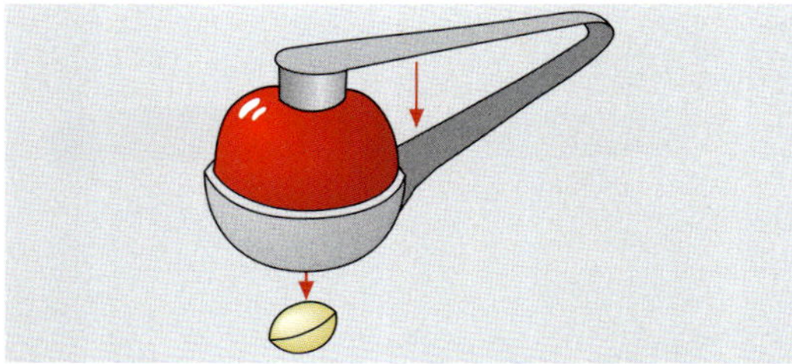

Putzen: Nicht essbare Bestandteile werden entfernt, z. B. durch Entkernen.

Schälen: Schalen werden mit dem Sparschäler oder dem Putzmesser entfernt.

Pellen: Entfernen von feinhäutigen Schalen, z. B. Kartoffeln, Eier.

Schaben: Wurzelgemüse, z. B. junge Möhren, kann auch geschabt werden. Dabei wird lediglich eine dünne Schicht entfernt.

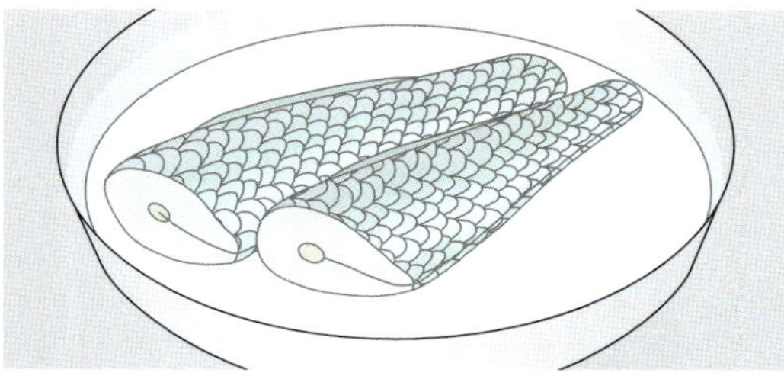

Wässern: Entfernen unerwünschter Stoffe, z. B. Salz. Lebensmittel nicht zu lange im Wasser liegen lassen.

Zerkleinerungstechniken

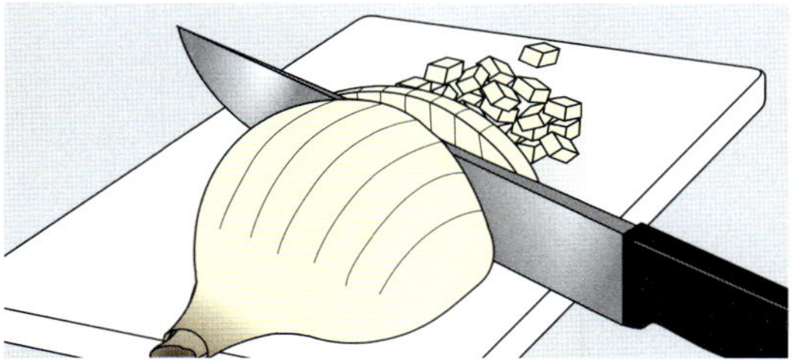

Schneiden: Mit dem Messer werden Lebensmittel in Stücke, Würfel, Streifen, Stifte usw. geschnitten.

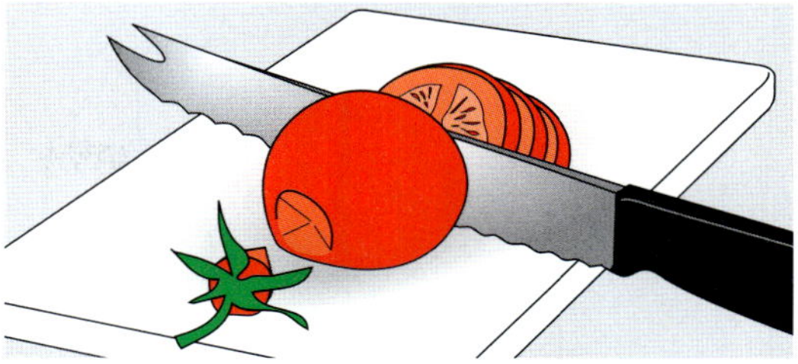

Schneiden: Mit dem Tomatenmesser werden Tomaten in Scheiben geschnitten.

Hacken: Mit dem Wiegemesser oder dem Kochmesser können Lebensmittel in feinste Stücke gehackt werden.

Reiben: Durch eine fein aufgeraute Fläche – Reibe – entstehen sehr kleine Stücke.

Raspeln: Durch eine grob gelochte Fläche – Raspel – entstehen feine längliche Stücke.

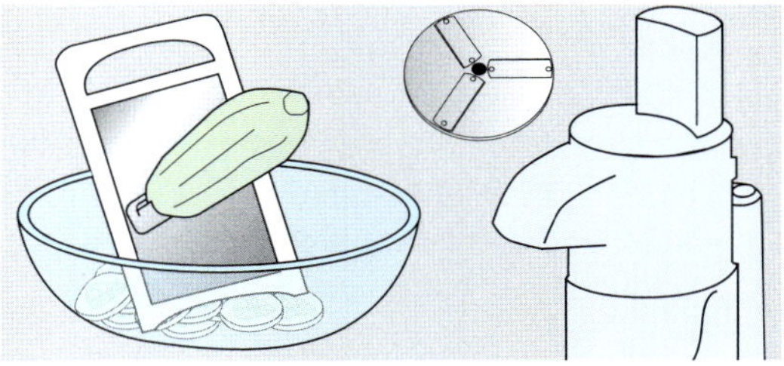

Hobeln: Feine Scheiben entstehen durch ein Schneidemesser, das sich auf einer Fläche befindet.

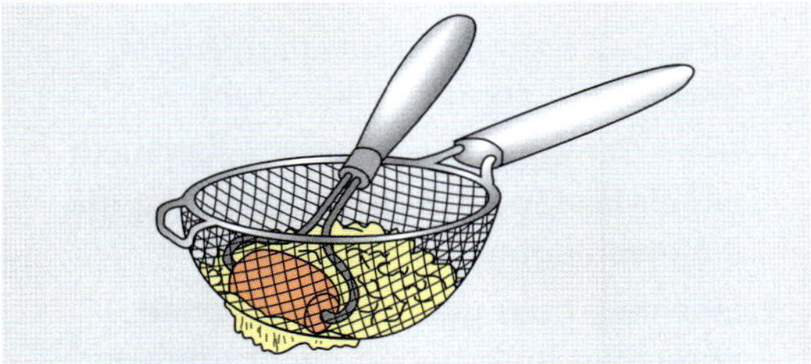

Passieren/Pürieren: Gegarte bzw. weiche Lebensmittel werden durch ein Sieb gestrichen.

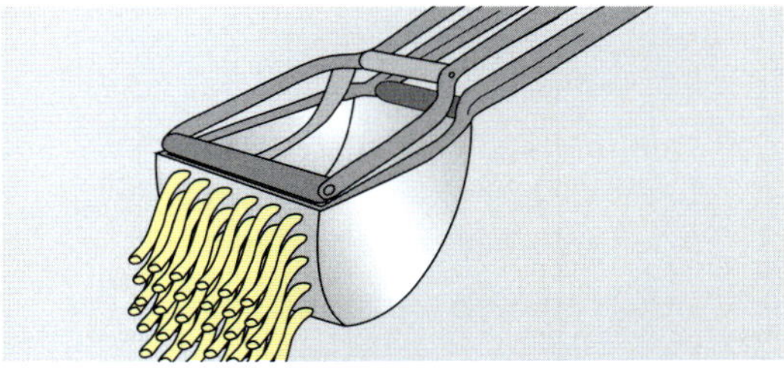

Passieren/Pürieren erfolgt auch mit der Kartoffelpresse und anderen Geräten.

Mischen und Schlagen von Lebensmitteln

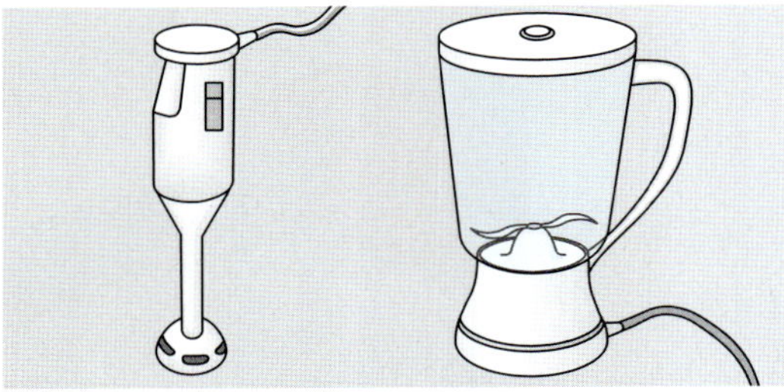

Mixen ist ein Mischen von Flüssigkeiten und feinen festen Zutaten. Beim Mixen mit sich drehendem Messerkreuz werden feste Bestandteile zerkleinert.

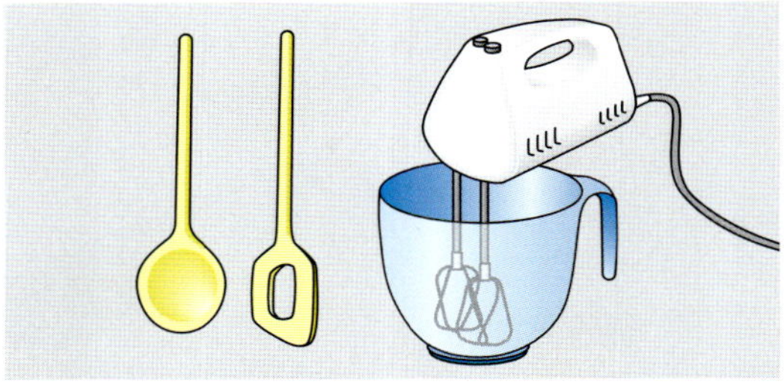

Beim **Rühren** werden Flüssigkeiten bzw. breiartige oder trockene Massen gemischt, die Zutaten werden gleichmäßig verteilt.

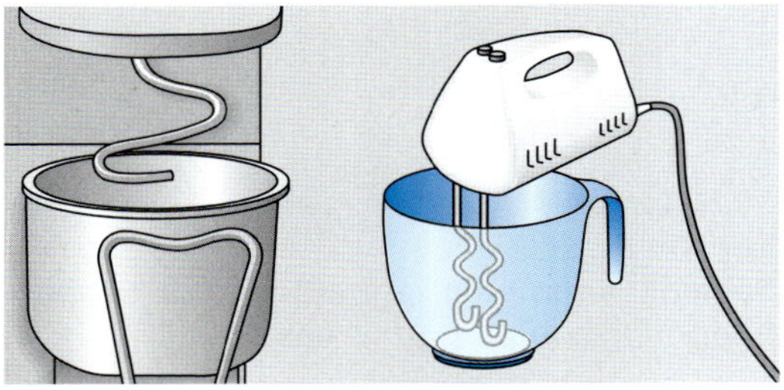

Beim **Kneten** werden Lebensmittel unter Druck zu einer einheitlichen Masse verarbeitet.

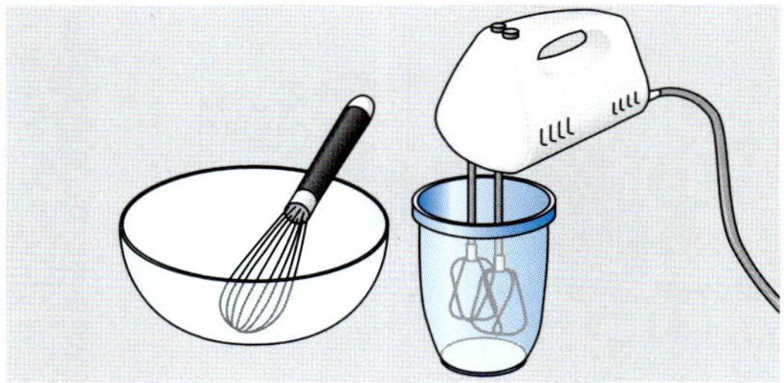

Schlagen dient dem Einschlagen von Luft in flüssige Lebensmittel oder Speisen.

1. Nenne jeweils Beispiele aus der Zubereitung von Speisen und Gebäck, bei denen die Techniken
   a) Mixen,
   b) Rühren,
   c) Kneten,
   d) Schlagen
   eingesetzt werden.
2. Eischnee soll unter eine Biskuitmasse gehoben werden. Worauf ist zu achten?
3. Nenne mögliche Gefahren beim Einsatz eines Pürierstabs. Wie kann man diese verhindern?
4. Beschreibe die verschiedenen Zerkleinerungstechniken an je einem Beispiel.

- Zerkleinerungstechniken beachten.
- Lebensmittel erst kurz vor der Weiterverarbeitung zerkleinern, sonst werden wichtige Nährstoffe zerstört.
- Zum Rühren und Schlagen ein hohes Gefäß verwenden, um Spritzen zu vermeiden.
- Keine Emaillegefäße verwenden, da Emaille sehr stoßempfindlich ist und Stücke abplatzen könnten.
- Beim Schlagen die Schneebesen nicht am Gefäßrand abklopfen, da sonst die eingeschlagene Luft entweicht.
- Eischnee oder geschlagene Sahne vorsichtig unterheben, nicht rühren, da sonst die Luft entweicht.

Geräte zum Vorbereiten und Mischen von Lebensmitteln

1. Wie heißen die abgebildeten Geräte?
2. Welche Geräte sind
   a) Handgeräte,
   b) handbetriebene Maschinen,
   c) elektrische Geräte?
3. Nenne Speisen, bei deren Herstellung diese Geräte eingesetzt werden können.
4. Stelle einen Zeitvergleich an. Wie viel Zeit wird benötigt, um aus jeweils zwei Eiklar Eischnee
   a) mit der Gabel,
   b) mit dem Schneebesen,
   c) mit dem Schneerad,
   d) mit einem Handrührgerät
   herzustellen?
5. Stelle aus dem Eischnee Kokosmakronen her. Vgl. Rezept.

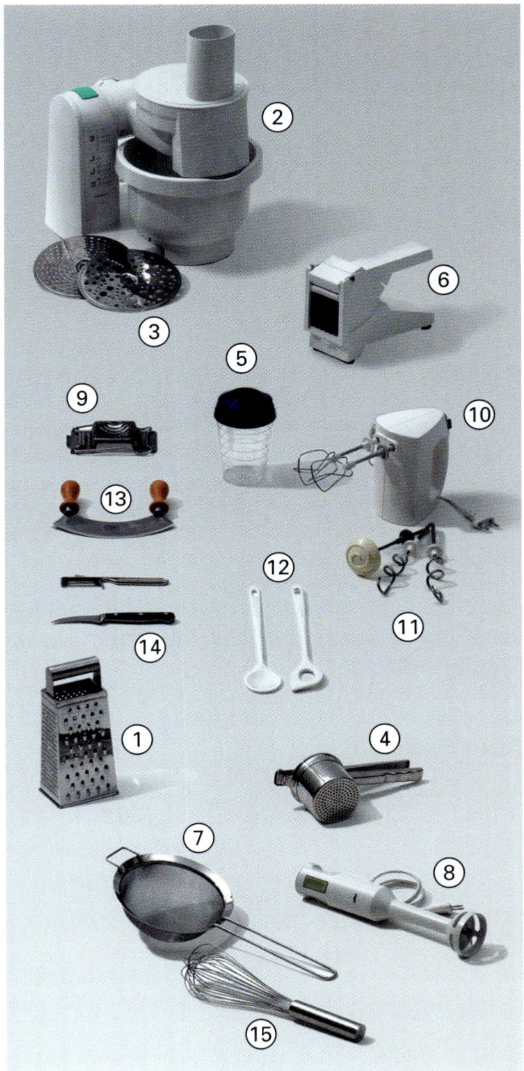

Kokosmakronen

2 Eiklar	und
1 TL Zitronensaft	steif schlagen.
100 g Zucker	nach und nach unterschlagen.
125 g Kokosflocken	unterheben.
	Masse mit zwei Teelöffeln auf
Oblaten	setzen.
	Backen: mittlere Schiene – 30 Minuten
	E-Herd: 150 °C, **Gasherd:** Regler 1

Rezept

3905 kJ
13 g E
46 g F
114 g KH

Aufbereitungsarten

Legieren – Abziehen

Ei trennen.

Eigelb mit etwas heißer Flüssigkeit verrühren.

Eigelb unter Rühren in die heiße Speise geben.

Panieren

Gewürzte Lebensmittel (z. B. Fleisch) in Mehl, verschlagenem Ei und in Semmelmehl (Paniermehl) wenden.

Abschrecken

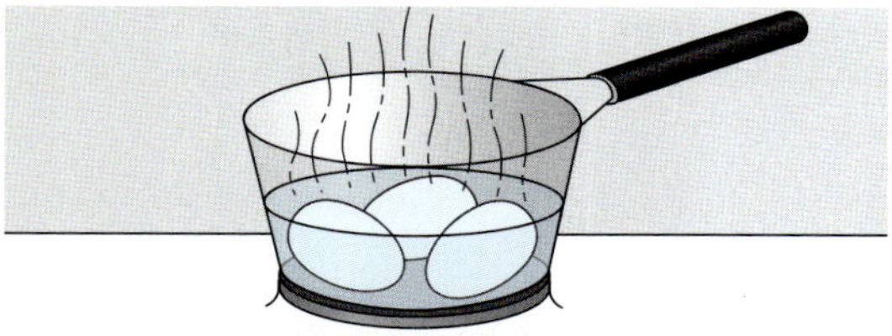

Fertig gegarte Lebensmittel – z. B. Eier –

in kaltem Wasser abschrecken.

Erwärmen im Wasserbad

Topf mit etwas Wasser füllen.

Metallschüssel mit den Zutaten, z. B. Schokolade, in den Topf stellen. Die Schüssel darf den Topfboden nicht berühren.

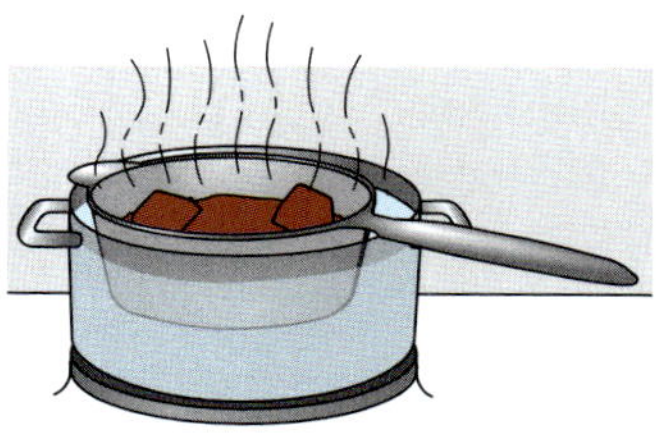

Wasser im Topf zum Sieden bringen.

2.2 Vorratshaltung in Kühl- und Gefriergeräten

Aufbewahren im Kühlschrank

Temperaturen im Kühlschrank
Im Kühlschrank herrschen Temperaturen zwischen +2 bis +10 °C. Direkt vor bzw. unter dem Verdampfer ist die niedrigste Temperatur. Der Verdampfer erzeugt die Kälte, er befindet sich im Boden des Tiefkühlfachs bzw. – im Kühlschrank ohne Tiefkühlfach – in der Rückseite des Gerätes. Die höchste Temperatur herrscht in bzw. direkt über der Gemüseschale.

Lagern im Kühlschrank

- ▶ Speisen und Getränke abgedeckt in den Kühlschrank stellen. Flüssigkeit verdampft im Kühlschrank, die Lebensmittel trocknen aus. Der Kühlschrank vereist schneller, er muss öfter abgetaut werden. Außerdem können die Speisen und Getränke den Geschmack anderer Lebensmittel annehmen. Stark riechende bzw. geruchsempfindliche Lebensmittel müssen in fest verschlossenen Gefäßen gelagert werden.
- ▶ Speisen und Getränke erst abkühlen lassen, nie heiße Speisen in den Kühlschrank stellen. Die Temperatur im Kühlschrank steigt sonst zu stark an.
- ▶ Kühlschrank nicht unnötig öffnen oder offen stehen lassen. Kalte Luft ist schwerer als warme, die Kälte „fällt" aus dem geöffneten Kühlschrank, es wird mehr Energie benötigt.
- ▶ Obst und Gemüse usw. in der Gemüseschale lagern, hier sind sie vor dem Austrocknen geschützt.
- ▶ Leicht verderbliche Lebensmittel, z. B. Fleisch, direkt unter dem Verdampfer bzw. vor dem Verdampfer aufbewahren, hier herrscht die niedrigste Temperatur.
- ▶ Kühlschrank regelmäßig reinigen. Dazu Wasser mit Spülmittelzusatz verwenden, das Gerät auswaschen und anschließend austrocknen. Verpackung und Sauberkeit sind entscheidend für die Lagerdauer von Lebensmitteln im Kühlschrank.
- ▶ Kühlschrank oder Gefriergerät regelmäßig abtauen. Eine Eisschicht isoliert und behindert die Kälteerzeugung. Ein abgetauter Kühlschrank benötigt weniger Energie.

1. Wo sollen folgende Lebensmittel in dem unten abgebildeten Kühlschrank gelagert werden?
   a) Gemüse, Kartoffeln, Salat
   b) Getränke, Flaschen
   c) Butter d) Eier
   e) Käse f) Wurst, Fleisch
   g) Quark, Joghurt
   h) Brot, Speisereste
   i) Tiefkühlkost, Eiswürfel
2. Der Kühlschrank in der Schulküche soll gereinigt werden.
   a) Welche Reinigungsgeräte und Reinigungsmittel werden benötigt?
   b) Erstelle einen Arbeitsplan für die Durchführung der Reinigung.

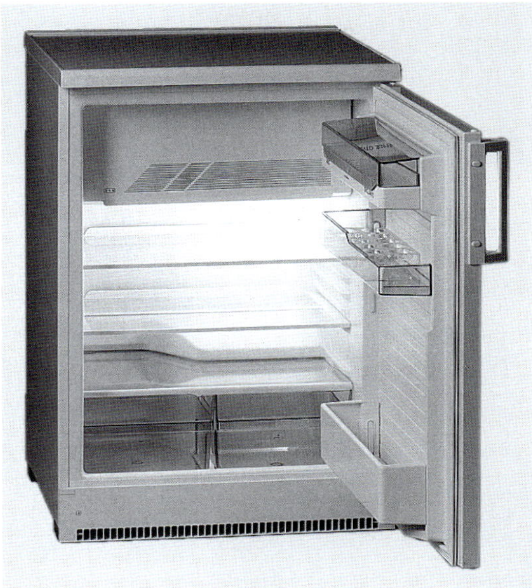

Kühlschrank

Einfrieren von Obst und Gemüse

Es sollen
a) Erbsen,
b) Erdbeeren
eingefroren werden.
Mache Vorschläge für die einzelnen Arbeitsschritte.

Erbsen sollen eingefroren werden

Blanchieren

Kennzeichnung der selbst eingefrorenen Erbsen

Tiefgefrieren bedeutet ein langfristiges Haltbarmachen von Lebensmitteln. Bei diesen Temperaturen wachsen die Mikroorganismen nicht mehr. Auch die Nährstoffveränderungen und Vitaminverluste sind herabgesetzt.

- Nur frische Lebensmittel bester Qualität verwenden.
- Gemüse und Obst müssen teilweise vor dem Einfrieren blanchiert werden.
- **Blanchieren:** Die Lebensmittel werden 2 bis 4 Minuten in kochendem Wasser oder Wasserdampf vorgegart. Durch das Blanchieren bleiben Vitamine, Farbe und Aussehen während der Lagerung erhalten.
- Beim Blanchieren gibt man z. B. 500 g Gemüse in 2 l kochendes Wasser (1 : 4). Das Gemüse muss im Wasser „schwimmen". Im geschlossenen Topf blanchieren. Gemüse oder Obst nach dem Blanchieren schnell abkühlen.
- So bleibt die Form erhalten: Wasserreiche Lebensmittel, wie Erdbeeren, erst einzeln – z. B. auf einem Tablett – schockgefrieren, dann in Portionen abpacken.
- Lebensmittel möglichst ungesalzen und ungezuckert einfrieren. Nach dem Auftauen abschmecken. Salz und Zucker senken den Gefrierpunkt, die Lebensmittel verderben schneller.
- Nicht zu große Lebensmittelmengen auf einmal einfrieren. Bereits eingefrorene Lebensmittel können sonst antauen bzw. die Lebensmittel werden nicht schnell genug eingefroren. Große Eiskristalle entstehen.
- Lebensmittel je nach Haushaltsgröße in geeigneten Portionsgrößen einfrieren.
- Einwandfreie, luftdichte Verpackung verwenden: Geeignet sind Kunststoffgefäße usw. Die Lebensmittel trocknen sonst aus und es kommt zu Geruchs- und Geschmacksübertragungen. Die Vitaminverluste sind auch größer.
- Auf der Verpackung Inhalt und Einfrierdatum angeben. Der Bestand ist so besser zu kontrollieren. Eine Überlagerung wird vermieden.

Einkauf und Zubereitung von Tiefkühlkost

Zum Mittagessen sollen
a) tiefgefrorene Erbsen,
b) tiefgefrorene Erdbeeren
zubereitet werden.
Beschreibe die Zubereitung.

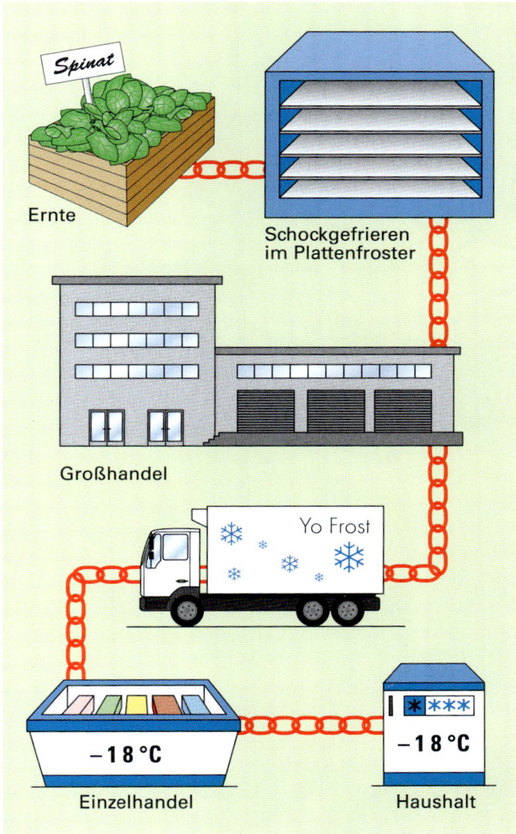

Tiefkühlkette

- Beim Einkauf von Tiefkühlkost auf das Mindesthaltbarkeitsdatum achten.
- Durch vorsichtiges Schütteln kann, z. B. bei Erbsen, festgestellt werden, ob die Ware bereits angetaut war. Frische Ware befindet sich locker in der Packung.
- Tiefkühlkost in isolierten wiederverwendbaren Behältern transportieren oder eingewickelt in Zeitungspapier.
- Tiefkühlkost als Letztes vor dem Heimweg einkaufen. Tiefkühlkost muss so transportiert werden, dass die Temperatur nie über −18 °C steigt.
- Obst, das roh gegessen wird, langsam im Kühlschrank oder möglichst flach ausgebreitet in der Mikrowelle auftauen. Die Form bleibt so besser erhalten.
- Gemüse, Kartoffelklöße, Fisch usw. sofort unaufgetaut garen. Form und Nährstoffe bleiben besser erhalten, da weniger Zellsaft verloren geht. Größere Fleischstücke usw. erst langsam auftauen lassen. Auftauflüssigkeit dabei getrennt auffangen, weggießen.
- Die verkürzte Garzeit bei Tiefkühlkost beachten.

Eiskristallbildung beim langsamen Einfrieren

Auftauen langsam eingefrorener Lebensmittel

Eiskristallbildung beim Schockgefrieren

2.3 Gartechniken

Energiebewusst garen

Gasherd *Elektroherd*

Wird die Induktionskochstelle nicht heiß?

- Bei **Induktionskochstellen** wird – im Vergleich zu herkömmlichen Kochstellen – eine bessere Energieausnutzung und eine schnellere Wärmeübertragung an das Gargut erreicht.

  Die Induktionskochstelle wird nur geringfügig miterwärmt. Die eigentliche Wärmeentwicklung erfolgt erst im Boden des Kochgeschirrs.

- Die **Gebrauchsanweisung**, die zu jedem Herd mitgeliefert wird, enthält alle erforderlichen Hinweise zum sicheren und energiesparenden Einsatz des Geräts.

1. Erläutere die Bedienungselemente an einem Herd in der Schulküche.
2. Welche verschiedenen Kochstellen haben die Herde in der Schulküche?
3. Informiert euch über die Art der Backöfen in den Herden der Schulküche.
4. Eine Suppe soll auf einer
   a) Normalkochstelle,
   b) Automatikkochstelle
   gekocht werden.
   Informiert euch z. B. in einer Betriebsanleitung über die richtigen Einstellungen während des Garens auf beiden Kochstellen.

Allgemeine Regeln für das Garen

► Nährstoffschonend garen!

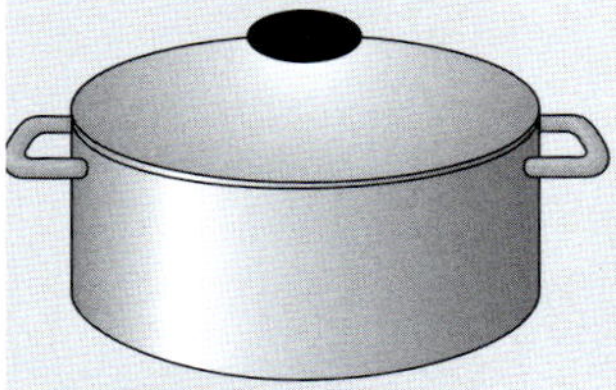
Dämpfen / Dünsten

Grillen / Mikrowelle

► Nicht zu oft umrühren!

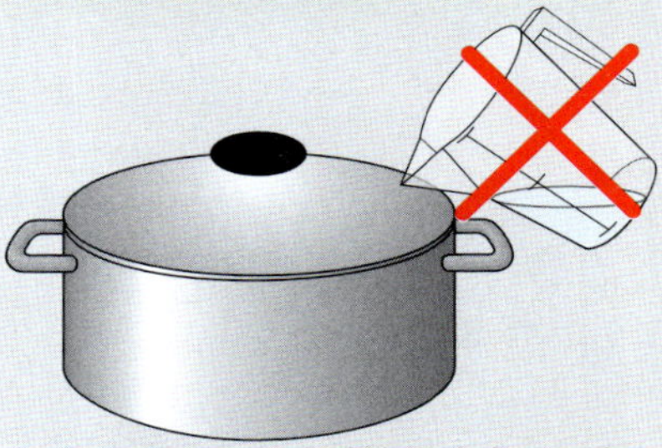
keine oder wenig Flüssigkeitszugabe

► Richtige Gartemperatur wählen!

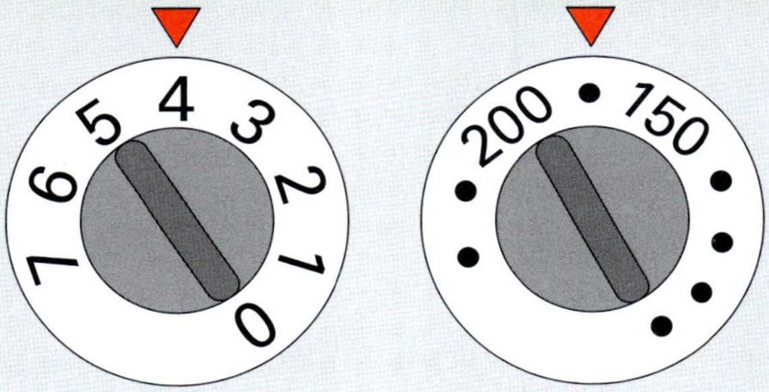

► Nicht zu große Töpfe verwenden!

► Kurze Garzeit wählen!

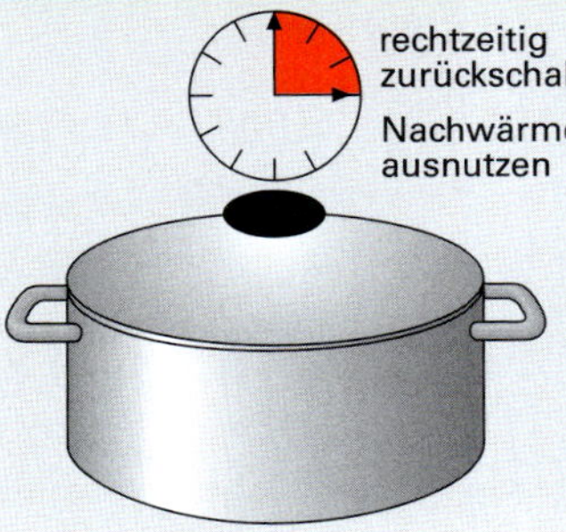

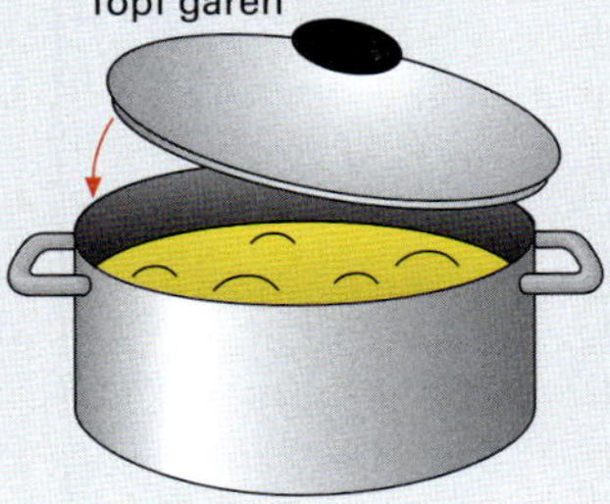

► Warmhalten vermeiden!

- Die Nährstoffe bleiben besser erhalten, Energie wird gespart.
- Automatikkochstellen bevorzugen, sie benötigen weniger Energie; Normalkochstellen rechtzeitig zurückschalten.
- Für Gerichte mit längerer Garzeit den Dampfdrucktopf einsetzen.

Meine Rezeptdatei

Wir erstellen eine Rezeptdatei

In den nächsten Jahren werdet ihr viele verschiedene Rezepte kennenlernen. Da lohnt es sich schon, eine Rezeptdatei anzulegen, damit man jederzeit die Rezepte nachkochen bzw. -backen kann.

Zunächst überlegt euch eine Gliederung für die Rezeptdatei, z. B.

Gliederung meiner Rezeptdatei

– *Suppen*
– *Soßen*
– *Gemüse*
– *Fleischgerichte*
– *usw.*

▶ Nun benötigt ihr einen Kasten, den ihr auch selbst anfertigen könnt, oder einen Ordner für eure Rezeptdatei. Den Kasten bzw. den Ordner könnt ihr außen noch ansprechend gestalten, z. B. auf der Vorderseite mit „Rezepte, die ich besonders gern mag" – und auf der Rückseite?

▶ Für die einzelnen Unterthemen müsst ihr nun Trennblätter fertigen. Diese könnt ihr auch mit Fotos bzw. Zeichnungen von entsprechenden Gerichten und Getränken verzieren. Außerdem ist es sicher bald ratsam, für die einzelnen Unterthemen Inhaltsverzeichnisse anzulegen, damit ihr den Überblick behaltet.

▶ Schreibt jedes Rezept auf ein Extrablatt und ordnet es an der richtigen Stelle ein. Beginnen könnt ihr z. B. mit den Rezepten im Anhang des Buches, dann habt ihr die Rezepte auch noch, wenn ihr das Buch wieder abgeben müsst.

▶ Fragt eure Eltern und Freunde nach deren Lieblingsrezepten und ergänzt dadurch eure Rezeptdatei.

▶ Die Rezeptdatei könnt ihr dann z. B. auch benutzen, wenn ihr Wandzeitungen zu den verschiedenen Gartechniken erstellt.

Kochen

Kochen ist ein Garen in siedender Flüssigkeit. Gekocht wird z. B. Gemüsesuppe, vgl. S. 206.

1 l Wasser zum Kochen bringen.

Gemüse hineingeben.

15 Minuten kochen lassen.

- Gut schließende Töpfe verwenden, damit kein Wasserdampf entweicht.
- Rechtzeitig zurückschalten bzw. bei Automatikkochstellen gleich die richtige Einstellung wählen. Bei höherer Einstellung garen die Speisen nicht schneller, Wasser wird nur auf 100 °C erhitzt.
- Lebensmittel in möglichst wenig Flüssigkeit garen, Energieverbrauch und Nährstoffverlust werden sonst erhöht.
- Garflüssigkeit enthält wertvolle Nährstoffe, möglichst weiterverwenden.
- Die meisten Lebensmittel in siedende Flüssigkeit geben.
- Nur Lebensmittel, aus denen man Geschmacksstoffe usw. herauslösen will, z. B. Suppenknochen oder Suppenfleisch, in kalte Flüssigkeit geben und dann erhitzen.
- **Geeignet für:** bindegewebsreiches Fleisch, wasserarmes Gemüse/Obst, Kartoffeln, Hülsenfrüchte.

Garziehen

Garziehen ist ein Garen in viel Flüssigkeit bei etwa 80 °C.
Teigwaren – Spaghetti – werden z. B. durch Garziehen gegart, vgl. S. 214.

In 2 l Wasser 2 EL Öl und 1 TL Salz geben. Wasser zum Kochen bringen.

Spaghetti in das siedende Wasser geben, umrühren.

Spaghetti ohne Deckel gar ziehen lassen, abgießen, anrichten.

- Lebensmittel in die siedende/kochende Flüssigkeit geben. Danach herunterschalten, nicht mehr kochen, so bleibt die Form der Lebensmittel erhalten.
- Schonende Gartechnik, aber Nährstoffe werden beim Garziehen herausgelöst.
- **Geeignet für:** Fisch, Obst, Klöße, Reis, Teigwaren.

Dämpfen

Dämpfen ist ein Garen im Wasserdampf.
Blumenkohl kann z. B. durch Dämpfen gegart werden.

Wenig Wasser in den Topf geben.

Blumenkohl in einem Siebeinsatz über das Wasser stellen.

Topf schließen, Blumenkohl im Wasserdampf garen.

Auch im Dampfdrucktopf kann in einem Siebeinsatz gedämpft werden.

1. Beschreibe das Garen von Fleischklößchen durch Garziehen.
2. Erläutere den Unterschied zwischen Kochen und Garziehen.
3. Begründe, warum Fischfilet nicht durch Kochen, sondern nur durch Garziehen gegart werden darf.
4. Erstellt ein **Dominospiel** zu den Gartechniken. Auf die eine Hälfte der Dominokarten schreibt ihr ein Lebensmittel, auf die andere Hälfte eine Gartechnik. An die Lebensmittel können jeweils Karten mit geeigneten Gartechniken und an die Gartechniken Karten mit geeigneten Lebensmitteln angelegt werden.

- Wenig Wasser in einen Topf geben.
- Lebensmittel in einen Siebeinsatz legen. Sie sollen nicht mit Wasser in Berührung kommen, da sonst die Nährstoffe herausgelöst würden. So sind die Nährstoffverluste geringer.
- Wasser zum Kochen bringen, rechtzeitig zurückschalten.
- Im gut schließenden Topf dämpfen, sonst verlängert sich die Garzeit.
- Beim Dämpfen die verlängerte Garzeit gegenüber dem Kochen beachten.
- Dämpfen ist eine schonende Gartechnik, durch den Wasserdampf werden kaum Nährstoffe aus den Lebensmitteln herausgelöst.
- **Geeignet für**: empfindliche Gemüsesorten, Kartoffeln, Obst, Fisch.

Dünsten

Dünsten ist ein Garen im eigenen Saft, evtl. unter Zugabe von wenig Fett und/oder Wasser.
Wasserreiches Gemüse, z. B. Möhren, kann durch Dünsten gegart werden, vgl. S. 220.

Fett im Topf erhitzen. Möhren dazugeben, andünsten.

$\frac{1}{8}$ l heißes Wasser, Salz und Zucker dazugeben, aufkochen, herunterschalten.

Im geschlossenen Topf weiterdünsten.

Wasserreiches Obst, z. B. Pflaumen, kann durch Dünsten gegart werden, vgl. S. 225.

Pflaumen mit Zucker bestreuen, mischen, stehen lassen.

Pflaumen dünsten.

Abschmecken und umfüllen.

- Lebensmittel im offenen Topf unter Rühren andünsten.
- Bei Gemüse und Fisch evtl. Fett zur Aromabildung hinzufügen.
- Obst zur Saftbildung mit Zucker mischen. Hierbei spricht man von Dünsten im eigenen Saft.
- Rechtzeitig zurückschalten, auf Flüssigkeitsverluste achten, Flüssigkeit ergänzen.
- Zu wenig Flüssigkeit: Das Gargut kann anbrennen. Zu viel Flüssigkeit: Das Dünsten geht in Kochen über.
- Im geschlossenen Topf dünsten. Deckel nicht so oft anheben – Wasserdampf entweicht.
- **Geeignet für:** wasserreiches Obst und Gemüse, Pilze, Fisch.

1. Nenne wasserreiche Obst- und Gemüsesorten, die gedünstet werden.
2. Nenne wasserarme Obst- und Gemüsesorten, die gekocht werden.
3. Paprika-Zwiebel-Gemüse soll gedünstet werden.
   Beschreibe den Arbeitsablauf.
4. Erstellt **Steckbriefe**, vgl. S. 73, zu den einzelnen Gartechniken, z. B. „Im Topf herrscht dichter Nebel, obwohl nur wenig Wasser darin ist." „Die Nährstoffverluste sind gering und der Geschmack ist super."
   Die restlichen Mitschülerinnen und Mitschüler sollen die von euch beschriebenen Gartechniken erraten.

Schmoren

Schmoren ist ein Garen durch Anbraten in heißem, reinem Fett und ein Weitergaren nach Zugabe von wenig kochender Flüssigkeit.
Gulasch wird z. B. durch Schmoren gegart, vgl. S. 228.

Speiseöl in einem Topf erhitzen, Gulasch hineingeben, anbraten.

¼ l Wasser dazugeben, würzen, aufkochen.

Im geschlossenen Topf weitergaren.

- Wasserfreies Fett, z. B. Kokosfett bzw. Speiseöl, verwenden.
- Im offenen Topf Lebensmittel von allen Seiten kräftig anbraten.
- Erst nach dem Anbraten würzen, Zwiebeln usw. dazugeben.
- Wenig kochende Flüssigkeit hinzufügen.
- Rechtzeitig zurückschalten, im geschlossenen Topf weitergaren.
- Auf Flüssigkeitsverluste achten, durch heiße Flüssigkeit ergänzen.
- **Geeignet für:** Fleisch, gefülltes Gemüse.

Braten in der Pfanne – Kurzbraten

Braten in der Pfanne ist ein Garen und Braten in heißem Fett.
Frikadellen werden z. B. in der Pfanne gebraten, vgl. S. 226.

Fett erhitzen.

Frikadellen anbraten.

Frikadellen wenden und weiterbraten.

- Vorzugsweise wasserfreie und eiweißfreie Fette bzw. Öle verwenden.
- Fett erhitzen, Lebensmittel von allen Seiten anbraten.
- Nur trockene Bratenstücke in das Fett geben! **Spritzgefahr! Unfallgefahr!**
- Fett bzw. Speiseöl nicht zu stark erhitzen, das Fett darf nicht qualmen! **Gesundheitsschädlich!**
- Durch Fett wird der Energiegehalt erhöht.
- **Geeignet für:** kleinere Fleischstücke und Fischstücke, Kartoffeln.

Braten im Backofen – Langzeitbraten

Braten im Backofen ist ein Garen und Bräunen in trockener Hitze, evtl. unter Flüssigkeits- und Fettzugabe.
Hackbraten wird z. B. durch Braten im Backofen gegart.

Eier in die Vertiefung legen, einhüllen.

Hackbraten in eine Kastenform geben.

Hackbraten im Backofen bei 200 °C braten.

- Fleischstücke mit einem Gewicht über 1 kg in der Fettpfanne oder auf dem Rost braten.
- Fleisch mit Gewürzen einreiben oder das Fleisch in eine Marinade einlegen.
- Fleisch mit der Fettseite nach oben einlegen, sonst trocknet das Fleisch stark aus.
- Durch Fettzusatz bleibt mageres Fleisch oder magerer Fisch saftig.
- Braten im Backofen – zwei Garstufen:
  - Anbraten bei hoher Temperatur – 220 bis 250 °C,
  - Weiterbraten bei etwa 140 °C, bis die gewünschte Garstufe erreicht ist.
- Fleisch zwischendurch mit Flüssigkeit begießen, damit es nicht austrocknet, evtl. wenden.
- Die Garzeit beträgt bei Fleisch etwa 10 Minuten pro cm Höhe.
- Bratensatz durch Aufkochen mit Flüssigkeit lösen, hieraus kann eine Soße zubereitet werden.
- Nach dem Braten das Fleisch 5 bis 10 Minuten ruhen lassen. Dann quer zur Faser aufschneiden.
- **Geeignet für**: größere Fleischstücke, Geflügel, Hackbraten.

Überbacken – Gratinieren

Überbacken ist ein Bräunen der Oberfläche unter evtl. gleichzeitiger Verkrustung durch Wärmeeinwirkung.

Zwiebelsuppe wird z. B. überbacken, vgl. S. 207.

- Überbacken ist ein Fertigstellungsverfahren für bereits gegarte Speisen. Dabei entsteht durch Oberhitze eine goldgelbe bis braune Kruste mit zusätzlichen Geschmacksstoffen.
- Die gegarten Lebensmittel mit Käse oder Béchamelsoße mit Eigelb-Sahne-Legierung und Reibkäse bedecken.
- Überbacken wird im vorgeheizten Grill oder im Backofen bei 175 bis 200 °C.
- Nur feuerfestes Geschirr für das Überbacken verwenden.
- Speisen ohne Deckel überbacken.

Überbacken im Großflächenstrahlungsgrill

Backen

Backen ist ein Garen und Bräunen in heißer Luft.

Backen mit Ober- und Unterhitze:

- Durch Ober- und Unterhitze wird gegart.
- Es kann jeweils nur ein Blech eingeschoben werden.
- **Einschubhöhe beachten!**
  Hohe Kuchen – untere Schiene.
  Flache Kuchen – mittlere Schiene.
- Am Rand ist die Hitze stärker als in der Mitte. Speisen bzw. Gebäck in die Mitte stellen.

1. Erstellt ein **Memospiel:**
   Auf eine Karte schreibt ihr jeweils einen Teig oder eine Masse. Auf die zweite Karte schreibt ihr bzw. zeichnet ihr ein entsprechendes Gebäck, z. B.
   Hefeteig – Pizza
   Mürbeteig – Kekse
   Rührteig – Blitzkuchen
   Quarkölteig – ?
2. Der Backofen soll gereinigt werden.
   a) Welche Reinigungsmittel werden benötigt?
   b) In welcher Reihenfolge werden die Reinigungsarbeiten durchgeführt?

Backen mit Heißluft – Umluft:

- Vorheizen ist nicht nötig.
- Da Heißluft durch den Backofen strömt, können bis zu vier Bleche gleichzeitig eingeschoben werden.
- Jede Einschubhöhe ist möglich.
- Niedrigere Einstellungen beachten, etwa 20 °C weniger!
- Möglichst ein kleines Gefäß mit Wasser in den Herd stellen. Das Austrocknen wird vermieden.

In jedem Fall:

- Je nach Gebäckart die Bleche entsprechend vorbereiten.
- Gebäck noch heiß aus der Form lösen. Gebäck nach dem Backen 10 Minuten auskühlen lassen, bevor es geschnitten wird.
- Es gibt kombinierte Backöfen, die auf Ober- und Unterhitze bzw. Heißluft eingestellt werden können.
- Die Temperaturangaben in diesem Buch beziehen sich auf Backöfen mit Ober- und Unterhitze, sonst Anweisungen des Herstellers beachten.

Garprobe:

- Mit einem Spieß vorsichtig in die Kuchenmitte stechen. Haftet Teig am Spieß, Garzeit verlängern.

Frittieren

Frittieren ist ein Garen in heißem, reinem Fettbad.
Pommes frites werden z. B. frittiert.

Fett erhitzen und Temperatur prüfen.

Pommes frites 3 Minuten frittieren. Herausnehmen, abtropfen lassen.

Unmittelbar vor dem Essen noch einmal 4 bis 6 Minuten frittieren, umfüllen.

- Kokosfett bzw. Speiseöl verwenden.
- Richtige Temperatur beachten, es müssen sich Luftbläschen bilden, evtl. Spezialthermometer benutzen. Ist das Fett zu kalt, saugen die Lebensmittel zu viel Fett auf.
- Fett nicht überhitzen. **Gesundheitsschädlich!**
- Feuchte Lebensmittel, wie Fleisch, abtupfen. Tiefkühlkost vorher auftauen lassen. **Spritzgefahr! Unfallgefahr!**
- Nicht zu viel Gargut auf einmal einfüllen, das Fett kühlt sonst zu stark ab.
- Lebensmittel nach dem Frittieren im Frittierkorb oder auf einem Rost oder auf Küchenpapier abtropfen lassen.
- Fett nach drei- bis viermaligem Gebrauch erneuern! Sonst **gesundheitsschädlich!**
- **Geeignet für**: Kartoffeln, Gebäck, Fisch und Gemüse.

Grillen

Grillen ist ein Garen durch Strahlungshitze oder Wärmeleitung mit oder ohne Fettzugabe.
Gegrillt werden z. B. Fleischspieße.

- Grill etwa 3 bis 5 Minuten vorheizen, bis die Grillstäbe glühen.
- Pfanne oder Grillrost vorheizen, dann ölen.
- Grillgut auf den geölten Grillrost geben.
- Grillgut vorher würzen, aber Salz und Paprika erst nach dem Grillen dazugeben. Salz entzieht Wasser, Paprika verbrennt. Fleisch evtl. vorher in eine Marinade einlegen, damit es mürbe wird.
- Grillgut direkt in den Strahlungsbereich des Grills legen.
- Je höher das Grillgut, desto tiefer in den Grill einschieben, und umgekehrt.
- Toast und kalte Zutaten unten in den Grill einschieben.
- Zum Wenden eine Grillzange benutzen, damit der Fleischsaft nicht ausläuft.
- Garzeit: wie Braten im Backofen, vgl. S. 45.

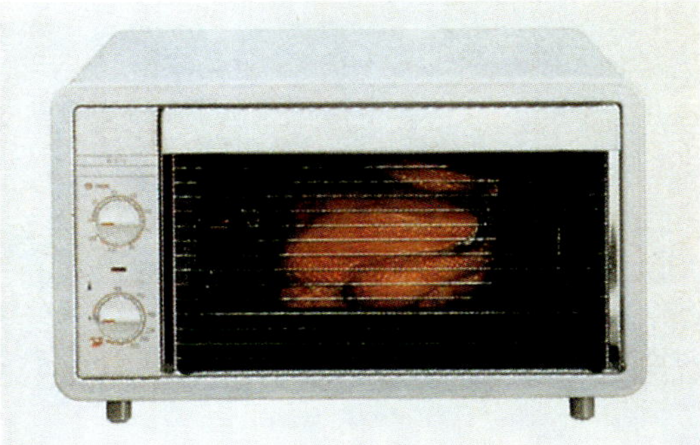
Strahlungsgrill

Mikrowelle

Geeignetes Geschirr

Ungeeignetes Geschirr

Abdecken der Speisen

Garen in der Mikrowelle

Mikrowellengaren ist ein Garen durch elektromagnetische Wellen, die in den Lebensmitteln Wärme erzeugen.

Lebensmittel können in der Mikrowelle im Allgemeinen nur gegart, aber nicht gebräunt werden. Die Mikrowelle hat mindestens zwei Schaltstufen: geringe und höhere Leistung.

- **Der Einsatz der Mikrowelle ist sinnvoll:**
  - zum Auftauen von Lebensmitteln,
  - zum Erwärmen und Erhitzen von Speisen und Getränken,
  - zum Garen von kleinen Portionen, Tellergerichten.
- **Geschirr für die Mikrowelle**
  Geeignet sind: feuerfestes (spülmaschinenfestes) Porzellan, Glas, Keramik, Kunststoff (hitzebeständig bis 180 °C). Die Mikrowellen durchdringen diese Materialien.

  Ungeeignet sind: Metall, Geschirr mit Metalldekor (Gold- oder Silberrand), Alufolie. Die Mikrowellen durchdringen diese Materialien nicht, sie werden reflektiert.

  Ungeeignet sind außerdem: unglasiertes Tongeschirr, z. B. Römertopf, fest verschraubte Gläser, Geschirr mit Sprung, Flaschen mit engem Hals. Diese Gefäße können überhitzen und platzen.
- Lebensmittel abgedeckt in die Mikrowelle stellen, ein Austrocknen wird verhindert.
- Lebensmittel mit fester Schale oder Haut, z. B. Würstchen, vor dem Garen einstechen, das Platzen wird vermieden. Eier nicht in der Mikrowelle garen, sie platzen.
- Die Mikrowelle eignet sich nur zum Garen von kleinen Portionen, z. B. Tellergerichten. Wenn die Personen zu unterschiedlichen Zeiten essen, kann das Essen jeweils schnell frisch zubereitet werden. Nährstoffe bleiben dabei weitgehend erhalten.
- Lebensmittel flach auf dem Teller ausbreiten, sie garen schneller. Unterschiedliche Lebensmittel nicht übereinanderschichten.
- Lebensmittel in die Mitte des Gerätes stellen, sie garen so gleichmäßiger.

Garen im Dampfdrucktopf

Druckgaren ist ein Kochen oder Dämpfen zwischen 110 und 120 °C.

Flüssigkeitszugabe zur Dampfentwicklung

Schließen des Dampfdrucktopfes

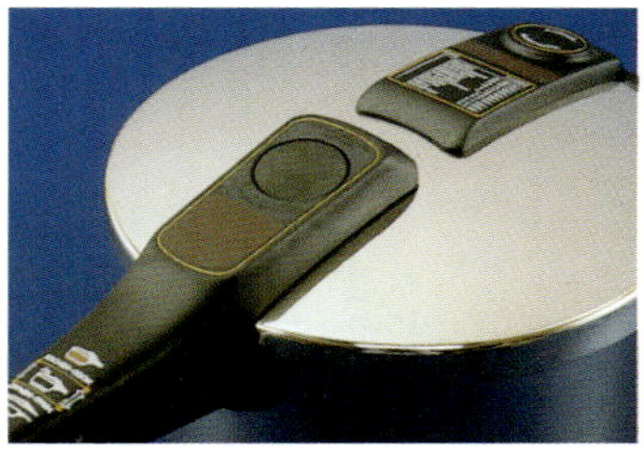
Druckanzeiger nicht sichtbar: 1 bar – 100 °C

Garstufe I: ca. 1,5 bar – 110 °C

Garstufe II: ca. 2,0 bar – 120 °C

Öffnen des Dampfdrucktopfes

- **Vorbereiten**

  Flüssigkeitszugabe – mindestens eine Tasse – ist zur Dampfentwicklung notwendig. Den Topf zum Garen höchstens zu zwei Dritteln füllen. Keine stark schäumenden Speisen im Dampfdrucktopf garen, das Ventil kann sonst verstopfen.

  Zum Dämpfen den gelochten Einsatz auf den Dreifuß in den Topf stellen.

  Vor dem Schließen überprüfen, ob der Gummiring richtig im Deckel liegt und ob der Topfrand sauber ist. Es kommt sonst nicht zur Drucksteigerung. Beim Schließen den Deckel nach links drehen, bis die Verriegelung hörbar einrastet.

- **Ankochen – Fortkochen**

  Topf auf die Kochstelle stellen. Gewünschte Garstufe einstellen.

  Durch Garen bei Überdruck entsteht eine höhere Gartemperatur, die Flüssigkeit siedet erst oberhalb von 100 °C. Die Garzeit wird hierdurch um circa ein Drittel verkürzt.

  In der Ankochzeit ist der Druckanzeiger nicht sichtbar, die Ankochzeit nicht verkürzt.

  Garstufe I

  Druckanzeiger: Ein Ring ist sichtbar. **Geeignet für:** Fisch, zartes Fleisch, z. B. Kalbfleisch, empfindliches Gemüse, Obst.

  Garstufe II

  Druckanzeiger: Zwei Ringe sind sichtbar. **Geeignet für:** Fleisch, Eintöpfe, Gemüse mit fester Struktur, Kartoffeln usw.

- **Öffnen**

  Topf von der Kochstelle nehmen. Der Dampf muss dann durch das Öffnen des Kochreglers/Abdampfreglers entweichen.

  Oder in der Spüle kaltes Wasser über den Deckel laufen lassen.

- Bevor der Dampfdrucktopf geöffnet werden darf, muss auf jeden Fall der Druckanzeiger ganz verschwunden sein.

  Beim Öffnen Kochregler zurückziehen und Topfdeckel nach rechts drehen.

1. Folgende Gegenstände sollen gereinigt werden:
   a) eine Kunststoffschüssel
   b) ein Topf aus Edelstahl
   c) ein Emailletopf
   d) eine Glasvase
   Wähle jeweils geeignete Reinigungsmittel und Arbeitsgeräte aus.
2. Die Schulküche soll gründlich gereinigt werden: Welche Arbeitsgeräte und Reinigungsmittel werden für die Reinigung
   a) des Herdes,
   b) der Arbeitsfläche,
   c) der Spüle benötigt?
3. Notiert die Reinigungsmittel, die ihr im Haushalt verwendet. Ermittelt aus der Gebrauchsanweisung die Verwendungszwecke.
4. Ermittelt Spezialreinigungsmittel, die überflüssig sind.
5. Erstellt Wandzeitungen zu den Themen „Reinigung und Umwelt" und „Ökoputzschrank".

Reinigungsmittel

2.4 Reinigung

Reinigungsmittel

- Vor der Verwendung eines Reinigungsmittels genau die Gebrauchsanweisung und Dosierungsanweisung durchlesen.
- In den meisten Fällen genügt Spülmittel zum Reinigen von stark verschmutztem Geschirr, Töpfen usw.
- Mechanische Reinigungsmittel wie Stahlwolle und Scheuermittel zerkratzen empfindliche Oberflächen, z.B. Edelstahl, Emaille und Kunststoff.
- Schmutz lösende Reinigungsmittel und Allzweckreiniger lösen lediglich Fett und Schmutz. Werden diese Mittel zu stark dosiert, können sie die Oberfläche von Kunststoff angreifen. Sie wird rau und kann schneller wieder verschmutzen, der Gegenstand sieht oft nicht sauber aus.
- Reinigungsmittel sparsam verwenden, sie belasten die Umwelt.
- Wasser und Reinigungsmittel bei Verschmutzung wechseln. Den schmutzigsten Gegenstand immer zum Schluss reinigen.
- Viele Reinigungsmittel, die verwendet werden, sind überflüssig. Sie können durch ungefährlichere „Hausmittel" ersetzt werden, z.B. Scheuerseife anstelle von Allzweckreiniger, flüssiges Scheuermittel anstelle von Wannenspray, Wasser mit einem Spritzer Essig oder Spiritus anstelle des Glasreinigers, die Toilettenbürste und evtl. Essigwasser anstelle des WC-Reinigers. Durch Essig wird Kalk entfernt.
- Der Einsatz von Desinfektionsmitteln ist im Haushalt normalerweise überflüssig. Die Wohnung kann nicht hygienisch sauber sein. Außerdem sollte sich bereits das Kleinkind an „Bakterien" gewöhnen. Es kann sonst keine natürlichen Abwehrkräfte aufbauen und wird leichter krank.
- Reinigungsmittel können eine Gefährdung für Kinder bedeuten. Beim Kauf eines Reinigungsmittels auf einen Verschluss mit Kindersicherung achten.

Geschirrspülen per Hand

- Töpfe, Pfannen und Backbleche gleich nach dem Entleeren mit Wasser füllen. Dann können die Speise- bzw. Gebäckreste nicht antrocknen und sind später leichter zu entfernen.
- Stark verschmutztes Geschirr vorspülen. Das Spülwasser muss dann nicht so oft gewechselt werden.
- Geschirr sortiert und stapelweise rechts neben die Spüle stellen. Besteck in ein Sammelgefäß geben.
- In beide Spülbecken heißes Wasser einlassen. Dem Wasser in dem rechten Spülbecken wenig Spülmittel zusetzen. Spülmittel löst Fett und fetthaltige Speisereste und erleichtert so die Arbeit. Durch größere Spülmittelmengen wird kein besseres Ergebnis erzielt. Sie belasten nur wie alle anderen Reinigungsmittel über die Abwässer die Umwelt.
- In folgender Reihenfolge das Geschirr spülen: Glas – Porzellan – Besteck – Töpfe – Pfannen.
- Das schmutzige Geschirr möglichst stapelweise in die rechte Spüle setzen, so werden viele unnötige Handgriffe vermieden.
- Besteck mit der Spülbürste reinigen. Messer nie im Spülwasser liegen lassen, während des Spülens in der Hand behalten. Verletzungsgefahr!
- Das Geschirr einzeln in der linken Spüle nachspülen, danach in den Abtropfkorb oder auf die Abtropffläche stellen.
- Glas vorsichtig und gründlich mit einem fusselfreien Leinentuch abtrocknen.
- Das saubere Geschirr sortiert abstellen und sorgfältig einräumen, damit die nächsten Benutzer es am gewohnten Platz vorfinden.
- Spülbürste und Spülbecken nach dem Abwasch gründlich reinigen.
- Spültücher und Geschirrtücher zum Trocknen aufhängen oder in die Wäsche geben.

1. Beschreibe den Arbeitsablauf beim Geschirrspülen.
2. In welcher Reihenfolge werden folgende Gegenstände beim Spülen per Hand gereinigt:
   a) Kartoffelschüssel aus Porzellan,
   b) Wassergläser,
   c) Fischbesteck,
   d) Bratpfanne,
   e) Kompottschälchen aus Glas,
   f) Bratenwender,
   g) Suppenschüssel,
   h) Suppenlöffel,
   i) flache Teller – stark verschmutzt,
   j) Suppenteller?

Geschirrspülen – perfekt durchgeführt

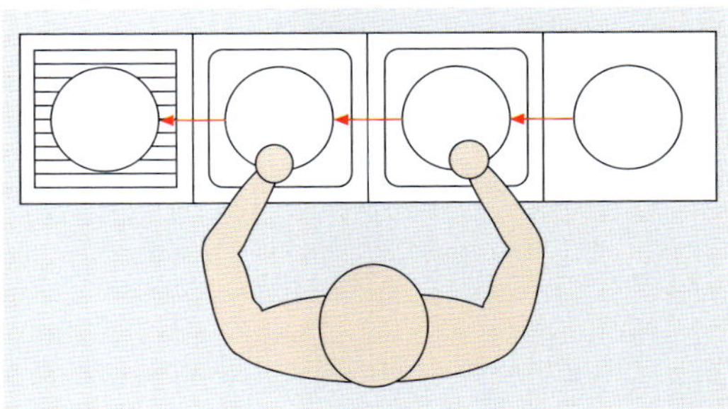

Arbeitsplatz für das Geschirrspülen per Hand

Reinigung von Glas und Porzellan

Beim Einkauf von Glas und Porzellan auf glatte Formen achten. Porzellan mit Rillen z. B. ist oft schwer zu reinigen.

Porzellan und Glas sind im Allgemeinen spülmaschinenfest, besonders Porzellan hat eine harte und glatte Oberfläche.

Beim Reinigen von feuerfestem Kochgeschirr aus Porzellan und Glas Folgendes beachten:

- Speisereste mit verseifter Stahlwolle oder flüssigem Scheuerpulver entfernen,
- keine groben Scheuermittel verwenden, sonst wird die Oberfläche aufgeraut.

1. Welche der drei Tassen aus Porzellan ist am leichtesten zu reinigen?
2. Was wurde bei der Reinigung und Pflege der Gegenstände aus Holz falsch gemacht?

Gegenstände aus Glas und Porzellan

Gegenstände aus Kunststoff

Reinigung von Holz

Schneidebretter aus Holz vor dem Hacken von Kräutern usw. kalt abspülen, das Brett nimmt dann die aus den Kräutern austretende Flüssigkeit nicht mehr auf.

Die Oberfläche von Holz ist oft durch Schnitte und Kratzer aufgeraut, hier haften evtl. Verunreinigungen, die Lebensmittelvergiftungen hervorrufen können.

Holz muss vorsichtig gereinigt werden, denn Wasser lässt Holz aufquellen, starke Hitze kann Risse noch vergrößern.

Bei der Reinigung von Holzgegenständen ist deshalb Folgendes zu beachten:

- nicht lange im Wasser liegen lassen,
- nicht in der Spülmaschine reinigen,
- nicht auf einem Heizkörper oder unter Einwirkung von starker Hitze trocknen.

Gegenstände aus Holz

Reinigung von Kunststoff

- Kunststoffgeschirr mit angetrockneten Speiseresten zum Lösen einweichen.
- Kunststoffgeschirr in heißem Spülwasser mit weicher Bürste oder Schwammtuch reinigen.
- Kunststoffgeschirr nachspülen und abtrocknen.
- Kunststoffgeschirr aus der Spülmaschine muss meist von Hand nachgetrocknet werden.
- Farbflecken, z. B. durch Karotten, lassen sich vom Kunststoff nicht mehr entfernen.

Reinigung einer Edelstahlspüle

- Reinigungsmittel und Arbeitsgeräte bereitstellen.
- In ein Spülbecken warmes Wasser einlaufen lassen und Spülmittel zusetzen.
- Ein Schwammtuch in das Spülwasser geben. Mit dem Schwammtuch den Wasserhahn, die Spülbecken und die Abtropffläche usw. säubern.

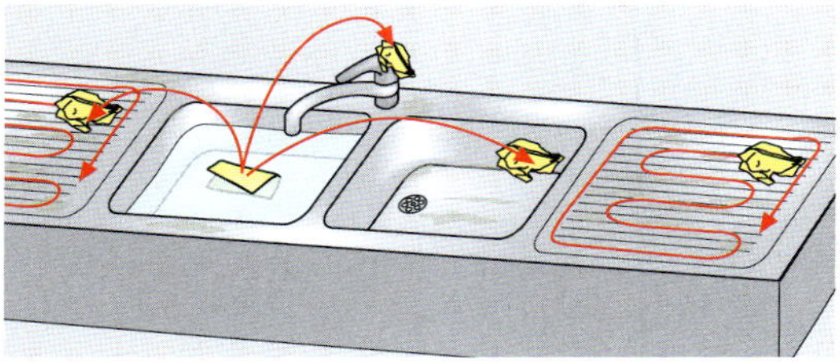

- Edelstahlreiniger auf das Schwammtuch geben und den Wasserhahn, das Spülbecken und die Abtropffläche usw. damit gründlich abreiben.

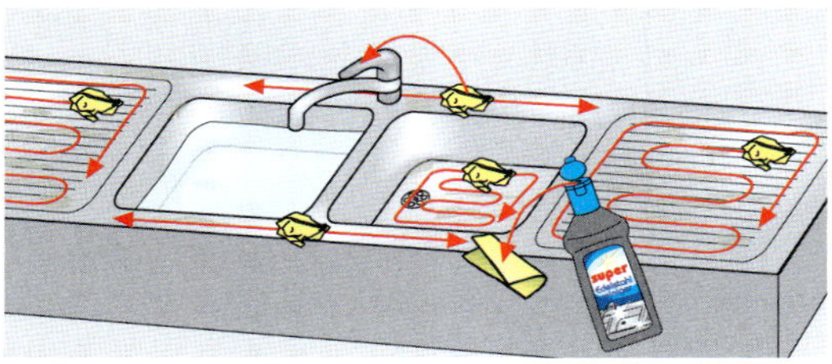

- Wasser aus dem Spülbecken ablaufen lassen und dies ebenfalls mit dem Edelstahlreiniger gründlich ausreiben.
- Alle Teile mit klarem, warmem Wasser von Rückständen des Reinigungsmittels abspülen.

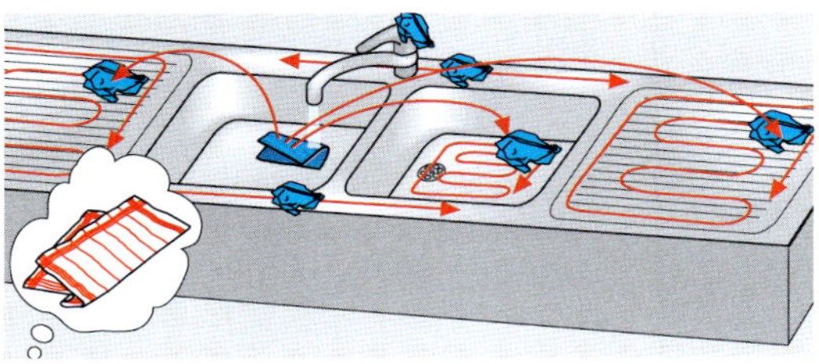

- Die Spüle und den Wasserhahn usw. gründlich mit dem Trockentuch trocken reiben.

Reinigung des Elektroherds – Kochstellen und Kochfelder

Nach Beendigung des Kochens werden die Kochplatten und Kochfelder gereinigt.

- In der Regel genügen das Abwaschen mit Spülmittellösung und Nachspülen mit klarem Wasser sowie Trockenreiben.
- Vor der Reinigung überprüfen, ob alle Platten bzw. Kochfelder auf „0" stehen und abgekühlt sind.

Reinigung stark verschmutzter Kochplatten

- Sind Speisen übergekocht und angebrannt, werden Verschmutzungen in der Kochmulde mit Wasser eingeweicht.
- Danach werden die groben Verschmutzungen mit einem Schwammtuch entfernt.
- Eingebrannte Verkrustungen auf Kochplatten kreisförmig mit Scheuermilch und der Scheuerseite des Schwamms entfernen.
- Den Überlaufrand bei starken Verschmutzungen mit Scheuermilch und der Scheuerseite des Schwamms reinigen.
- Der Überlaufrand einer Kochplatte aus Stahl kann auch mit verseifter Stahlwolle gesäubert werden.
- Emaillierte Kochmulden mit einem Schwammtuch reinigen. Nie mit verseifter Stahlwolle säubern, die Emaille verkratzt.
- Danach Kochplatten und Kochmulde abwaschen und trocken reiben.
- Schwarze Kochplatten regelmäßig mit Vaseline oder hartem Pflanzenfett vor Rost schützen. Vaseline kreisförmig einreiben. Mit Küchenpapier nachreiben.

Kochfelder aus Glaskeramik

- Für Glaskeramik gibt es spezielle Glasschaber, mit denen hartnäckige Schmutzrückstände entfernt werden können.
- Für die Reinigung werden auch Spezialmittel angeboten. Herstellerangaben beachten.
- Zur Reinigung von Glaskeramik nie Scheuerpulver, raue Schwämme oder Ähnliches verwenden, sie verkratzen das Kochfeld.

Reinigung eines Backofens

Reinigungsmittel und Arbeitsmittel bereitstellen.
Licht im Backofen anschalten.

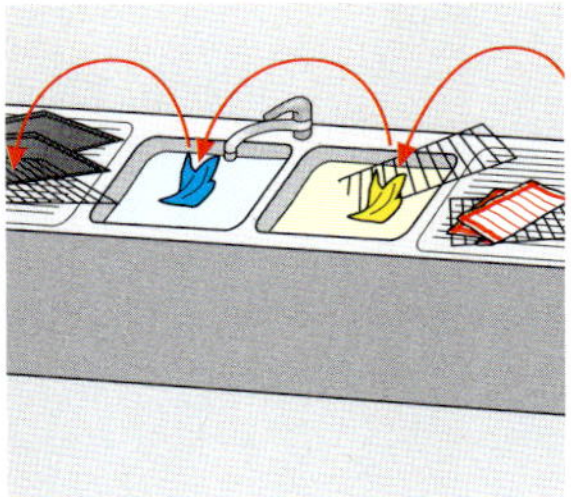

Bleche und Roste herausnehmen.
In der Spüle reinigen.

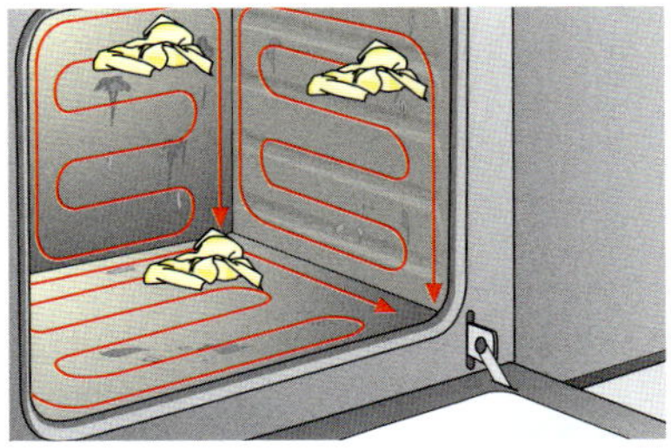

Backofen vollständig – Wände und Rahmen – mit Neutralreinigerlösung reinigen.

Hartnäckige Verschmutzungen mit Scheuermittel und der Scheuerseite eines feuchten Schwamms entfernen.

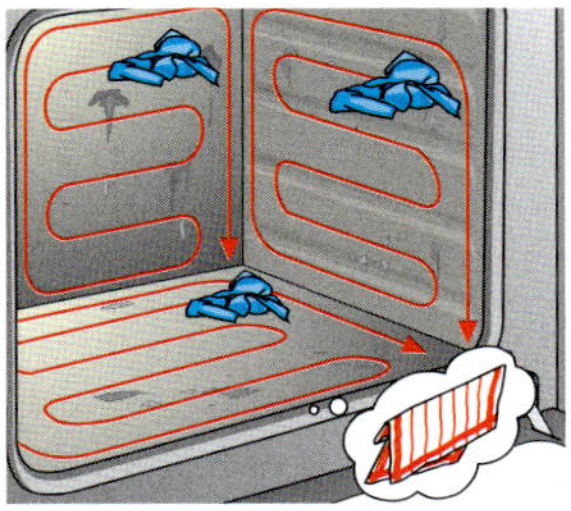

Backofen mit sauberem Wasser auswaschen und mit dem Trockentuch austrocknen.

Backofen wieder einräumen.
Licht ausschalten.

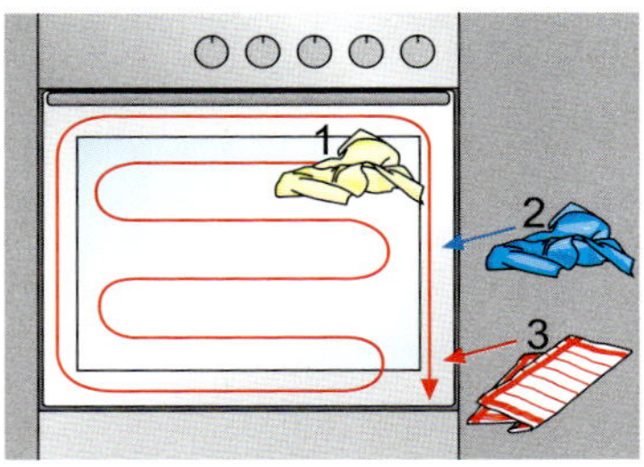

Türinnenseite und Türaußenseite reinigen, nachspülen und mit dem Trockentuch trocknen.

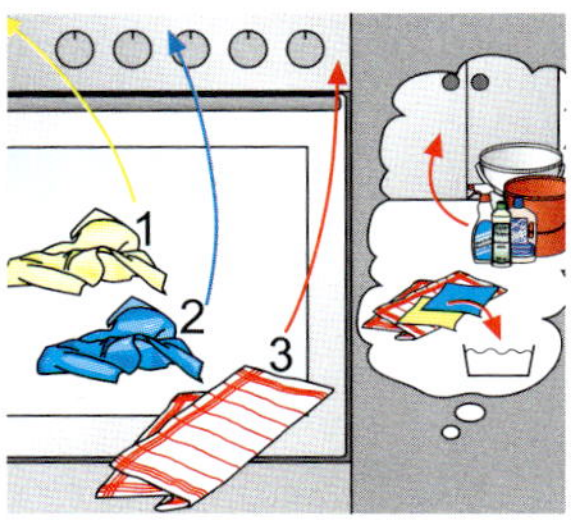

Bedienungsblende ebenfalls reinigen.
Arbeitsmittel und Reinigungsmittel wegräumen.

Achtung:
Backofenreiniger nur verwenden, wenn der Schmutz sonst nicht entfernt werden kann.
Gebrauchsanweisung beachten!

Werkstoffe – Übersicht Eigenschaften und Reinigung

Werkstoffe	Verwendung Vorteile/Nachteile	Reinigung
Holz	Schnittempfindlich, kratzempfindlich, hitze- und wasserempfindlich.	Nicht lange im Wasser liegen lassen, nicht in der Spülmaschine reinigen, nicht auf einem Heizkörper oder unter Einwirkung starker Hitze trocknen.
Kunststoff	Schnittempfindlich, kratzempfindlich, aber stoßunempfindlich, hitzeempfindlich, falls nicht besonders gekennzeichnet.	Mit heißem Wasser mit Spülmittelzusatz reinigen. Keine groben Scheuermittel verwenden, die Oberfläche wird sonst aufgeraut.
Aluminium	Guter Wärmeleiter, säureempfindlich, teilweise stoßempfindlich (Beulen). Es dürfen keine Speisen darin aufbewahrt werden.	Kein Scheuermittel und keine Stahlwolle verwenden, mit Spülmittel auswaschen bzw. auskochen oder mit Rhabarberblättern auskochen.
Edelstahl	Sehr haltbar, schlagfest, rostfrei. Auf auswechselbare Kunststoffgriffe und Deckelknöpfe achten.	Heißes Wasser mit Spülmittelzusatz verwenden, flüssige Scheuermittel können benutzt werden, grobe Scheuermittel auf keinen Fall verwenden. Sofort abtrocknen.
Emaille	Hübsch anzusehen, kratzempfindlich, stoßempfindlich, schlechter Wärmeleiter. Auf blaue Innenglasur achten, diese ist am haltbarsten.	Nicht mit Metallgegenständen auskratzen, heißes Wasser mit Spülmittelzusatz verwenden, keine groben Scheuermittel benutzen.
Glas/ Porzellan	Sehr schlechte Wärmeleiter, es wird zunächst sehr viel Energie benötigt. Speisen können im Geschirr angerichtet werden, sie bleiben länger heiß. Nicht auf Schnellkochstellen verwenden, auf offener Flamme nur mit Drahtuntersatz.	Zur Entfernung von Speiseresten kann verseifte Stahlwolle oder flüssiges Scheuermittel verwendet werden, keine groben Scheuermittel verwenden, da sonst evtl. die Oberfläche aufgeraut wird.
Gusseisen	Guter Wärmeleiter, schwer, rostet, zerbricht beim Hinfallen.	Heißes Wasser mit Spülmittelzusatz zum Auswaschen oder Auskochen verwenden, verseifte Stahlwolle oder flüssige Scheuermittel können verwendet werden.

Ordne die Gegenstände in deiner Schulkochkoje nach Materialien und gib Tipps für die Pflege.

Material	Gegenstände	Pflege
Kunststoff	?	?
?	?	?

3 Ernährungspyramide und Lebensmittelgruppen – Grundlagen der vollwertigen Ernährung

3.1 Ernährungspyramide

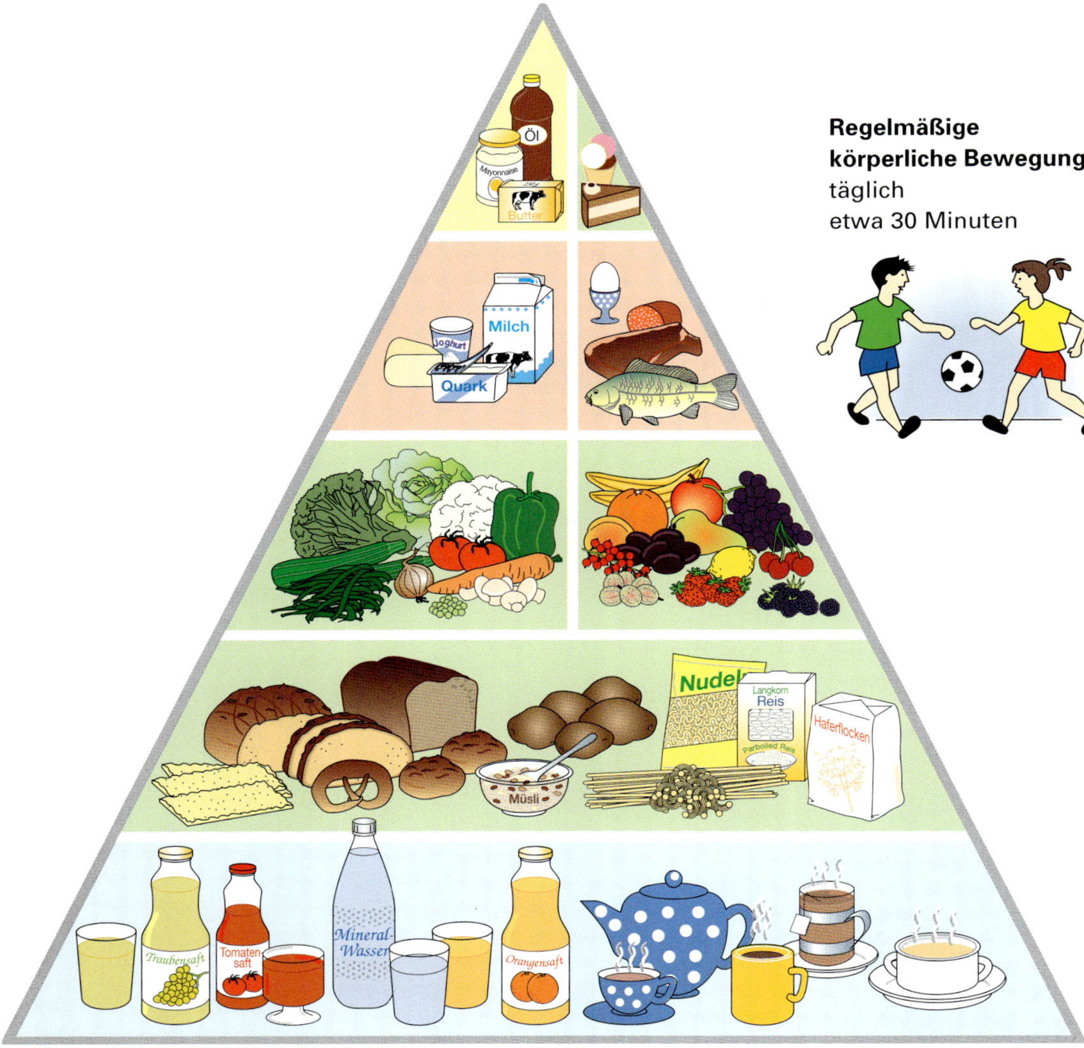

Regelmäßige körperliche Bewegung
täglich
etwa 30 Minuten

Die Ernährungspyramide ist eine bildliche Orientierungshilfe für eine gesunde Lebensmittelauswahl. Je weiter unten ein Lebensmittel in der Ernährungspyramide steht, desto öfter soll es verzehrt werden. An der Spitze stehen Lebensmittel, die in geringen Mengen oder selten verzehrt werden sollen.

Du ernährst dich vollwertig, wenn du die Verzehrempfehlungen der DGE, vgl. S. 93, beachtest.
Es gibt keine Verbote, es kommt lediglich auf die richtige Mengenzusammenstellung an.
Außerdem achte auf dein Gewicht und bleibe in Bewegung.

3.2 Vorkommen und Hauptaufgaben der Nährstoffe

Erläutere Vorkommen und Hauptaufgaben der Nährstoffe.

Vorkommen in Lebensmitteln

Kohlenhydrate

Fette

Eiweißstoffe

Wasser

Vitamine und Mineralstoffe

Hauptaufgaben im menschlichen Körper

Brennstoffe liefern Energie

Baustoffe ermöglichen Aufbau und Erhaltung

Wirkstoffe regeln Körpervorgänge

Den Nährstoffen auf der Spur – Wir finden mit Experimenten Antworten auf unsere Fragen

① Wir entwickeln eine Fragestellung

Z. B.: Welche Nährstoffe sind in den verschiedenen Lebensmittelgruppen der Ernährungspyramide enthalten?

- Traubenzucker?
- Fett?
- Vitamin C?
- Stärke?
- Eiweiß?
- usw.

② Wir suchen nach Experimenten, mit denen wir die Fragestellung beantworten können, z. B.:

Welche Teststäbchen gibt es für den Nährstoffnachweis?

Welche Chemikalien haben wir für den Nährstoffnachweis?

Wie werden die Versuche durchgeführt?

③ Wir führen die Versuche durch

Der Versuchsaufbau wird beschrieben.

Die Ergebnisse werden notiert.

In Getreide sind folgende Nährstoffe: ?

In Kartoffeln sind folgende Nährstoffe: ?

usw.

④ Auswertung der Versuchsergebnisse

Die Ergebnisse werden verglichen und ausgewertet, z. B.:

Welche Nährstoffe nehmen viel „Raum" in der Ernährungspyramide ein?

Wir diskutieren die Folgen unserer Erkenntnisse, z. B.: In der Ernährung sollten wir besonders (????) berücksichtigen.

Kohlenhydratnachweis

Stärkenachweis

1. Halbiere eine Kartoffel.
   Gib auf die Innenseite der Kartoffel einen Tropfen Jodkaliumjodidlösung.
   Beobachte die Farbänderung.

2. Überprüfe den Stärkegehalt folgender Lebensmittel:
   a) Obstsaft
   b) Milch
   c) Weizenmehl in Wasser
   d) Apfelscheibe
   e) weitere Lebensmittel

Traubenzuckernachweis

1. Gib 1 TL Traubenzucker in ein Glas mit Wasser.
   Halte ein Glucoseteststäbchen in die Flüssigkeit.
   Beobachte die Farbänderung.

2. Überprüfe den Traubenzuckergehalt folgender Lebensmittel:
   a) Obstsaft
   b) Sultaninen in Wasser
   c) Milch
   d) geriebene Kartoffel
   e) weitere Lebensmittel

3. Übertrage die Tabelle in deinen Ordner.

Lebensmittel	Nährstoffe
Obstsaft	?
Milch	?
Weizenmehl	?
usw.	?

Trage die Versuchsergebnisse in die Tabelle ein.

Stärkenachweis mit Jodkaliumjodid

- Stärke kann mit Jodkaliumjodid nachgewiesen werden.
- Bei Anwesenheit von Stärke tritt eine Blaufärbung ein.

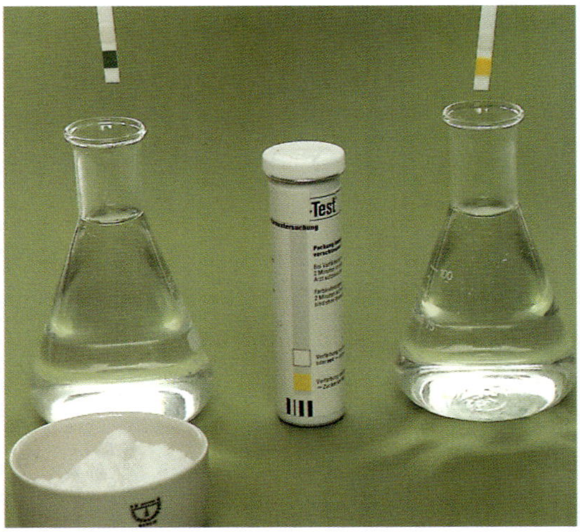

Teststäbchen mit und ohne Traubenzucker

- Traubenzucker (Glucose) kann mit Teststäbchen nachgewiesen werden.

Eiweißnachweis durch Hitze

Eiweißnachweis durch Säure

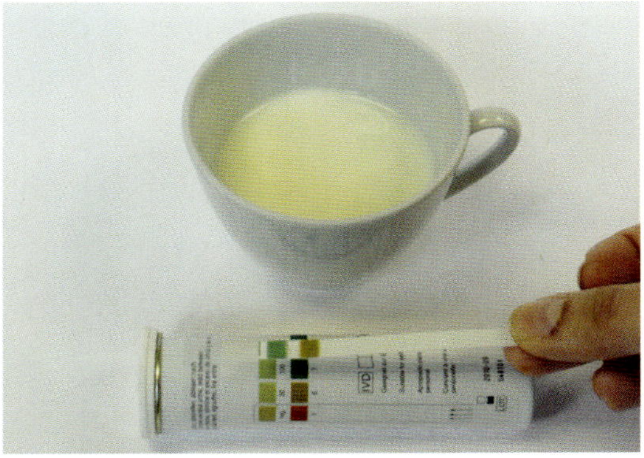

Eiweißnachweis mit einem Teststäbchen

!

- Einige Eiweißstoffe gerinnen beim Erhitzen. Bei Salzkartoffeln bilden sich z. B. Flocken, das Eiweiß wird weiß und fest.
- Andere Eiweißstoffe gerinnen durch Säureeinwirkung.
- Eiweiß kann mit Eiweißteststäbchen nachgewiesen werden.

Eiweißnachweis

1. Koche Salzkartoffeln. Betrachte danach die Garflüssigkeit. Welche Veränderung ist eingetreten?
2. Notiere weitere Lebensmittel, bei denen Eiweiß durch Hitze gerinnt.
3. Gib etwas Milch in ein Glasgefäß. Füge ein paar Tropfen Zitronensaft hinzu. Welche Veränderung ist eingetreten?
4. Notiere weitere Lebensmittel, bei denen Eiweiß durch Säurezusatz gerinnt.
5. Gib etwas Milch in ein Glasgefäß. Halte ein Eiweißteststäbchen in die Milch. Beobachte die Farbänderung.

Hinweis: Die Farbreaktion der Teststäbchen wird jeweils in der Gebrauchsanweisung erläutert. Hier färbt sich das Teststäbchen von Gelb nach Grün.

6. Überprüfe den Eiweißgehalt folgender Lebensmittel mit Eiweißteststäbchen:
   a) Milch
   b) Birnensaft
   c) etwas Hackfleisch in Wasser
   d) Garflüssigkeit von Salzkartoffeln
   e) Zuckerlösung
   f) weitere Lebensmittel
7. Ermittle mithilfe der Nährwerttabelle weitere eiweißreiche Lebensmittel:
   a) pflanzliche
   b) tierische
8. Ordne die Nährstoffe den verschiedenen Lebensmittelgruppen der Ernährungspyramide zu. Die unterste Lebensmittelgruppe enthält: ? usw.

Fettnachweis

1. Verreibe 1 TL gemahlene Haselnüsse auf einem Stück Löschpapier.
2. Gib einige Wassertropfen auf ein anderes Stück Löschpapier. Lass die Löschpapiere 10 Minuten liegen. Betrachte diese anschließend gegen das Licht.
3. Überprüfe den Fettgehalt folgender Lebensmittel:
   a) Banane
   b) hart gekochtes Eigelb
   c) Wurst
   d) Sahnequark
   e) Pommes frites
   f) weitere Lebensmittel

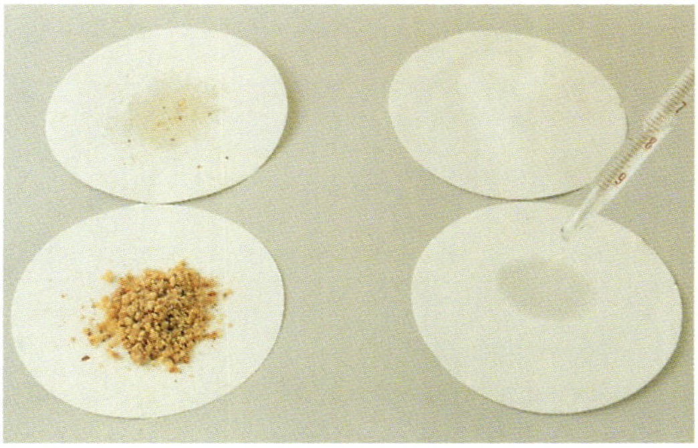

Löschpapier mit Fettfleck

- Größere Fettmengen in Lebensmitteln können mit einem Stück Fließpapier (Löschpapier) durch einen Fettfleck nachgewiesen werden.

Vitamin-C-Nachweis

1. Gare je 1 kg Kartoffeln mit ¼ l Wasser als
   a) Salzkartoffeln,
   b) Pellkartoffeln.
   Prüfe die Garflüssigkeit von Salzkartoffeln und Pellkartoffeln jeweils getrennt mit einem Vitamin-C-Teststäbchen. Beobachte die Farbänderungen. Ermittle den Vitamin-C-Gehalt beider Garflüssigkeiten mithilfe der Farbskala.
2. Überprüfe mit Teststäbchen den Vitamin-C-Gehalt von
   a) Paprikaschote (zerkleinert),
   b) Kiwi,
   c) Orangensaft,
   d) Orangensaft mit Vitamin-C-Zusatz,
   e) Radieschen,
   f) weiteren Lebensmitteln.

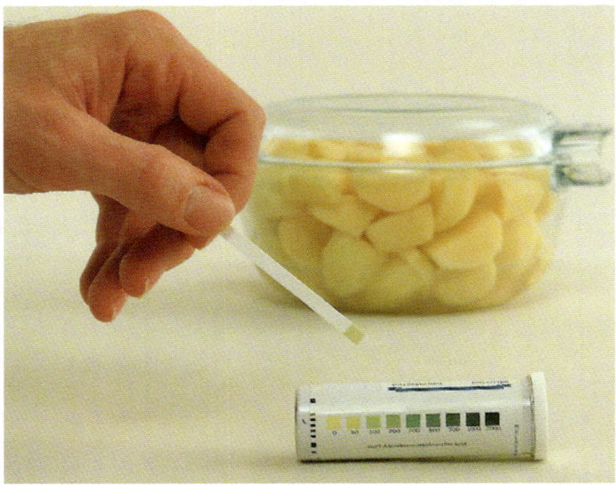

Vitamin C in der Garflüssigkeit

- Vitamin C kann mit Teststäbchen nachgewiesen werden.
- Unterschiedliche Farbänderungen der Teststäbchen kennzeichnen den jeweiligen Vitamin-C-Gehalt der Lebensmittel.
- Die Farbänderungen der Teststäbchen werden in der Gebrauchsanweisung erläutert.

3.3 Lebensmittelgruppe Getränke

1. Notiere
   a) energiearme,
   b) vitaminreiche
   Getränke, die bevorzugt werden sollen.
2. Notiere fünf ungeeignete Getränke.
3. Führe eine Woche lang ein Trinkprotokoll. Stelle dabei fest, wie viel täglich getrunken wurde.
4. Nenne drei Getränke, die die Ausscheidung von Flüssigkeit steigern.
5. Notiere fünf Lebensmittel mit einem hohen Wassergehalt.

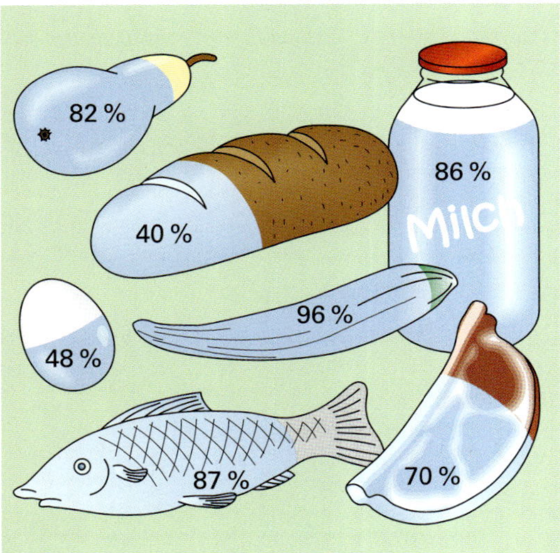

Wassergehalt einiger Lebensmittel

!

Jugendliche und Erwachsene sollen täglich etwa 2,5 Liter Flüssigkeit zu sich nehmen:
ungefähr
- 1,5 Liter mit Getränken
- und 1 Liter mit Speisen.

Wie viel sollen wir trinken?

Der Flüssigkeitsbedarf des Menschen steht an erster Stelle. Man kann wochenlang ohne feste Nahrung, aber nur etwa drei Tage ohne Flüssigkeit leben. Menschen machen einen Hungerstreik, aber keinen „Trinkstreik", dieser wäre schnell beendet.

Der Wasseranteil im menschlichen Körper ist abhängig vom Alter. Beim Neugeborenen ist er mit 80 % am höchsten, beim Erwachsenen beträgt der Wassergehalt etwa 50 bis 60 %.

Täglich sollen Jugendliche und Erwachsene etwa 2,5 Liter Flüssigkeit zu sich nehmen.

Gesteigert wird der Flüssigkeitsbedarf des Menschen durch

- trockenes und heißes Klima und körperliche Betätigung, z. B. Sport. Durch starkes Schwitzen kann der tägliche Flüssigkeitsbedarf auf bis zu 10 Liter ansteigen.
- salzige Speisen, sie machen durstig. Der gestiegene Kochsalzgehalt im Körper muss durch eine vermehrte Flüssigkeitsaufnahme wieder normalisiert werden.
- Koffeinhaltige Getränke und Alkohol erhöhen die Flüssigkeitsausscheidung.

Die Flüssigkeitszufuhr erfolgt durch

- Getränke,
- feste und flüssige Nahrung. Der Wasseranteil der Lebensmittel beträgt durchschnittlich 60 bis 70 %.

Die Flüssigkeitsausscheidung erfolgt über

- **den Harn.** Täglich werden etwa 1,4 Liter Harn mit Mineralstoffen, z. B. Kochsalz, und Endprodukten des Stoffwechsels, z. B. Harnstoff, ausgeschieden.
- **Haut und Lunge.** Über diese Organe wird täglich etwa 1 Liter Flüssigkeit abgegeben. Bei heißem Wetter und anstrengender körperlicher Arbeit wird mehr Flüssigkeit in Form von Schweiß abgegeben.
- **den Kot.** Mit dem Kot wird nur eine geringe Flüssigkeitsmenge ausgeschieden.

Saft, Nektar, Fruchtsaftgetränk – was heißt das?

Fruchtsaft besteht zu 100% aus unverdünntem Saft aus Obst. Fruchtsäfte dürfen keine Konservierungsstoffe, Farbstoffe oder sonstigen Zusätze enthalten.

Fruchtsäfte enthalten durchschnittlich 100 g Zucker pro Liter, außerdem sind Vitamine und Mineralstoffe enthalten.

Fruchtnektar ist eine Mischung aus Fruchtsaft und/oder Fruchtmark, Wasser und Zucker. Der Fruchtanteil beträgt 25 bis 50%. Fruchtnektar wird unter anderem aus Früchten hergestellt, die sonst zu sauer sind. Der Zuckergehalt ist hoch.

Der Fruchtanteil muss angegeben werden. Konservierungsstoffe usw. dürfen nicht zugesetzt werden. Der Wasseranteil dieser Getränke ist höher.

Fruchtsaftgetränk hat einen noch geringeren Fruchtanteil. Bei Orangensaft sind es 6% und bei Trauben- und Apfelsaft 30%. Der Fruchtsaftanteil muss auch hier auf dem Etikett angegeben werden. Der Zusatz an Wasser und Zucker ist bei diesen Getränken noch höher, der Gehalt an natürlichen Vitaminen und Mineralstoffen dagegen geringer.

Obstschorle enthält 50 bis 60% Fruchtanteil.

Gemüsesaft ist wie Fruchtsaft unverdünnt. Salz, Gewürze usw. dürfen jedoch zugesetzt werden. Zutatenliste beachten.

Fruchtsaftanteil bei Fruchtsaft, Fruchtnektar, Fruchtsaftgetränk und Limonade

Gemüsesaft-Cocktail ist eine Mischung von verschiedenen Gemüsesäften.

Gemüsenektar enthält 25 bis 40% Gemüseanteil. Es dürfen Salz, Gewürze, Flüssigzucker usw. zugesetzt werden.

Bei **Fruchtlimonaden** ist der Fruchtsaftanteil halb so hoch wie bei Fruchtsaftgetränken. Sie enthalten natürliche Aroma- und Farbstoffe.

Brausen und Cola-Getränke haben keinen Fruchtanteil. Auf den Etiketten dürfen deshalb keine Früchte abgebildet werden. Sie bestehen aus Wasser, künstlichen Aromastoffen und Zucker. Der Zuckeranteil ist enorm hoch: oft über 40 Stück Würfelzucker pro Liter.

Mineralwasser, Quellwasser, Tafelwasser

Über 300 natürliche und künstlich erschlossene Mineralwasserquellen sprudeln in Europa.

Natürlichem **Mineralwasser** kann Kohlensäure zugesetzt oder entzogen werden.

Quellwasser und Tafelwasser werden neben Mineralwasser angeboten.

Quellwasser stammt auch aus natürlichen Quellen, es muss keine Mineralstoffe enthalten.

Tafelwasser wird nicht aus Quellen gewonnen. Tafelwasser ist eine Mischung von Trinkwasser, Mineralwasser, Quellwasser usw.

Durch Trinkwasser und Mineralwasser wird dem Körper Flüssigkeit, aber keine Energie zugeführt.

3.4 Lebensmittelgruppe Getreide, Kartoffeln

Getreidearten

Getreideprodukte

Weizenkleie mit Tinte

Projekt
Getreide – Grundnahrungsmittel für die Menschen dieser Welt?

1. Wie heißen die abgebildeten Getreidearten?
2. Ermittle, in welchen Erdteilen die verschiedenen Getreidearten Grundnahrungsmittel sind:
   - Hirse in Afrika,
   - Reis in Asien,
   - Weizen in ?
   - Mais in ?

   usw.
3. Ermittelt in Geschäften das Angebot an Getreideprodukten.
4. Erstellt in Gruppen Plakate zu den verschiedenen Getreidearten/Erdteilen. Überlegt zunächst, was dargestellt werden soll, z. B.:
   - Wie wird das Getreide angebaut?
   - Was wird gegessen?
   - Welche Rezepte gibt es?
   - usw.
5. Überlegt:
   Wo können wir uns entsprechende Informationen besorgen?
   - aus Büchern aus der Leihbücherei
   - aus dem Internet
   - usw.
6. Diskutiert:
   Wo wollen wir die Plakate ausstellen? Welche Personen wollen wir informieren?
7. **Ballaststoffe**
   Gib 5 EL Weizenkleie mit viel Wasser in ein Becherglas. Färbe das Wasser mit Tinte. Lass die Probe 30 Minuten stehen. Gieße die Flüssigkeit durch einen Filter ab. Beobachte die Veränderung.

Ein Projekt – was ist das?

Auswahl des Projektthemas
Gemeinsam legen wir das Thema fest. Was wollen wir untersuchen?

Beispiel: Sind die verschiedenen Getreidearten Grundnahrungsmittel der Menschen dieser Welt?

Gliederung des Projektthemas
Wir gliedern das Thema in Unterthemen, so kann es in Gruppen bearbeitet werden.

Beispiel: 1. Gruppe: Hirse, Grundnahrungsmittel in Afrika; 2. Gruppe? usw.

Je vier oder fünf Schüler wählen sich nun gemeinsam ein Unterthema, mit dem sie sich beschäftigen wollen. In den Gruppen werden dann Fragen bzw. Stichworte gesammelt, die bearbeitet werden sollen.

Beispiel: Wie wird das Getreide angebaut? Zu welchen Speisen wird das Getreide verarbeitet? usw.

Wie wollen wir unsere Ergebnisse darstellen?
In der Klasse wird das weitere Vorgehen dann noch einmal besprochen und aufeinander abgestimmt, damit keine Arbeiten in den Gruppen doppelt erledigt werden.

Planung der weiteren Arbeit
In den Gruppen wird diskutiert:

Wo können wir uns die notwendigen Informationen und Rezepte beschaffen?

Wer übernimmt welche Aufgabe?

Durchführung der Arbeit
Die Gruppen werten nun ihr Informationsmaterial jeweils aus. Sie stellen das Wesentliche auf Plakaten dar bzw. bereiten entsprechende Gerichte zu.

Vorstellung der Gruppenergebnisse
Die Gruppen stellen ihre Plakate bzw. Gerichte der Klasse vor. Gemeinsam werden die unterschiedlichen Ergebnisse ausgewertet und zu einem Gesamtergebnis zusammengefasst.

Das Projektergebnis wird dann anderen Schülern oder den Eltern vorgestellt.

Auswahl des Projektthemas

Vorbereitung und Planung der Gruppenarbeit

Vorstellung der Ergebnisse

Getreidekorn – was steckt alles darin?

Bau eines Getreidekorns

Lass Weizenkörner sechs Stunden in Wasser aufquellen.
Zerschneide ein Weizenkorn in Längsrichtung.
Betrachte das Weizenkorn durch eine Lupe.
Welche Bestandteile des Getreidekorns kannst du erkennen?

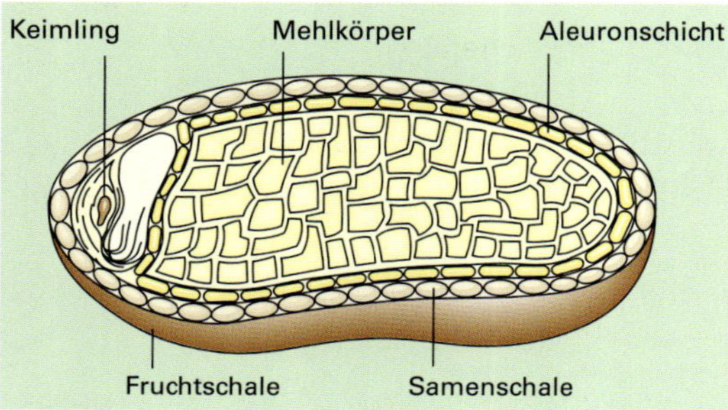

Schnitt durch ein Getreidekorn

Bestandteile des Getreidekorns		Nährstoffe
Kleie 17 %	Fruchtschale, Samenschale 5 %	Ballaststoffe, Mineralstoffe, Vitamine
	Aleuronschicht 9 %	Eiweißstoffe, Mineralstoffe, Vitamine
	Keimling 3 %	Fette, Eiweißstoffe, Mineralstoffe, Vitamine
Mehl 83 %	Mehlkörper 83 %	Stärke, Eiweißstoffe (Kleber)

Der Getreideanbau ist so alt wie die menschliche Kultur. Getreide deckt weltweit etwa 60 % des Nahrungsbedarfs der Menschen. In Entwicklungsländern ist Getreide das Hauptnahrungsmittel, bei uns wird lediglich ein Viertel des Energiebedarfs durch Getreide gedeckt.

Weizen und Roggen sind bei uns die wichtigsten Getreidearten. Dinkel ist die ursprüngliche Form des Weizens. Grünkern hat einen nussartigen Geschmack, er ist unreif geernteter Dinkel. Gerste ist die älteste Getreideart. Sie wird u.a. zum Bierbrauen verwendet. Reis ist in Asien Hauptnahrungsmittel, es gibt etwa 8000 Arten. Hirse ist in Afrika Hauptnahrungsmittel, Mais in Teilen von Amerika.

Brot, das wichtigste Getreideerzeugnis, ist seit 3000 Jahren bekannt. Es mag 800 Jahre vor Christus gewesen sein, als einer ägyptischen Hausfrau durch ein kleines Missgeschick die Erfindung gelang. Der Brei war sauer geworden. Anstatt den Brei wegzuwerfen, probierte die sparsame Frau etwas aus: Sie stellt einen Topf mit dem Brei auf das Feuer und bemerkte, dass der Brei locker wurde. Ein schmackhafter Fladen war entstanden.

Werden ganze Getreidekörner vermahlen, so erhält man Vollkornmehl.

Vollkornmehl und Vollkornbrot enthalten reichlich Ballaststoffe, Vitamine und Mineralstoffe, sie gehören zu einer gesunden Ernährung.

Durch eine ballaststoffreiche Kost werden

- die **Kautätigkeit** angeregt;
- das **Sättigungsgefühl** erhöht, weil die Speisen länger im Magen verweilen;
- so **Übergewicht** vermieden;
- **Verstopfung** verhindert, da die Ballaststoffe im Darm aufquellen;
- der **Schadstoffgehalt** der Nahrung **gemindert**; Ballaststoffe binden Schadstoffe, vgl. Versuch auf S. 64.

Wird dagegen nur der innere Teil des Getreidekorns – der Mehlkörper – vermahlen, erhält man Weißmehl – helles Auszugsmehl, das kaum Ballaststoffe, Vitamine und Mineralstoffe enthält.

Zubereitung von Massen und Teigen

- Zutaten für die Massen bzw. Teige genau abwiegen bzw. abmessen.
- Gebäck mit Vollkornmehl enthält einen höheren Ballaststoffgehalt, es ist wertvoller für eine gesunde Ernährung.
- Vollkornmehle sind nicht so lagerfähig wie Auszugsmehle, deshalb Getreide nach Möglichkeit erst vor dem Backen mahlen bzw. kleinere Mengen Weizen- oder Roggenvollkornmehl einkaufen.
- Außer Weizen und Roggen können auch andere Getreidearten zum Backen verwendet werden. Die Backeigenschaften dieser Getreidearten sind jedoch schlechter, daher jeweils nur einen Teil des Weizens oder Roggens durch andere Getreidearten ersetzen.
- Bei der Verwendung von Vollkornmehlen muss die Flüssigkeitsmenge erhöht werden. Vollkornmehle quellen stärker als Auszugsmehle.
- Massen und Teige mit Vollkornmehlen länger rühren bzw. quellen lassen, sie werden erst nach einiger Zeit fest. Zunächst sollten Knetteige, z. B. Hefeteig, noch feucht sein.
- Wird Getreide selbst gemahlen, werden je nach dem Feinheitsgrad unterschiedliche Flüssigkeitsmengen benötigt. Fein gemahlenes Getreide kann mehr Flüssigkeit aufnehmen, hier wird also mehr Flüssigkeit benötigt. Die Flüssigkeitsangaben in den Rezepten können daher nur Richtwerte sein. Evtl. mehr Flüssigkeit oder mehr Mehl hinzufügen.
- Bei der Verwendung von Vollkornmehlen wird das Gebäck, z. B. Mürbeteig, brüchiger. Auch bei einer zu geringen Flüssigkeitszugabe kann das Gebäck brüchig werden.
- Bei zu großer Flüssigkeitszugabe bzw. zu starkem Rühren kann das Gebäck, z. B. Rührmasse, beim Backen zusammenfallen.
- Zucker kann bei der Verwendung von Vollkornmehlen durch Honig ersetzt werden. Dabei muss aber der Wassergehalt des Honigs berücksichtigt werden. Außerdem wird je nach Süßkraft der verschiedenen Honigsorten eine unterschiedliche Honigmenge benötigt. Beim Backen werden die Wirkstoffe des Honigs zerstört, es besteht lediglich ein geschmacklicher Unterschied.
- Beim Backen von Gebäck mit Vollkornmehl eine flache Schale mit Wasser in den Backofen stellen bzw. Gebäck zunächst mit Alufolie abdecken, damit die Feuchtigkeit erhalten bleibt. Bekommt das Gebäck zu schnell eine feste Randschicht, kann es nicht ausreichend aufgehen.
- **Garprobe**:
  Mit einem Spieß in die Kuchenmitte stechen. Haftet Teig am Spieß, Garzeit verlängern.
- **Anrichten von Gebäck:**
  Gebäck auskühlen lassen.

  Kleingebäck in Reihen anordnen. Gleichartige Teile bilden eine Reihe.

  Bei Blechkuchen Schnitte vor dem Schneiden markieren. Trockene Ränder abschneiden. Blechkuchen in Reihen auf die Platte legen.

  Napfkuchen usw. vor dem Anrichten aufschneiden. Gebäck schuppenförmig auf die Platte legen.

Anrichten von Gebäck

Langkornreis

Weitere Bezeichnungen	Brühreis Patna
Kocheigenschaften	kocht körnig höherer Kleberanteil
Flüssigkeitsmenge	1 Tasse Reis, 2 Tassen Flüssigkeit
Verwendungsmöglichkeiten	Beilagen, Eintöpfe, Suppen
Garzeit: • Naturreis • weißer Reis	 30 bis 35 Minuten 20 bis 25 Minuten

Rundkornreis

Weitere Bezeichnungen	Milchreis
Kocheigenschaften	kocht breiig weich höherer Stärkeanteil
Flüssigkeitsmenge	1 Tasse Reis, 4 Tassen Flüssigkeit
Verwendungsmöglichkeiten	Süßspeisen, Breie
Garzeit: • Naturreis • weißer Reis	 40 bis 45 Minuten 30 bis 35 Minuten

Wildreis: Samen von wild wachsenden Wassergräsern

Reis – Regeln für die Verwendung

- Reissorte nach dem Verwendungszweck auswählen.
- Reis in einem Sieb unter fließendem Wasser waschen.
- Reis in die kochende Flüssigkeit einstreuen oder in Fett andünsten, bis er glasig ist, danach Flüssigkeit zugeben.
- Reis während des Garens nicht umrühren, besonders Milchreis brennt sonst leicht an.
- Bei Naturreis die längere Garzeit beachten. Er kann für alle Reisgerichte verwendet werden.
- Naturreis enthält wertvolle Vitamine, Mineralstoffe und Ballaststoffe.
- Parboiled Reis ist so behandelt, dass die Vitamine aus den Randschichten in das Innere des Reiskorns eindringen. Parboiled Reis klumpt nicht, er bleibt beim Kochen körnig.
- Reis kann durch Gemüse, Pilze und Gewürze farblich und geschmacklich verfeinert werden.

1. Nenne Verwendungszwecke für die verschiedenen Reissorten.
2. Beschreibe die Zubereitung von
   a) Risotto,
   b) Reisbrei.

Reisanbau

Kartoffeln – Verarbeitung

- Kartoffeln möglichst dünn schälen oder als Pellkartoffeln garen.
- Kartoffeln kurz und gründlich waschen, erst unmittelbar vor dem Garen schälen. Nur kurze Zeit in kaltem Wasser aufbewahren.
- Kartoffeln möglichst mit Schale garen. Die Schale schützt vor der herauslösenden Wirkung des Wassers.
- Kartoffeln mit wenig Wasser garen oder im Siebeinsatz dämpfen.
- **Bei Kartoffeln werden drei Kochtypen unterschieden:**

Kochtypen	Kocheigenschaften	geeignet für
festkochend	fest, feucht, platzen nicht auf	Kartoffelsalat, Pell-, Salz-, Bratkartoffeln
vorwiegend festkochend	mäßig feucht, platzen wenig auf	Salz-, Pell-, Bratkartoffeln
mehlig kochend	trockener, platzen stärker auf	Püree, Suppen, Eintöpfe, Puffer, Klöße

- Beim Warmhalten von Kartoffeln kommt es zu weiteren Nährstoffverlusten.

  Falls notwendig, Kartoffeln abkühlen lassen und portionsweise schnell wieder aufwärmen, z. B. in der Mikrowelle.
- Der Fettgehalt von Kartoffeln kann durch das Garen stark erhöht werden. Der Fettgehalt in Pellkartoffeln und Salzkartoffeln ist sehr gering, in Pommes frites dagegen sehr hoch.

Lebensmittelportionen mit jeweils der gleichen Fettmenge

1. Betrachte die Abbildungen. Häufig werden Kartoffeln so zubereitet. Beschreibe und beurteile das Vorgehen.
2. Ermittle Rezepte für unterschiedliche Kartoffelbeilagen:
   - Pellkartoffeln
   - Kartoffelgratin
   - Kartoffelbrei
   - usw.
3. Ermittle geeignete Kartoffelsorten für die Kartoffelgerichte.

Planspiel – Wir eröffnen ein Kartoffelrestaurant

① Vorbereitungsphase

Wir überlegen:

Wo wollen wir unser Restaurant eröffnen?

Wen wollen wir bewirten?

Welche Aufgaben gibt es? Kochen, Schreiben der Speisekarten, Servieren, Abwaschen usw.

② Planungsphase

Wir sammeln Rezepte für einfache und schmackhafte Kartoffelgerichte.

Wir ermitteln die benötigten Arbeitstechniken, die Kosten und den Zeitaufwand für die Kartoffelgerichte.

Wir einigen uns auf die Speisekarte und die Arbeitsverteilung usw.

③ Durchführungsphase

Unsere Planung wird umgesetzt.

Unser Restaurant wird eröffnet, jeder übernimmt seine gewählte Aufgabe und führt diese durch.

Spielregel: Wer seine eigene Aufgabe erledigt hat, sieht sich um, ob er anderen helfen kann.

④ Kontrollphase

Wir berichten von unseren Eindrücken während der Planungsphase und der Durchführungsphase.

Wir überlegen: Was hat uns an unserem Restaurant, unserer Arbeitsweise gefallen?

Was müssten wir verbessern?

Kohlenhydratbedarfsdeckung

Zwei Drittel unseres Kohlenhydratbedarfs sollten durch Stärke gedeckt werden.

Hierfür eignen sich besonders folgende Lebensmittel: Vollkornprodukte, Kartoffeln, Obst, Gemüse und Hülsenfrüchte.

Obst und Gemüse sollten möglichst oft roh verzehrt werden. In dieser Form sind neben Stärke und Ballaststoffen auch reichlich Vitamine und Mineralstoffe enthalten.

Aufgrund des Ballaststoffgehalts regen diese Lebensmittel die Darmbewegung an, eine bessere Verdauung ist gesichert. Außerdem werden diese Lebensmittel nicht so schnell verdaut, die Kohlenhydrate werden langsam und gleichmäßig ans Blut abgegeben. Das Sättigungsgefühl hält länger vor.

Ein Drittel unseres Kohlenhydratbedarfs kann durch Zucker usw. gedeckt werden.

Unsere Ernährungsgewohnheiten sehen aber anders aus. Wir essen zu süß. Unser Geschmacksempfinden „süß" nimmt ab, die Speisen und Getränke werden immer stärker gesüßt.

Bei der Lebensmittelverarbeitung werden auch häufig Ballaststoffe entfernt, übrig bleiben leicht verdauliche, energiereiche Lebensmittel wie Zucker, Brötchen, Kuchen, Süßigkeiten. Diese Lebensmittel enthalten oft kaum Vitamine und Mineralstoffe. Sie haben einen geringen Sättigungswert, sie machen oft hungrig und durstig. So besteht die Gefahr, dass zu große Mengen davon aufgenommen werden. Übergewicht kann die Folge sein.

1. Lies und beurteile die Ernährungsgewohnheiten von Marie.
2. Erläutere Marie, welche anderen Lebensmittel sie auswählen sollte: Anstelle von Brötchen …
   usw.

Maries Ernährungsgewohnheiten
Zum Frühstück gibt es Weizenbrötchen mit Konfitüre und Multivitamin-Nektar, der so besonders gesund sein soll.
Zum zweiten Frühstück isst sie den „kleinen Happen für den großen Hunger zwischendurch". Zur Abwechslung kann es auch mal Joghurtschokolade oder Vitaminbonbons geben.

Zum Mittagessen ein Burger …

Nachmittags ein Stück Kuchen und ein Glas Cola-Getränk …

Geeignete Lebensmittel

Ungeeignete Lebensmittel

3.5 Lebensmittelgruppen Gemüse und Obst

Ein gesundes Frühstück und leckeres Pausenbrot sind das A und O für Jugendliche

Damit das Frühstück am Morgen schmeckt, muss man ausgeschlafen sein. Nur wer in Ruhe „zu sich kommen" kann, mag ausgiebig speisen. Auch beim Frühstück braucht man Gesellschaft, wenigstens einer sollte mitessen.

Das erste Frühstück sollte aus Vollkornbrot oder -brötchen, Müsli, Obst, Milch, Früchtetee und genügend Zeit bestehen. Als zweites Frühstück eignen sich ein bis zwei herzhaft belegte Scheiben Vollkornbrot, Obst oder Gemüse und Milch oder Obstschorle in der eigenen Trinkflasche.

Der Pausenfüller sollte schmecken. Sonst landet das Schulbrot im Papierkorb oder verschimmelt in der Schultasche.

Zucker braucht der Körper nicht. Er fördert Karies und Übergewicht und sättigt nicht lange. Die Süße der Früchte tut es auch. Das Gleiche gilt für Getränke.

Täglich mindestens fünf Portionen Gemüse und Obst verzehren. Das Gute daran: Obst und Gemüse enthalten Schutzstoffe, die das Krebsrisiko mindern.

Gesundheitswert

Obst und Gemüse enthalten 80 bis 90 % Wasser, sie sind meist energie- und fettarm. Eiweiß ist oft nur in Spuren enthalten. Einige Obstsorten und Gemüsesorten, z. B. Weintrauben und Bananen, Erbsen und Mais, haben einen höheren Kohlenhydratanteil als andere. Der **Ballaststoffgehalt** von Obst und Gemüse ist von besonderer Bedeutung für unsere Ernährung.

Pektine, die in saurem Obst und halb reifem Kernobst enthalten sind, quellen im Darm und wirken „reinigend", sie verhindern die Vermehrung von Fäulnisbakterien im Darm.

Fünf Portionen Obst oder Gemüse – so groß wie die Faust – pro Tag werden empfohlen. Obst und Gemüse haben die höchste Nährstoffdichte an Vitaminen und Mineralstoffen. Durch die bei uns übliche Ernährung wird der tägliche Vitaminbedarf nicht immer gedeckt.

Alle Obstsorten und Gemüsesorten sind natriumarm (salzarm) und kaliumreich. Alle grünen Gemüsesorten sind außerdem magnesiumreich. Das Blattgrün – Chlorophyll – enthält Magnesium.

Obst und Gemüse enthalten sekundäre Pflanzenstoffe, die nur in Pflanzen gebildet werden. Bisher sind etwa 100 000 verschiedene sekundäre Pflanzenstoffe bekannt. Sie haben gesundheitsfördernde Wirkungen.

Sekundäre Pflanzenstoffe

- wirken gegen die Entstehung von Krebs,
- senken den Cholesterinspiegel,
- regulieren den Blutdruck,
- regulieren den Blutzuckerspiegel.

Obst und Gemüse sollten **aus der Region** stammen und **entsprechend der Jahreszeit** ausgewählt werden. Dieses Obst und Gemüse ist voll ausgereift und lange Transportwege, die die Umwelt belasten, werden vermieden. Ausgereifte Früchte schmecken in der Regel besser. Im Winter wird für Gemüse aus dem Treibhaus viel Energie benötigt.

Wir erstellen Steckbriefe

1. Benenne die abgebildeten Früchte.
2. Erstellt in Gruppen Steckbriefe für die abgebildeten Früchte. Erkundet dazu im Internet die Herkunft der Früchte.
3. Kennzeichnet auf einer Weltkarte die Herkunft der Früchte.
4. Erstellt in Gruppen auf Karteikarten ein Quartettspiel zu einheimischen Obstsorten.
   a) Steinobst: Kirschen, Pflaumen, Pfirsiche, Aprikosen
   b) Beerenobst: ?
   c) usw.

①

②

③

④

Einige Merkmale der Früchte

Avocados sind birnenförmige Früchte mit einer grünen bis violetten Schale. Das cremige Fruchtfleisch hat einen nussartigen Geschmack und ist fettreich.

Cherimoyas haben eine grüne bis bräunliche Schale. Das weiche, weiße, süße Fruchtfleisch hat einen birnenähnlichen Geschmack.

Granatäpfel haben eine rote, feste Schale und geleeartiges, kernreiches Fruchtfleisch.

Guaven sind apfelgroße Früchte mit heller Haut. Das weiße bis rötliche, saftige Fruchtfleisch hat einen quittenähnlichen Geschmack.

Kakis sind orangengroße tomatenähnliche, sehr süße Früchte.

Mangos sind birnenförmige, bis zu 2 kg schwere Früchte. Das süßherbe, saftige Fruchtfleisch ist mit dem Kern verwachsen.

Papayas sind grünlich gelbe bis orangerote melonenartige Früchte mit gelber bis braunvioletter Schale.

Passionsfrüchte (Maracujas) sind pflaumengroße Früchte mit gelber bis braunvioletter Schale.

Physalis sind kirschengroße orange Früchte, die von einem beigefarbigen „Lampion" umgeben sind.

⑤

⑥

⑦

⑧

⑨

⑩

3.6 Lebensmittelgruppe Milch und Milchprodukte

Trinkmilchaufbereitung

Reinigung
Entfernung von Staubteilchen

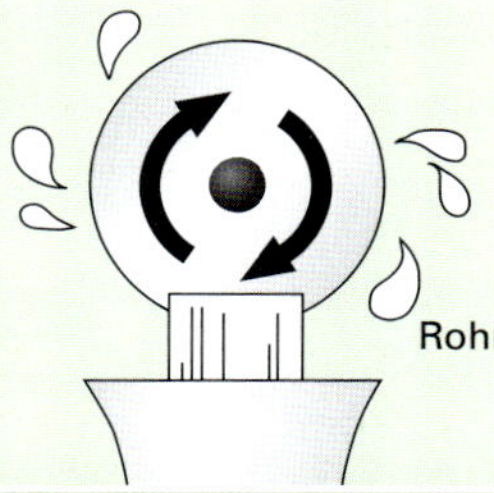

Abtrennung der Sahne (Rahm)

Fettgehaltsstufen

Vollmilch
mindestens 3,5 % Fett

entrahmte Milch
höchstens 0,3 % Fett

fettarme (teilentrahmte) Milch
mindestens 1,5 bis 1,8 % Fett

Homogenisieren

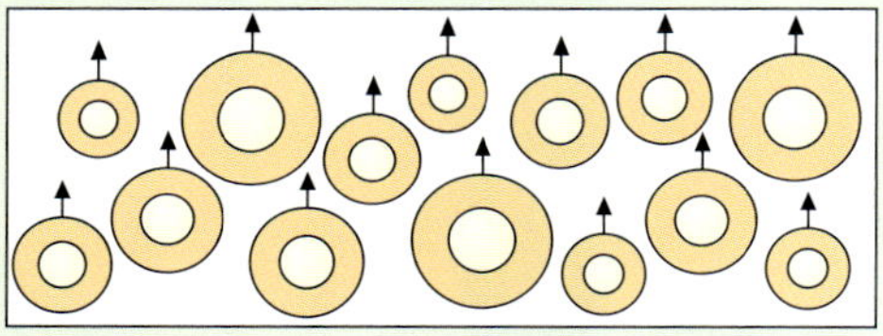

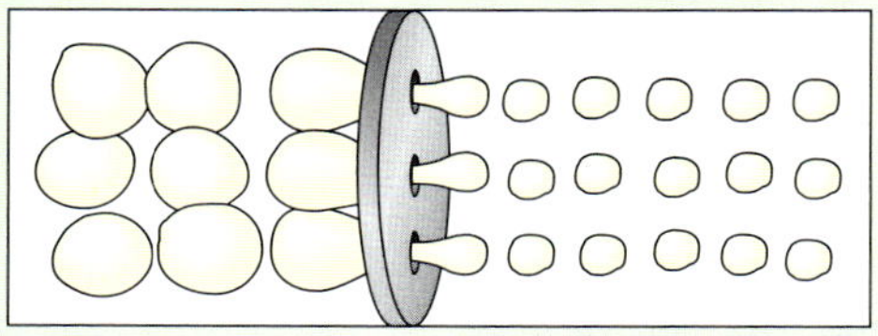

Rohmilch
Fetttröpfchen sind von einer Eiweißhülle umgeben, sie sind ungleichmäßig groß. Die Fetttröpfchen rahmen nach oben auf.

Milch, homogenisiert
Fetttröpfchen sind zerkleinert und gleichmäßig in der Milch verteilt. Die Milch kann nicht mehr aufrahmen.

Wärmebehandlung

Frischmilch
drei bis vier Tage haltbar bei max. 8 °C
Kurzzeiterhitzung

Länger frische Milch
15 Tage haltbar bei max. 8 °C
Hocherhitzung

Haltbare Milch
zwölf Wochen haltbar in geschlossener Packung
Ultrahocherhitzt

Sterilmilch
mehrere Monate haltbar in geschlossener Packung
Sterilisiert

Beschreibe die abgebildeten Milchsorten.

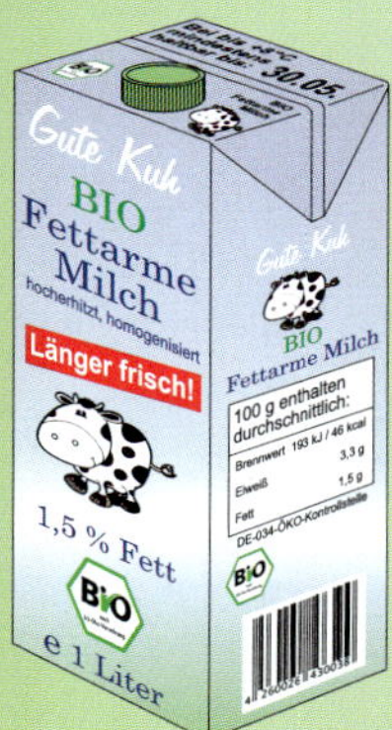

Wassergehalt und Fettgehalt in Käse

Wassergehalts- und Fettgehaltsstufen geben Hinweise zur Beurteilung des Fettgehalts einer Käsesorte.

Wassergehaltsstufen geben den Wassergehalt in der fettfreien Trockenmasse an: Hartkäse, Schnittkäse usw. Hartkäse hat den geringsten Wassergehalt, Frischkäse den höchsten. Die anderen Wassergehaltsstufen liegen dazwischen.

Fettgehaltsstufen geben den Fettgehalt in der Trockenmasse (i. Tr.), ohne Wasser, an: unter 10 % Fett i. Tr. – mager; 10 % Fett i. Tr. – viertelfett usw.

Wenig Fett enthält ein Käse, wenn er

- einen **hohen Wassergehalt** – also eine geringe Trockenmasse – besitzt,
- einen **niedrigen Fettgehalt** hat, z. B. Frischkäse – mager, unter 10 % Fett i. Tr. – Speisequark.

Bei Frischkäse beträgt der tatsächliche Fettgehalt meist weniger als ein Drittel des angegebenen Wertes.

Beispiel: Frischkäse mit 45 % Fett i. Tr. enthält tatsächlich 12 % Fett.

Viel Fett enthält ein Käse, wenn er

- einen **niedrigen Wassergehalt** – also einen hohen Gehalt an Trockenmasse – besitzt,
- einen **hohen Fettgehalt** hat, z. B. Schnittkäse – Doppelrahmstufe, 60 bis 85 % Fett i. Tr. – Tilsiter.

Bei Weich- und Schnittkäse beträgt der tatsächliche Fettgehalt etwa die Hälfte des angegebenen Wertes, bei Hartkäse etwa zwei Drittel.

Beispiele: Weichkäse mit 45 % Fett i. Tr. enthält tatsächlich 20 % Fett; Hartkäse mit 45 % Fett i. Tr. enthält tatsächlich 28 % Fett.

!

- Fettarme Käsesorten bis 45 % Fett i. Tr. sind zu bevorzugen. Die Fettzufuhr bei uns ist zu hoch.
- Die DGE empfiehlt den täglichen Verzehr von zwei Scheiben Käse.

Welchen Käse sollte man für eine gesunde und umweltfreundliche Ernährung auswählen?

3.7 Lebensmittelgruppe Fleisch, Fisch, Ei

Wir schreiben eine Bildergeschichte – „Fleischlos glücklich"

1. Bringe die sechs Bilder in eine sinnvolle Reihenfolge.
2. Beschreibe das Geschehen in einem genauen, lebendigen und folgerichtigen Text.

Verarbeitung von Fleisch

- Fleisch nur unzerkleinert und kurz unter fließendem Wasser waschen. Wasser löst sonst Nährstoffe aus dem Fleisch.
- Flache Fleischstücke vor dem Garen klopfen. Das Bindegewebe wird zerrissen, das Fleisch erscheint zarter.
- Fleisch vor dem Schmoren, Braten oder Grillen abtupfen. Das Fett spritzt sonst.
- Fleischstücke beim Schmoren oder Braten zunächst von allen Seiten anbraten. Durch die Hitze schließen sich die Randschichten, es kann keine Flüssigkeit austreten, das Fleisch bleibt saftiger. Es bräunt schneller.
- Unpaniertes Fleisch erst nach dem Anbraten würzen. Salz entzieht dem Fleisch Flüssigkeit, das Fleisch wird zäh.
- Fleisch zum Kochen in kochendes Wasser geben. Die Randschichten schließen sich schneller.
- **Aber**: Zur Herstellung einer kräftigen Brühe Fleisch in kaltes Wasser geben, langsam erhitzen. Geschmacksstoffe und Nährstoffe werden aus dem Fleisch herausgelöst.
- Fleischstücke nach dem Panieren sofort braten. Sonst feuchtet die Panade durch.
- Hackfleisch und Leber am Tag des Einkaufs verarbeiten. Sie verderben sehr leicht.
- Kleine tiefgekühlte Fleischstücke sofort unaufgetaut garen. Beim Auftauen geht Fleischsaft mit Nährstoffen verloren.
- Größere tiefgekühlte Fleischstücke, z. B. Geflügel, erst langsam vollständig auftauen lassen, dann sofort garen. Die Auftauflüssigkeit auffangen und weggießen, sie kann Salmonellen enthalten. Ist das Fleisch nicht vollständig aufgetaut, so wird es evtl. nicht ausreichend durchgegart. Es kann zu Lebensmittelvergiftungen kommen.
- Fleisch ist gar, wenn es bei der Druckprobe nicht nachgibt. Nicht in das Fleisch stechen, Fleischsaft mit Nährstoffen tritt aus.
- Fleisch quer zur Faser aufschneiden. Das Bindegewebe wird dabei zerschnitten, das Fleisch erscheint zarter.

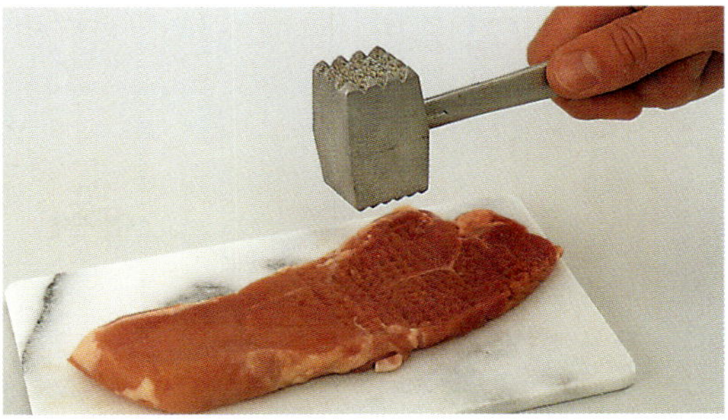

Klopfen von Fleisch

Tiefgekühlte Fleischstücke vollständig auftauen

Druckprobe: Ist das Fleisch gar?

Aufschneiden von Fleisch

Eisen – nicht nur in Fleisch

1. Lies den Text „Jede zweite Frau hat zu wenig Eisen".
2. Erläutere die Aufgaben des Eisens im menschlichen Körper.
3. Nenne Personengruppen mit einem erhöhten Eisenbedarf.
4. Nenne und begründe Folgen eines Eisenmangels.
5. Ermittle mithilfe der Nährwerttabelle eisenreiche Lebensmittel.
6. Mache Vorschläge für die Eisenbedarfsdeckung in einer vegetarischen Ernährung.

Lebenslauf eines roten Blutkörperchens

Die roten Blutkörperchen werden im Mark der flachen Knochen erzeugt. Diese etwa 1,5 Kilogramm wiegende Marksubstanz produziert in jeder Sekunde 2,3 Millionen Blutzellen. Die große Leistung ist notwendig, da die durchschnittliche Lebensdauer der roten Blutkörperchen nur 100 Tage beträgt. In dieser Zeit hat das rote Blutkörperchen eine Strecke von 1 500 Kilometern (Hamburg–Stuttgart und zurück) hinter sich gebracht.

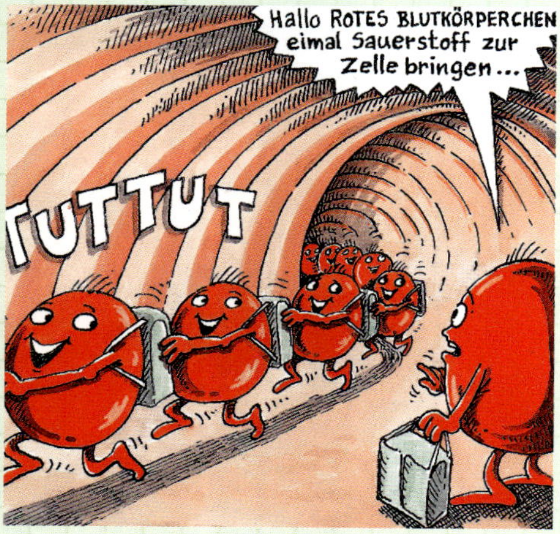

Jede zweite Frau hat zu wenig Eisen

Appetitlosigkeit, Mattigkeit, Konzentrationsschwäche, anhaltende Kopfschmerzen und Schwindel deuten fast immer auf einen Eisenmangel hin. Zugrunde liegt eine Verminderung der roten Blutkörperchen und damit Sauerstoffmangel im Körper.

Der lebensnotwendige Sauerstoff sammelt sich zwar bei jedem Atemzug in der Lunge. Dort muss er aber von rund 25 Billionen roten Blutkörperchen (5 Milliarden in 1 cm^3) abgeholt und sozusagen im Huckepackverkehr durch den Blutkreislauf an alle Körperzellen herangetragen werden. Sauerstoff kann von den roten Blutkörperchen jedoch nur dann aufgenommen werden, wenn sie genügend Eisen enthalten. Dieses Eisen ist neben Eiweiß der wichtigste Bestandteil des roten Blutfarbstoffs, medizinisch Hämoglobin genannt.

Wenn ein Mensch auf irgendeine Weise Blut verliert, verliert er Eisen. Das ist der Grund, warum vor allem Frauen so häufig unter Eisenmangel leiden.

Normalerweise lässt sich der Eisenbedarf durch eine vernünftige Ernährung decken. Tierische Leber – besonders eisenhaltig – galt früher als Heilmittel. Durch die starke Umweltbelastung enthält sie heute allerdings sehr viele Schadstoffe. Unsere Großmütter empfahlen auch, bei Eisenmangel möglichst viel Spinat zu essen. Das Gemüse enthält zwar viel Eisen, das Eisen kann aber nicht vom Körper verwertet werden. Lebensmittel, die von Nutzen sein können, sind neben Fleisch Vollkornbrot, Kohl, Aprikosen und Nüsse. Eisen wird besser aufgenommen, wenn in der Nahrung gleichzeitig Vitamin C enthalten ist. Ein Glas Orangensaft zum Vollkornbrot – und Eisen ist besser verwertbar.

(U. Rückert)

Verschiedene Fischsorten

1. Lies die Namen der abgebildeten Fischsorten. Sammle Rezepte, für die diese Fischsorten verwendet werden.
2. Beschreibe das Vorbereiten und Braten von Seelachsfilet.
3. Erkunde Preise für verschiedene Fischsorten bzw. Fischfilet.
4. Woran erkennt man frischen Fisch?

Fischfang in der Nordsee

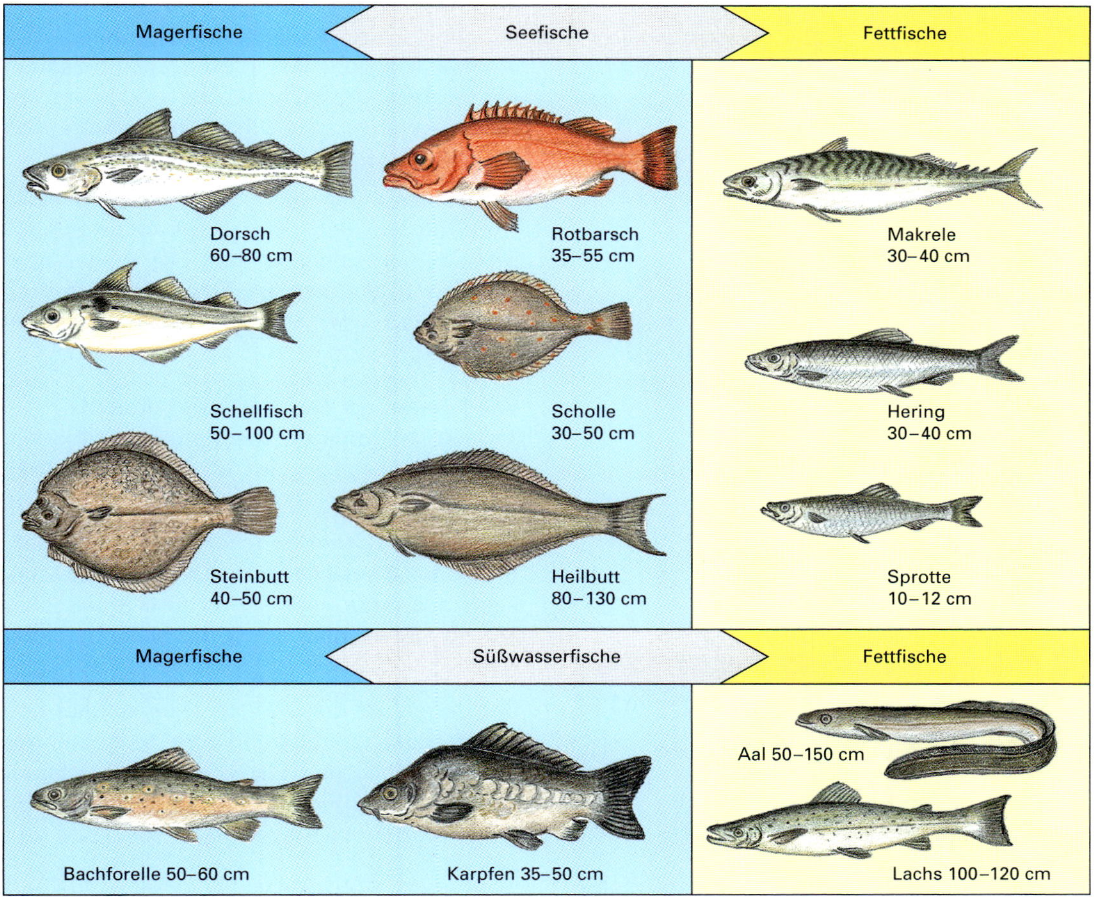

Nährstoffgehalt Magerfische

Nährstoffgehalt Fettfische

Der Fall

Der Name Jod ist vom griechischen Wort „iodes“ – veilchenfarbig – abgeleitet. Joddämpfe sind blauviolett.

Schon mehr als zehn Millionen Bundesbürger leiden unter ganz ähnlichen Beschwerden: Sie verspüren ein eigenartiges Kloßgefühl im Hals, das ihnen die Luft abschnürt, sie sind dauernd erkältet, auch wenn sie noch so sehr auf sich achten; sie nehmen ohne ersichtlichen Grund an Gewicht zu, neigen zu trockener Haut und zu Kreislaufbeschwerden. Auch wenn es draußen warm ist, fangen sie plötzlich an zu frieren. Die Ursache ist ein Jodmangel. Bei Jodmangel verlaufen viele Körperfunktionen langsamer.
(Nach U. Rückert)

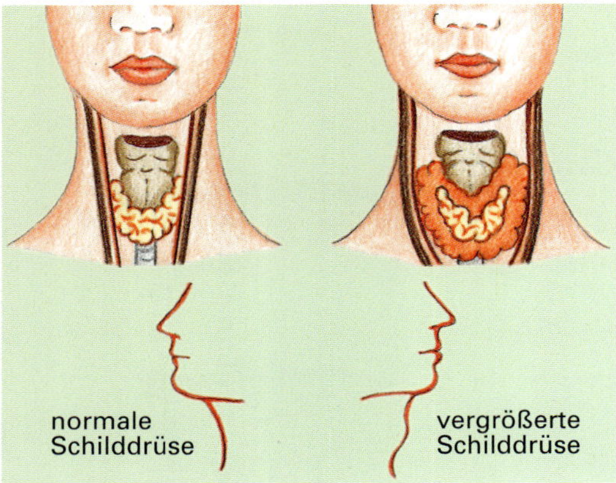

Lage der Schilddrüse

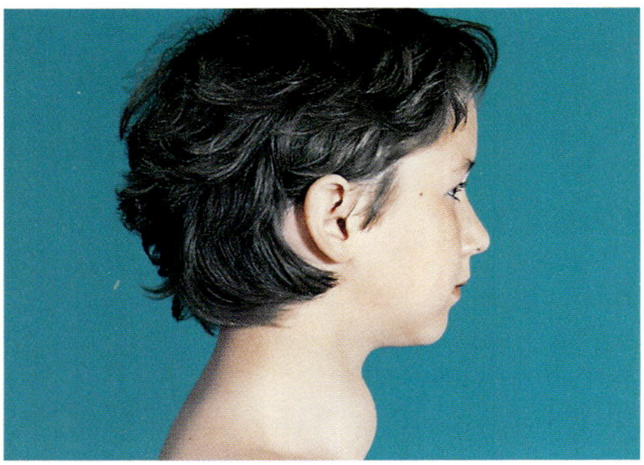

Kropfbildung bei einem Kind

Seefisch liefert Jod

Jod wird im menschlichen Körper zur Bildung der Schilddrüsenhormone benötigt. Die Schilddrüse sitzt rechts und links unter dem Kehlkopf. 100 Liter Blut strömen täglich durch die Schilddrüse und bringen dabei weniger als ein viertel Milligramm Jod in das Drüsengewebe; diese Menge reicht aus.

Ist in der Nahrung zu wenig Jod enthalten, kommt es zur Schilddrüsenunterfunktion, das Stoffwechselgeschehen wird verlangsamt. Die Schilddrüse versucht diesen Mangel auszugleichen, sie schwillt an, es bildet sich ein Kropf.

In Deutschland gehören Schilddrüsenerkrankungen zu den häufigsten chronischen Leiden bei Jugendlichen. In Deutschland besteht ein leichter Jodmangel. Die Jodzufuhr erreicht nur etwa zwei Drittel der empfohlenen Menge.

Deutschland ist das einzige europäische Land, in dem der Gesetzgeber keine Schutzmaßnahmen getroffen hat. Die in der ehemaligen DDR durchgeführte Jodversorgung wurde nach der Wiedervereinigung abgeschafft.

Wie können wir den Jodbedarf decken?
Jod ist in geringen Mengen im Erdboden, reichlicher dagegen im Meerwasser enthalten.

Besonders frischer bzw. tiefgefrorener Schellfisch und Seelachs enthalten reichlich Jod. Fisch aus dem Meer gehört also regelmäßig auf den Speiseplan, er ist der beste Jodlieferant.

Der Jodgehalt der übrigen Lebensmittel und des Wassers ist abhängig vom Jodgehalt des Bodens. Milch und Eier können bei entsprechender Fütterung der Tiere ebenfalls einen geringen Beitrag zur Jodbedarfsdeckung leisten.

Durch jodiertes Speisesalz kann die Jodversorgung gesichert werden, dies ist für Vegetarier unverzichtbar. Jodiertes Speisesalz enthält 25 mg Jod in 1 kg Salz.

Wenn Salz, dann jodiertes Speisesalz!

Verarbeitung von Fisch

- Frischer Fisch hat folgende Merkmale: rote Kiemen, straffe Haut – keine Druckstellen und keinen starken Fischgeruch.
- Frischfisch kühl aufbewahren. Am Einkaufstag verarbeiten. Fisch verdirbt leicht.

Vorbereiten von Fisch
Drei-S-Regel „Säubern, Säuern, Salzen" bei der Zubereitung anwenden:

- Fisch **säubern** – nur kurz unter fließendem Wasser waschen, Wasser löst sonst wertvolle Nährstoffe heraus.
- Fisch mit Zitronensaft oder Essig **säuern**. 10 bis 15 Minuten stehen lassen. Das Fischfleisch wird weißer und fester.
- Fisch erst unmittelbar vorm Garen **salzen**. Salz entzieht dem Fisch Flüssigkeit mit wertvollen Nährstoffen.

Garen

- Besonders geeignet sind Dünsten, Braten und Grillen. Diese Gartechniken ermöglichen eine besonders schmackhafte Zubereitung.
- Fisch nicht kochen, sondern gar ziehen lassen.
- Garflüssigkeit für Soßen oder Suppen verwenden.
- Fisch gut würzen oder mit würzigen Beilagen servieren. Fisch hat wenig Eigengeschmack.
- Fisch vor dem Panieren gut abtupfen, die Panade weicht sonst durch.
- Tiefgekühlte Fischstücke, z. B. Fischstäbchen, unaufgetaut braten. Die Form bleibt so besser erhalten.

Fisch – nährstoffschonend zubereitet

***Frischer Fisch**: rote Kiemen, straffe Haut*

Drei-S-Regel: Säubern, Säuern, Salzen

Säubern

Säuern

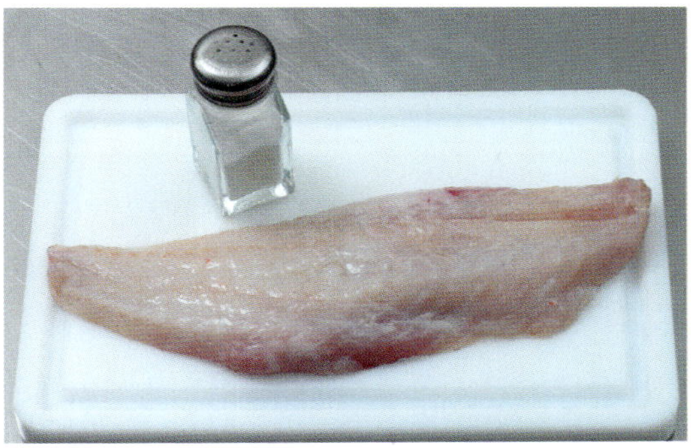

Salzen

Eigelb und Eiklar trennen

Eischnee schlagen

Eischnee unterheben

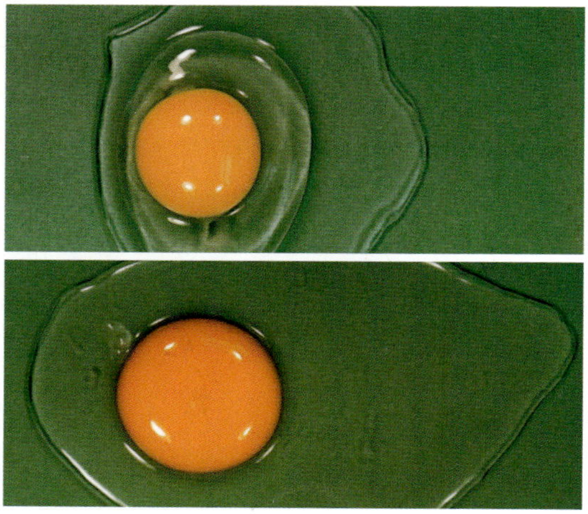

Frisches Ei und älteres Ei

Verarbeitung von Hühnereiern

Hühnereier bei Kühlschranktemperatur (bei +5 °C bis +8 °C) aufbewahren. Nach dem Ablauf des Mindesthaltbarkeitsdatums Eier durcherhitzen.

- **Eigelb und Eiklar trennen**
  Das Eigelb von einer Schalenhälfte in die andere gleiten lassen. Das Eiklar dabei in das darunterstehende Gefäß tropfen lassen.
  Eier jeweils in ein gesondertes Gefäß aufschlagen. Das Ei könnte schlecht sein.
- **Speisen mit Eischnee lockern**
  Das Eigelb sauber abtrennen. Das Gefäß und der Schneebesen müssen ganz sauber sein, sonst wird der Eischnee nicht steif. Eischnee steif schlagen, es müssen Spitzen stehen bleiben. Eischnee sofort verwenden, er wird sonst wieder flüssig.
- **Unterheben von Eischnee**
  Eischnee z. B. auf die Teigmasse gleiten lassen. Eischnee vorsichtig unterheben, unterziehen. Durch Rühren oder Erschütterung wird das Gerüst im Eischnee zerstört.
  Aufkochen von Speisen nach dem Unterheben von Eischnee vermeiden.
- **Legieren (Sämigmachen) mit Eigelb**
  Suppen oder Soßen werden z. B. zur Verfeinerung legiert. Arbeitsschritte: Ei trennen. Eigelb mit etwas heißer Flüssigkeit verrühren. Eigelb in die heiße Speise geben. Speise nicht mehr kochen. Das Eigelb gerinnt sonst, es flockt aus.
- Ei bindet beim Erhitzen die entsprechende Wassermenge. Zur Herstellung von Rührei oder Eierstich pro Ei die gleiche Menge Wasser/Milch zusetzen. Kloß- und Fleischteigen kann Ei als Bindemittel zugesetzt werden.
- Mürbe- und Hefegebäck vor dem Backen mit Eigelb oder Milch bestreichen, das Gebäck erhält ein ansprechendes Aussehen, es wird braun.
- Eine trübe Knochenbrühe kann durch Aufkochen mit Eiklar geklärt werden. Eiklar umschließt die schwebenden Teilchen und setzt sich dann als Schaum an der Oberfläche ab.

3.8 Lebensmittelgruppe Fette und Öle

Fettbedarfsdeckung

1. Marie hat einen täglichen Fettbedarf von etwa 75 g. Berate Marie bei der Auswahl und Zusammenstellung ihrer täglichen Fettaufnahme: Streichfett? usw.
2. Ermittle mithilfe der Nährwerttabelle, in wie viel Gramm
   a) Kartoffelchips,
   b) Fleischwurst,
   c) Erdnüssen,
   d) Vollmilchschokolade
   die täglich erlaubte Menge an versteckten Fetten enthalten ist.

Die tägliche Fettzufuhr setzt sich zusammen aus dem benötigten Streichfett, Garfett (Zubereitung von Speisen) und unsichtbaren, „versteckten“ Fetten in Lebensmitteln.

Streichfett: Täglich sollten nicht mehr als 20 bis 30 g Butter oder Margarine verwendet werden.

Garfett und Streichfett zusammen sollten nicht mehr als die Hälfte der täglichen Fettzufuhr ausmachen. Gartechniken auswählen, die nur wenig oder keinen Fettzusatz erfordern, z. B. Dämpfen, Grillen, Mikrowelle. Für Salate usw. geringe Mengen hochwertiger Pflanzenöle verwenden.

Versteckte Fette sind in Lebensmitteln enthaltene Fette. Sie sind oft nicht auf den ersten Blick zu sehen, z. B. in Haselnüssen, Schokolade und Käse. Generell fettreiche Lebensmittel möglichst meiden.

Wir nehmen täglich etwa doppelt so viel Fett auf wie benötigt!

- Die Deutsche Gesellschaft für Ernährung empfiehlt: täglich höchstens 40 g Streichfett oder Garfett.

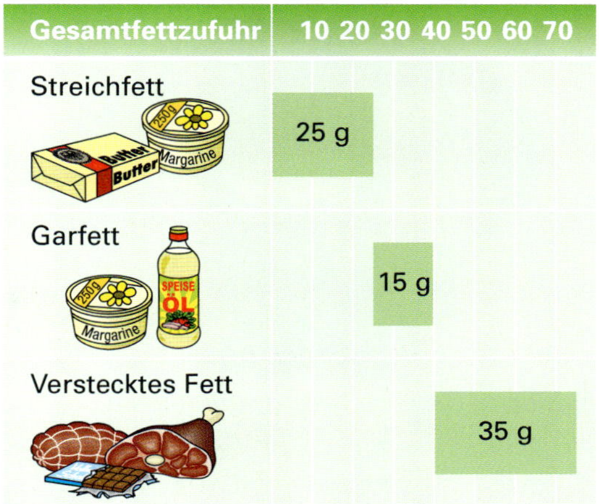

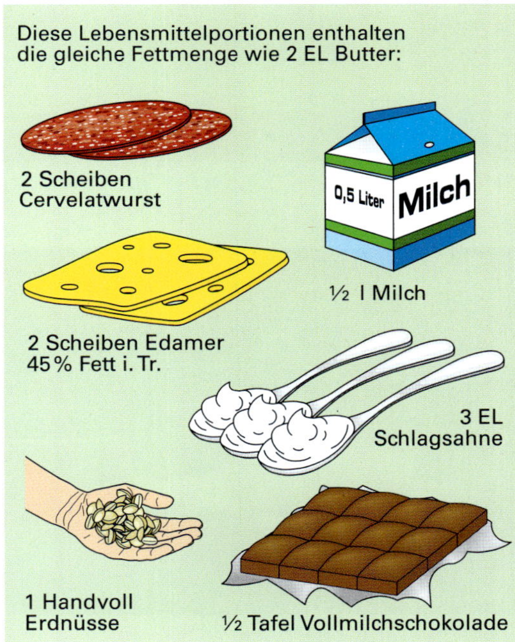

Fett beim Garen sparsam verwenden

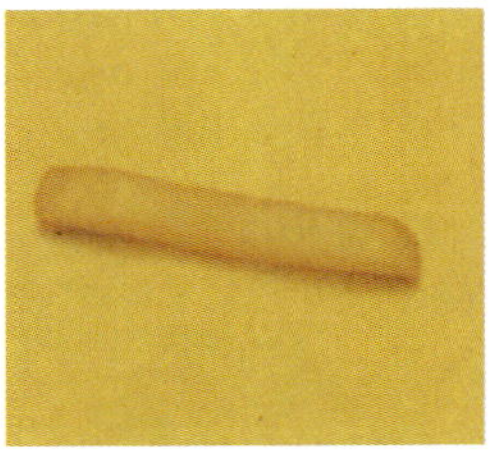

Kaltes Speiseöl

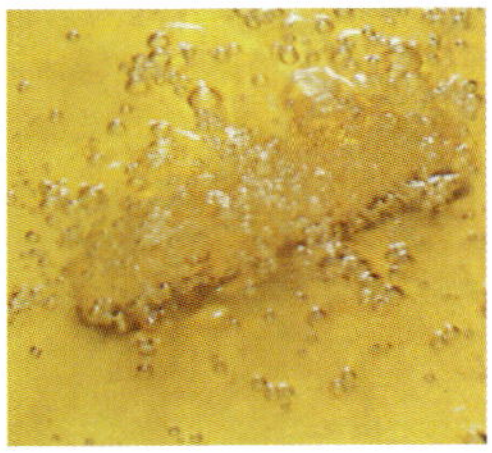

Heißes Speiseöl

Gartemperatur beachten!

Garen mit Fett

- Lebensmittel nur gut abgetupft in heißes Fett geben. Das Wasser spritzt sonst.
- In heißem Fett schließen sich die Poren schneller, es kann nur wenig Fett eindringen. Der Energiegehalt bleibt niedrig.
- Fett beim Garen sparsam verwenden. Fettzusatz erhöht den Geschmackswert von Speisen. Gleichzeitig wird der Energiegehalt erhöht.
- Für Speisen mit kurzer Garzeit/niedriger Gartemperatur können Butter und Margarine verwendet werden.
- Für Speisen mit längerer Garzeit/höherer Gartemperatur müssen reine Pflanzenfette, z.B. Plattenfette oder Pflanzenöle, evtl. auch Schmalz verwendet werden.
- Fetthaltige Speisen, z.B. Suppen und Soßen, kann man entfetten. Fett ist leichter als Wasser, es kann von der Oberfläche abgeschöpft werden.
- Fette höchstens zwei- bis dreimal zum Frittieren verwenden. Nach dem Gebrauch durch einen Papierfilter gießen und so reinigen. Fette werden nicht nur durch zu starkes, sondern auch durch mehrmaliges Erhitzen zersetzt.
- Nicht über dem Fettbad salzen.
- Fette können sich selbst entzünden. Auf brennendes Fett kein Wasser gießen! Einen Deckel auf das Gefäß legen, damit die Flammen ersticken.

Fette für eine kurze Garzeit

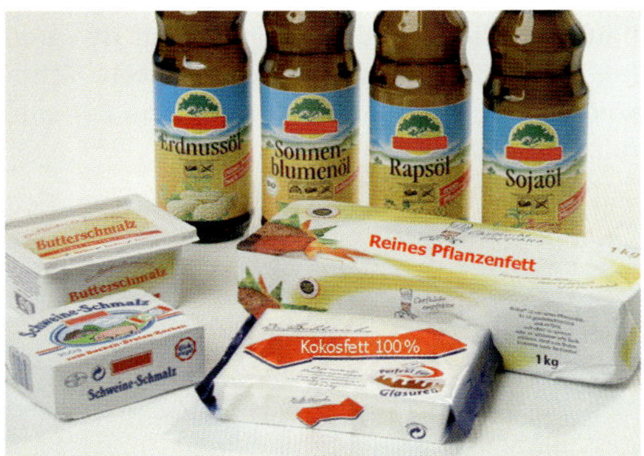

Fette und Öle für eine längere Garzeit

Wir erstellen eine Mind-Map – so geht das Lernen leichter

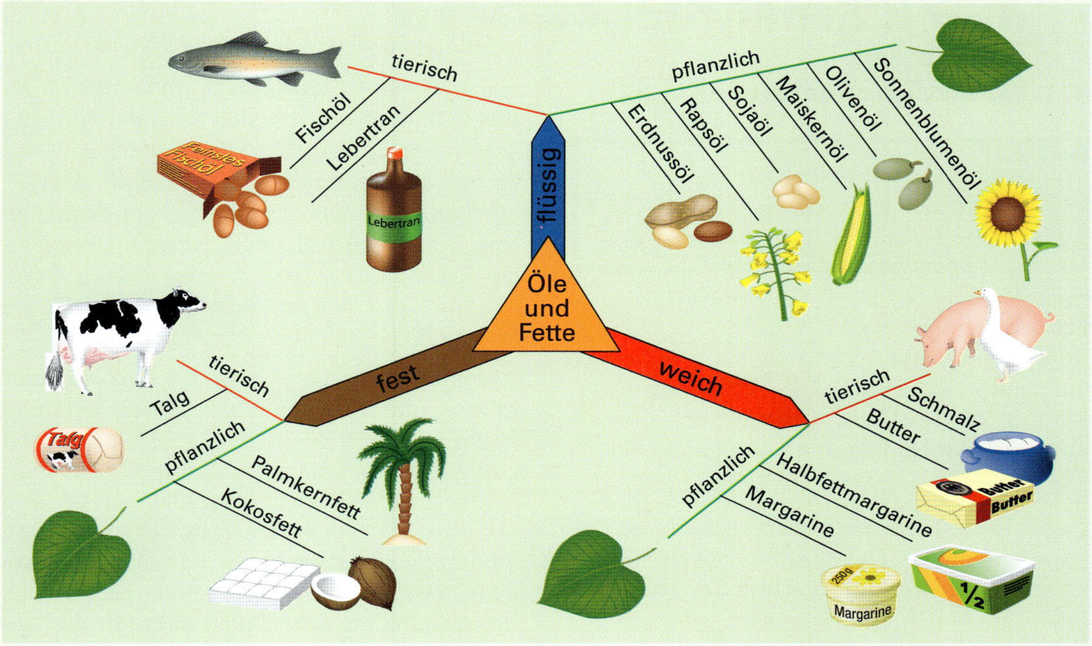

1. Macht euch die Ordnung der Mind-Map (Gedächtniskarte) klar.

2. Erstellt eine Mind-Map zum Thema „Verwendung von Speisefetten und -ölen" oder zu einem Thema, das ihr im Unterricht vereinbart.

   a) Bestimmt zunächst die Bezeichnungen für die Hauptäste.

   b) Gestaltet die Unteräste mit verschiedenen Farben, Schriften, Abbildungen.

Eine Mind-Map – Gedächtniskarte – kann man zum Gliedern, Ideenfinden, Zusammenfassen usw. benutzen.

Die jeweiligen Gedanken bestimmen das Bild – die entstehende Mind-Map. So dargestellte Inhalte können wir viel besser behalten. Wie wäre es? Vor der nächsten Klassenarbeit erstellen wir gemeinsam eine Mind-Map.

Wie erstellen wir eine Mind-Map?

- Wir beschreiben das Blatt im Querformat, nicht im Hochformat, so können wir den Platz besser nutzen.
- Das jeweilige Thema schreiben wir groß in die Mitte des Blattes.
- Nun können wir zunächst auf einem Extrazettel – Tafel, Kartentechnik – Begriffe zum Thema sammeln.
- Jetzt überlegen wir uns drei bis fünf – nicht mehr – Überschriften, die wir in Großbuchstaben und mit unterschiedlichen Farben an die Hauptäste schreiben.
- Die Unteräste – hier die Begriffe „pflanzlich" und „tierisch" – gestalten wir dann mit unterschiedlichen Farben, Schriften und Symbolen.
- Nicht zu viele Unteräste einzeichnen, damit wir die Übersicht behalten.
- Das Blatt beim Schreiben so drehen, dass die Begriffe gut zu lesen sind.

4 Gesunderhaltung durch Ernährungswissen

4.1 Mahlzeitengestaltung

Lies die beiden Texte.
a) Was macht Familie Schulze falsch?
b) Was macht Familie Meier richtig?

Familie Schulze
Spätestens wenn Mirja und ihr Bruder Kay aufstehen, beginnen die Schwierigkeiten. Mirja blockiert regelmäßig das Bad, vor dem Kay dann ungeduldig und nörgelnd wartet.

Herr Schulze versucht sich aus den allmorgendlichen Schwierigkeiten seiner Kinder herauszuhalten – sie stören ihn zwar, aber er ist mit seinen Gedanken schon bei der Arbeit und ohnehin spät dran ... Immer häufiger antwortet er seiner Frau auf die Aufforderung, doch richtig zu frühstücken: „Lass doch – ich kriege sowieso nichts runter. Gib mir nur einen Kaffee!“

Und dann die Kinder! Mittlerweile ist wenigstens Kay im Bad ... aber ehe er fertig ist ... Und Mirja trödelt wieder! ... „Kinder, seht zu! Ihr kommt sonst zu spät zur Schule!“ Mutter seufzt, für das Frühstück bleibt wieder kaum Zeit. Mirja kommt endlich herunter und beginnt gleich zu maulen: „Ist Vati schon weg? Er hat nicht einmal Tschüs gesagt!“ Mutter: „Er hatte es heute besonders eilig. Setz dich und frühstücke – ihr seid ohnehin knapp in der Zeit.“ Mirja sieht auf das mit Erdbeerkonfitüre bestrichene Brot und verzieht die Mundwinkel: Nicht schon wieder ...

Kay stürmt in die Küche. Er schaut seiner Mutter über die Schulter. „Mutti, ich mag heute kein Frühstück. Heiße Milch mag ich sowieso nicht und außerdem schreiben wir in der ersten Stunde eine Mathearbeit und viel zu spät ist es auch schon.“ Er greift seine Schultasche und fordert Mirja auf, sich zu beeilen. Die lässt sofort ihr halb gegessenes Brot liegen und will sich mit ihrem Bruder auf den Schulweg machen, als ihre Mutter sie noch kurz aufhält, um beiden wenigstens etwas Geld mitzugeben, von dem sie sich in der Pause etwas zu essen kaufen sollen.

Spätestens in der ersten großen Pause sieht man Mirja und Kay dann mit Freunden am Kiosk, wo sie sich Kuchen und Limonade kaufen.

Familie Schulze beim Mittagessen

Familie Meier

Familie Meier steht morgens eine halbe Stunde früher auf als Familie Schulze. Schon vor dem Schlafengehen wird umschichtig der Tisch gedeckt. So haben sie alle genügend Zeit für ein gemütliches Frühstück. Abwechslung ist dabei großgeschrieben. Da gibt es nicht nur Brot und Butter, sondern auch verschiedene Aufschnitt- und Käsesorten, manchmal ein Ei, Müsli oder Saft usw.

Am Frühstückstisch redet man miteinander. Was wird der heutige Tag bringen? Worauf freuen wir uns, worauf nicht? Sie sprechen noch einmal über die Probleme von gestern, die sie nun überschlafen haben. Oder sie planen gemeinsam, was sie nachmittags oder abends unternehmen wollen. Die zu erwartende Klassenarbeit ist nicht immer das Thema Nr. 1.

Claudia entscheidet mit, was sie als Schulbrot mitnehmen möchte: mal einen Joghurt, mal ein Wurstbrötchen mit einem Salatblatt dazwischen, dann wieder eine Banane, ein Knäckebrot oder einen knackigen Apfel.

Meiers haben außerdem mit anderen Eltern eine Unterschriftensammlung gestartet. Die Eltern wollen mit dieser Aktion den Schulträger dazu bringen, dass in der Schule in den Pausen keine Süßigkeiten mehr verkauft werden dürfen. Stattdessen soll der Hausmeister Milchmixgetränke, Obst und Ähnliches anbieten.

Mittags isst Claudia ...

Familie Meier beim Essen

1. Stellt Collagen zusammen:
   a) Mahlzeiten bei Familie Schulze: Eile, Schokolade usw. Familie Schulze macht alles falsch.
   b) Mahlzeiten bei Familie Meier: Ruhe, Gespräch usw. Familie Meier macht alles richtig.
2. Vervollständigt den Bericht der Familie Meier.
3. Ein Frühstück soll vorbereitet und gemeinsam eingenommen werden.
   a) Erstellt Frühstücksvorschläge.
   b) Stellt eine Liste der benötigten Lebensmittel zusammen.
   c) Überlegt euch, wie der Tisch gedeckt werden soll.
   d) Stellt Verhaltensweisen zusammen, die ein gesundes Ernährungsverhalten bei der Frühstückseinnahme ermöglichen.
4. Projekt: Pausenfrühstück, vgl. S. 204.

Ansprechendes Frühstücksgedeck

Bedeutung der Mahlzeiten für die Tagesleistungskurve

Beschreibe den Verlauf der Tagesleistungskurve bei
a) drei Mahlzeiten,
b) fünf Mahlzeiten.

Das erste Frühstück ist das Sprungbrett in den Tag.

▶ Ein gutes Frühstück ermöglicht die Leistungsfähigkeit am Vormittag.

▶ Folgende Grundsätze sollten bei der Einnahme und der Zusammenstellung beachtet werden:

- Rechtzeitig aufstehen, nicht in Eile frühstücken.
- Möglichst oft gemeinsam am ansprechend gedeckten Tisch frühstücken.
- Das Frühstück nicht auslassen, um schlank zu bleiben.
- Nicht immer das gleiche Frühstück anbieten. Es gibt viele Abwechslungsmöglichkeiten: Unterschiedliche Brotsorten, verschiedener Brotbelag, Fruchtsäfte, Obst, Müsli, Milch und andere Milchprodukte können das Frühstück verbessern.

Das zweite Frühstück sollte eine vitaminreiche und mineralstoffreiche Zwischenmahlzeit sein.

▶ Das zweite Frühstück sollte das erste Frühstück in Bezug auf die Nährstoffzufuhr ergänzen. Wurde z.B. mit dem ersten Frühstück wenig Calcium aufgenommen, so müssen nun calciumreiche Lebensmittel, z.B. Joghurt, ausgewählt werden.

▶ Obst, Gemüse, Milch und Milchprodukte sind besonders geeignet.

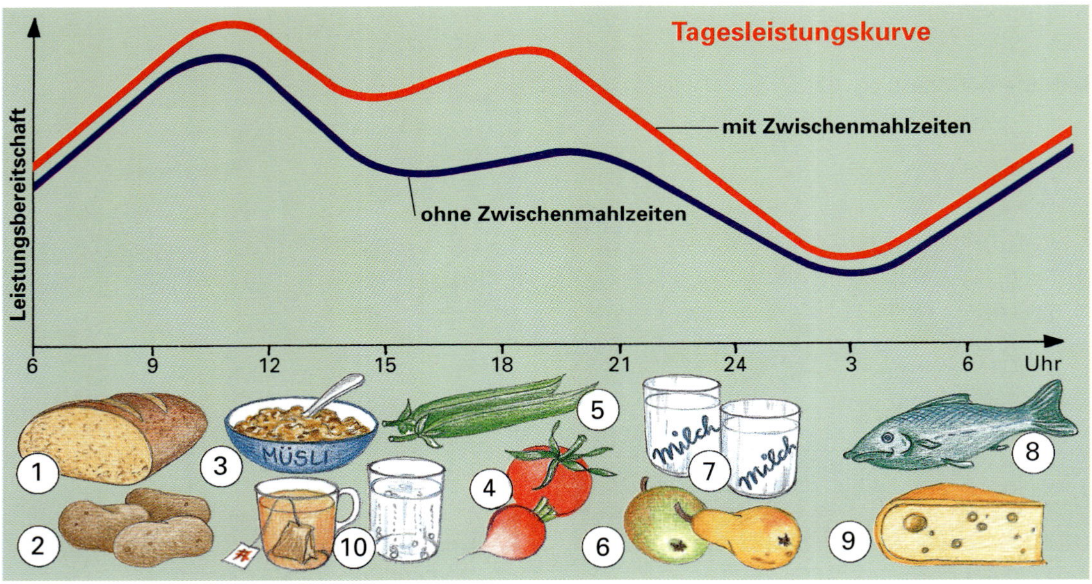

Das Mittagessen ist eine Hauptmahlzeit.

- Höchstens ein Drittel der Gesamtenergiemenge sollte mit der Mittagsmahlzeit aufgenommen werden. Große Mahlzeiten erfordern viel Verdauungsarbeit. Die geistige Leistungsfähigkeit lässt nach, da das Gehirn weniger versorgt wird. Eine kleinere Mahlzeit verhilft schneller aus dem Leistungstief.
- Die Mahlzeit soll langsam aufgenommen werden, da sich das Sättigungsgefühl erst nach etwa 15 Minuten einstellt. Es muss nicht aufgegessen werden, das natürliche Sättigungsgefühl geht sonst verloren.
- Es muss nicht immer Fleisch sein. Milch, Milchprodukte, Fisch, Hülsenfrüchte und Getreidegerichte sind Alternativen.
- Bei der Zubereitung soll auf eine sparsame Verwendung von Fett geachtet werden.

Nachmittagsmahlzeit – Zwischenmahlzeit

Fünf kleinere Mahlzeiten sind besser als drei große Mahlzeiten.

- Bei fünf Mahlzeiten bleibt die Leistungsfähigkeit besser erhalten, der Körper wird durch die Verdauungstätigkeit nicht so stark belastet.
- Die Nachmittagsmahlzeit sollte wie das zweite Frühstück vitaminreich und mineralstoffreich sein.

Das Abendbrot ermöglicht den Ausgleich.

- Die Lebensmittel, die bei den anderen Mahlzeiten zu wenig aufgenommen wurden, sollen berücksichtigt werden. Zum Abendbrot könnte es z.B. einen Rohkostsalat und Vollkornbrot geben.
- Ist die Familie erwerbstätig, kann abends gemeinsam ein warmes Abendbrot gegessen werden. Ein warmes Abendessen führt nicht zur Gewichtssteigerung, in vielen Ländern isst man abends warm.
- Das Abendessen sollte spätestens zwei Stunden vor dem Schlafengehen eingenommen werden, da der Schlaf sonst durch den „vollen Magen" beeinträchtigt werden kann.

Zusammenstellung von Mahlzeiten

- Speisen appetitanregend zusammenstellen.
- Lebensmittel einer Mahlzeit sollen unterschiedliche Farben haben. Ein Gericht wie Blumenkohl mit Kartoffelbrei und Kalbsgeschnetzeltem wirkt wenig appetitanregend.
- Die Lebensmittel sollten unterschiedlichen Geschmack haben, dieser kann besonders auch durch die Zugabe von Kräutern und Gewürzen verstärkt werden. Wenn Salz, dann Jodsalz. Der Eigengeschmack der Speisen soll erhalten bleiben.
- Lebensmittel mit unterschiedlicher Struktur auswählen, z.B. Fisch mit weicher Struktur und Rohkostsalat mit fester Struktur. Durch Lebensmittel mit fester Struktur wird ein höherer Sättigungswert erreicht.

!

- Essgewohnheiten werden wie andere Verhaltensweisen anerzogen.

  Ernährungsfehlverhalten kann so Folge falscher Essgewohnheiten oder Traditionen sein, z.B.
  - essen müssen, was auf den Tisch kommt – auch wenn man es nicht mag oder wenn man satt ist,
  - nicht essen dürfen, weil es nicht Essenszeit ist – auch wenn man hungrig ist,
  - nicht essen, weil man meint, keine Zeit zu haben.
- Häufiges Ernährungsfehlverhalten:
  - zu hastig essen,
  - zu unkontrolliert essen, z.B. vor dem Fernseher,
  - unregelmäßig essen,
  - statt fünf Mahlzeiten drei, meist mit zu großen Portionen.
- Ernährungsfehlverhalten kann Ursache für Krankheiten sein.

Wie viel sollen Jugendliche essen?

1. Lies auf S. 92, was der 15-jährige Michael gestern gegessen hat. Berechne die
   a) Gesamtenergiezufuhr,
   b) Fettzufuhr,
   c) Eiweißzufuhr,
   d) Kohlenhydratzufuhr.
2. Welche Nährstoffe nimmt Michael mit dem Tageskostplan
   a) zu viel, b) zu wenig auf?
3. Mache Verbesserungsvorschläge. Wie kann Michael sich gesünder ernähren?

Wäsche waschen – um 1900

Wäsche waschen – heute

Der Gesamtenergiebedarf einer Person setzt sich zusammen aus:
Grundumsatz und Leistungsumsatz.

Als **Grundumsatz** (Ruhe-nüchtern-Umsatz) bezeichnet man die Energiemenge, die ein Mensch

- bei völliger Ruhe,
- 12 Stunden nach der letzten Nahrungsaufnahme,
- leicht bekleidet – in einem Raum mit einer Temperatur von 20 °C – durchschnittlich benötigt.

Der Grundumsatz sinkt mit zunehmendem Alter, da sich die Stoffwechselvorgänge, z. B. die Atmung, verlangsamen.

Der Grundumsatz steigt mit zunehmender Größe und höherem Gewicht, da mehr Zellen versorgt werden müssen.

Außerdem wird der Grundumsatz durch Stress, Krankheiten und das Geschlecht beeinflusst. Frauen haben einen niedrigeren Grundumsatz als Männer.

Der **Leistungsumsatz** wird hauptsächlich durch die körperlichen Tätigkeiten in Schule, Beruf und Freizeit bestimmt. Für die gedanklichen Leistungen im Unterricht wird kaum zusätzliche Energie benötigt, auch wenn man sich in der Pause völlig fertig fühlt, dies ist reine Nervensache.

Der Energiebedarf der Menschen heute ist gegenüber früheren Zeiten gesunken, da sich die Arbeits- und Lebensbedingungen verändert haben. Elektrische Geräte erleichtern die Arbeit und Verkehrsmittel ersparen uns längere Fußwege.

Wir bewegen uns zu wenig. Außerdem wird vor allen Dingen am Wochenende und am Abend häufig zu viel gegessen. Übergewicht ist dann die Folge. Aber nicht alle Jugendlichen, die sich zu dick fühlen, haben Übergewicht, sie überschätzen ihr Gewicht.

Auf S. 95 wird erläutert, wie man sein Gewicht überprüfen kann. Außerdem helfen uns die 10 Regeln der DGE, vgl. S. 93, uns gesund und angemessen zu ernähren.

Energiemengen und Nährstoffmengen in einzelnen Mahlzeiten

Tina wird in einem halben Jahr 15 Jahre alt. Folgende Energiemengen und Nährstoffmengen sollte Tina mit den verschiedenen Mahlzeiten zu sich nehmen:

Tina, 14 Jahre

	Energie -kJ-	Eiweiß -g-	Fett -g-	Kohlenhydrate -g-
1. Frühstück	2350	21	19	76
2. Frühstück	940	8	8	30
Mittagessen	2820	25	24	92
Nachmittag	940	8	8	30
Abendessen	2350	21	19	76

Weitere Nährstoffe

Sollwerte				
	9400 kJ	83 g	76 g	304 g
	0	0	0	0

Sonstige Lebensmittel

Michael ist vor drei Monaten 15 Jahre alt geworden. Folgende Energiemengen und Nährstoffmengen sollte Michael mit den verschiedenen Mahlzeiten zu sich nehmen:

Michael, 15 Jahre

	Energie -kJ-	Eiweiß -g-	Fett -g-	Kohlenhydrate -g-
1. Frühstück	2650	23	21	86
2. Frühstück	1060	9	9	34
Mittagessen	3180	28	26	103
Nachmittag	1060	9	9	34
Abendessen	2650	23	21	86

Weitere Nährstoffe

Sollwerte				
	10600 kJ	94 g	86 g	343 g
	0	0	0	0

Sonstige Lebensmittel

Tageskostplan: Michael, 15 Jahre,
Gesamtenergiebedarf 10 600 kJ (2 500 kcal)

Menge g/ml	Lebensmittel	Energie kJ	Energie kcal	Eiweiß g	Fett g	Kohlenhydrate g
1. Frühstück						
40	Brötchen, Semmel (1 Stück)	426	101	3	1	20
50	Roggenvollkornbrot (1 Scheibe)	428	102	4	1	21
25	Butter	775	185	+	21	0
60	Hühnerei (1 Stück)	370	88	7	6	1
30	Doppelrahmfrischkäse (1 Portion)	497	118	5	11	1
50	Schinken, gekocht (1 Scheibe)	553	132	10	10	+
20	Konfitüre	224	53	+	0	13
250	Früchtetee	0	0	0	0	0
	Istzufuhr 1. Frühstück	?		?	?	?
2. Frühstück						
50	Vollmilchschokolade (½ Tafel)	1 160	276	5	16	27
	Istzufuhr 2. Frühstück	?		?	?	?
Mittagessen						
150	Schweineschnitzel (1 großes Stück)	653	155	32	3	+
10	Maiskeimöl (1 EL)	370	88	0	10	0
200	Kartoffelsalat mit Öl	770	183	4	6	30
200	Bohnensalat	420	100	2	5	10
75	Eiscreme	671	160	3	9	16
30	Schlagsahne	381	90	1	9	1
	Istzufuhr Mittagessen	?		?	?	?
Nachmittag						
50	Kartoffelchips (kleine Tüte)	1 180	281	3	20	21
330	Cola-Getränk (1 Dose)	611	145	0	0	36
	Istzufuhr Nachmittag	?		?	?	?
Abendessen						
40	Roggenmischbrot (1 Scheibe)	362	86	2	+	18
50	Roggenvollkornbrot (1 Scheibe)	428	102	4	1	21
25	Margarine	743	177	+	20	0
25	Leberwurst, grob (1 Portion)	445	106	3	10	+
30	Edamer Käse, 45 % Fett i. Tr. (1 Scheibe)	443	105	7	8	1
70	Tomate (1 Stück)	49	12	1	+	2
250	Kräutertee	0	0	0	0	0
	Istzufuhr Abendessen	?		?	?	?
	Gesamt-Istzufuhr	?		?	?	?
	Gesamt-Sollzufuhr	?		?	?	?

Vollwertig essen und trinken nach den 10 Regeln der DGE

1. ***Vielseitig essen:*** *Genießen Sie die Lebensmittelvielfalt. Merkmale einer ausgewogenen Ernährung sind abwechslungsreiche Auswahl und angemessene Menge nährstoffreicher und energiearmer Lebensmittel.*

2. ***Reichlich Getreideprodukte – und Kartoffeln:*** *Brot, Nudeln, Reis, Getreideflocken – am besten aus Vollkorn – sowie Kartoffeln enthalten kaum Fett, aber reichlich Vitamine, Mineralstoffe, Spurenelemente sowie Ballaststoffe und sekundäre Pflanzenstoffe. Verzehren Sie diese Lebensmittel mit fettarmen Zutaten.*

3. ***Gemüse und Obst – Nimm „5" am Tag :*** *Genießen Sie 5 Portionen Gemüse und Obst am Tag, möglichst frisch, nur kurz gegart, oder auch eine Portion als Saft – idealerweise zu jeder Hauptmahlzeit und auch als Zwischenmahlzeit: Damit werden Sie reichlich mit Vitaminen, Mineralstoffen, Ballaststoffen und sekundären Pflanzenstoffen versorgt. Das Beste, was Sie für Ihre Gesundheit tun können.*

4. ***Täglich Milch und Milchprodukte****, ein- bis zweimal in der Woche Fisch; Fleisch, Wurstwaren sowie Eier in Maßen: Diese Lebensmittel enthalten wertvolle Nährstoffe, wie Calcium in Milch, Jod, Selen und Omega-3-Fettsäuren in Seefisch. Fleisch ist wegen des hohen Beitrags an verfügbarem Eisen und an den Vitaminen* B_1, B_6 *und* B_{12} *vorteilhaft. Mengen von 300–600 g Fleisch und Wurst pro Woche reichen hierfür aus. Bevorzugen Sie fettarme Produkte.*

5. ***Wenig Fett und fettreiche Lebensmittel:*** *Fett liefert lebensnotwendige (essenzielle) Fettsäuren und fetthaltige Lebensmittel enthalten auch fettlösliche Vitamine. Fett ist besonders energiereich, daher kann zu viel Nahrungsfett Übergewicht fördern, möglicherweise auch Krebs. Zu viele gesättigte Fettsäuren fördern langfristig die Entstehung von Herz-Kreislauf-Krankheiten. Bevorzugen Sie pflanzliche Öle und Fette (z. B. Raps- und Sojaöl und daraus hergestellte Streichfette). Achten Sie auf unsichtbares Fett, das in Fleischerzeugnissen, Milchprodukten, Gebäck und Süßwaren sowie in Fast-Food- und Fertigprodukten meist enthalten ist. Insgesamt 70–90 g Fett pro Tag reichen.*

6. ***Zucker und Salz in Maßen:*** *Verzehren Sie Zucker und Lebensmittel bzw. Getränke, die mit verschiedenen Zuckerarten (z. B. Glucosesirup) hergestellt wurden, nur gelegentlich. Würzen Sie kreativ mit Kräutern und Gewürzen und wenig Salz. Bevorzugen Sie jodiertes Speisesalz.*

7. ***Reichlich Flüssigkeit:*** *Wasser ist lebensnotwendig. Trinken Sie ca. 1,5 l Flüssigkeit jeden Tag. Bevorzugen Sie Wasser – ohne oder mit Kohlensäure – und andere energiearme Getränke.*

8. ***Schmackhaft und schonend zubereiten:*** *Garen Sie die Speisen bei möglichst niedrigen Temperaturen, soweit es geht kurz, mit wenig Wasser und wenig Fett. Das erhält den natürlichen Geschmack, schont die Nährstoffe und verhindert die Bildung schädlicher Verbindungen.*

9. ***Nehmen Sie sich Zeit, genießen Sie Ihr Essen:*** *Bewusstes Essen hilft, richtig zu essen. Auch das Auge isst mit. Lassen Sie sich Zeit beim Essen. Das macht Spaß, regt an, vielseitig zuzugreifen, und fördert das Sättigungsempfinden.*

10. ***Achten Sie auf Ihr Gewicht und bleiben Sie in Bewegung:*** *Ausgewogene Ernährung, viel körperliche Bewegung und Sport (30 bis 60 Minuten pro Tag) gehören zusammen. Mit dem richtigen Körpergewicht fühlen Sie sich wohl und fördern Ihre Gesundheit.*

4.2 Störungen im Essverhalten

Ursachen für Übergewicht

???

Markus, 16 Jahre, ist der dickste Junge in seiner Klasse. Seine Mitschüler und Mitschülerinnen hänseln ihn oft, besonders im Sportunterricht. In solchen Situationen fühlt Markus sich zum Heulen. So allein ...! In der anschließenden Pause kauft er sich dann zwei Stück Kuchen und Schokolade.

Seine Mutter versteht nicht, dass Markus gehänselt wird. Sie meint: „Markus ist etwas pummelig, aber wenn er erst einmal erwachsen ist, wird das bisschen Speck von selbst weggehen." Markus' Mutter ist stolz auf ihren Sohn.

Markus bringt meist sehr gute Noten mit nach Hause, für die es jedes Mal etwas zum Naschen gibt. Aber auch für eine schlechte Note gibt es zum Trösten Schokolade oder ein Eis.

Markus ist es von klein auf gewohnt, allein zu Hause zu sein. Seine Eltern arbeiten den ganzen Tag. Als Markus noch jünger war, brachten seine Eltern ihm jeden Tag etwas Leckeres mit oder eine süße Überraschung lag nach der Schule auf dem Küchentisch.

Heute braucht Markus nur an den Küchenschrank zu gehen, um sich das, was er mag, zu holen, oder seine Mutter gibt ihm Geld, damit er sich etwas kaufen kann.

Markus' Eltern freuen sich, dass Markus so gut allein zu Hause sein kann. Markus' Lieblingsbeschäftigungen sind Fernsehen oder Computerspiele. Dabei knabbert er eine Tüte Chips oder Erdnüsse ... lecker.

Wenn seine Eltern wieder einmal später am Abend aus dem Kino nach Hause kommen, bringen sie Markus etwas aus dem Imbiss mit, da sie wissen, dass Markus gern Pommes mit Mayo isst.

Eines Tages beschließt Markus: „Jetzt wird alles anders."

1. Nenne mögliche Ursachen für das Übergewicht von Markus, die
   a) im Text genannt werden,
   b) dir zusätzlich einfallen.
2. Überlege, welche Auswirkungen das Übergewicht auf Markus' Verhalten hat.
3. Erstelle eine Liste von Situationen, in denen du
   a) wenig, b) viel isst.
4. Finde eine Überschrift für das Fallbeispiel.
5. Schreibe einen Bericht über das „neue" Leben von Markus und seinen Eltern.

Mögliche Fragen zur Texterfassung:

- Durch wen wird das Ernährungsfehlverhalten von Markus mit verursacht?
- Durch welche Rahmenbedingungen oder Verhaltensweisen wird das Fehlverhalten ausgelöst oder verstärkt?
- Welche gesundheitlichen Gefahren entstehen durch das Verhalten?
- Durch welche Rahmenbedingungen oder Verhaltensweisen kann dieses Fehlverhalten abgebaut und ein gesundes Ernährungsverhalten verstärkt werden?

Übergewicht führt zu gesundheitlichen Gefährdungen

Liegt ein BMI von über 30 vor, so sollte das Gewicht unbedingt gesenkt werden.

Knochen und Gelenke werden durch Übergewicht überbeansprucht. Es kann zu Veränderungen an Wirbelsäule, Knien und Füßen kommen.

Bronchien werden anfälliger für Erkrankungen. Die freie Atmung ist beeinträchtigt, es kann leichter eine Bronchitis entstehen.

Herz und Kreislauf werden überbelastet. Herz- und Kreislauferkrankungen, Bluthochdruck können entstehen.

Stoffwechselerkrankungen können durch Übergewicht bzw. Überernährung zum Ausbruch kommen. Zuckerkrankheit, Fettstoffwechselstörungen und Gicht können Folgeerkrankungen sein.

77 % aller Übergewichtigen haben eine Stoffwechselerkrankung bzw. Bluthochdruck.

Unfälle bei der Arbeit und auf der Straße treten bei Übergewichtigen leichter auf, da sie meist langsamer als Normalgewichtige sind.

Seelische Störungen sind häufig eine Folge des Übergewichts, z. B. Komplexe – Minderwertigkeitsgefühle.

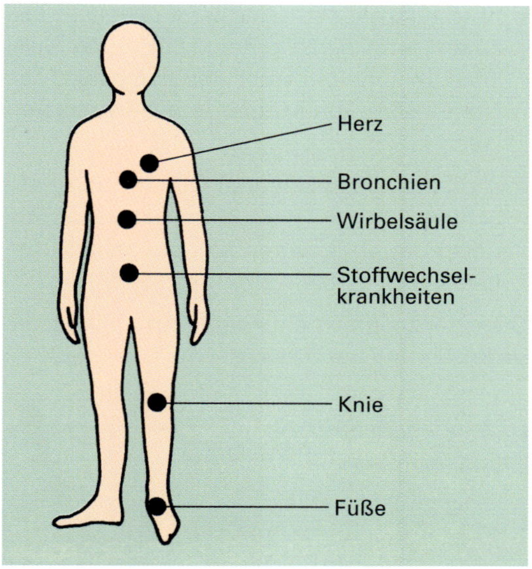

Gesundheitliche Gefährdungen

Normalgewicht nach Body-Mass-Index
(Körpermassenindex)

$$\text{Allgemein: BMI} = \frac{\text{KG in kg}}{(\text{Körpergröße in m})^2}$$

Es wird das Verhältnis von Körpergewicht (KG) in kg zu Körpergröße in m zum Quadrat berechnet.

$$\text{Beispiel: } \frac{64\ \text{kg}}{(1{,}70\ \text{m})^2} = 22{,}1$$

Body-Mass-Index

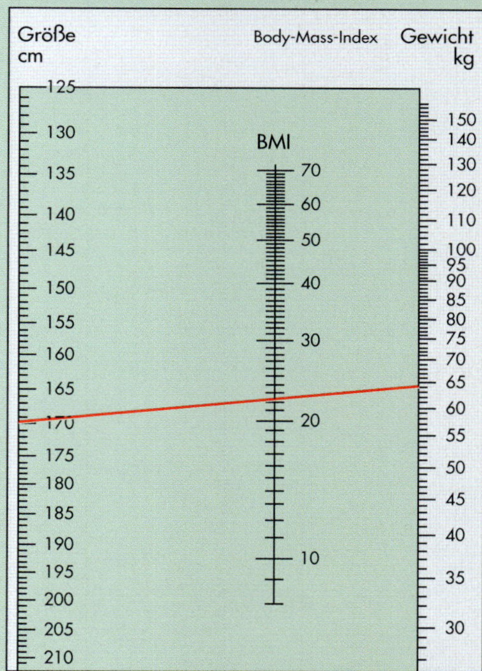

Bewertung

unter 18: Untergewicht – empfehlenswert ist eine Gewichtszunahme

18 bis 25: Normalgewicht

26 bis 30: Übergewicht

> 30: Adipositas – Fettsucht

Gewichtsreduktionsdiät bei Übergewicht

1. Nenne Gründe, die Jugendliche für die Durchführung einer Reduktionsdiät – Abmagerungsdiät – angeben.
2. Nenne Lebensmittel, die anstelle der abgebildeten energiereichen Lebensmittel gegessen werden können. Begründe deine Auswahl.
3. Ergänze die Regeln für ein bewusstes Ernährungsverhalten, vgl. S. 97.

Veränderte Lebensmittelauswahl – energiearme Lebensmittel

Übergewichtige merken meist gar nicht,

- was sie essen und
- wie viel sie essen.

► Mehr frisches Obst und Gemüse der Saison auswählen, oft roh essen, sie enthalten Ballaststoffe und einen hohen Wassergehalt, Vitamine und Mineralstoffe. Vor jeder Mahlzeit eine Portion Rohkost essen oder ein Glas Wasser trinken.

► Vollkornprodukte und Kartoffeln häufiger essen, sie enthalten ebenfalls Ballaststoffe, Vitamine, Mineralstoffe und Eiweiß. Diese Lebensmittel haben ein großes Nahrungsvolumen und gleichzeitig einen geringen Energiegehalt.

► Stark verfeinerte Lebensmittel, wie Auszugsmehle, Zucker, stark gezuckerte Lebensmittel usw., meiden, sie enthalten konzentrierte Energie.

► Weniger tierische eiweißreiche Lebensmittel essen, sie enthalten meist gleichzeitig versteckte Fette.

► Fettkonsum einschränken. Fettarme Gartechniken auswählen, z. B. Dämpfen, Dünsten, Grillen, Mikrowelle.

► Speisen nicht stark salzen, der Flüssigkeitsbedarf wird sonst erhöht. Ein hoher Salzkonsum kann bei einer Reduktionsdiät den Nieren schaden. Kräuter und Gewürze verwenden.

► Auf eine ausreichende Flüssigkeitszufuhr achten, damit die Stoffwechselendprodukte der abgebauten körpereigenen Stoffe ausgeschieden werden können.

Oder ganz einfach die Regeln für eine gesunde Ernährung berücksichtigen.

> **!** Eine energiearme Mischkost soll zu einer Umstellung der Lebensmittelauswahl und des Essverhaltens führen.

Bewusstes Essverhalten

▶ **Feststellen, was man eigentlich isst.**

Aufschreiben, was man täglich isst, dadurch können ...?

Eine Liste mit energiearmen Lebensmitteln zusammenstellen, so ...?

Eine Einkaufsliste erstellen, möglichst schmackhafte energiearme Lebensmittel besorgen.

▶ **Ernährungsgewohnheiten langsam umstellen.**

Z. B. nur noch kleinere Portionen der Lieblingsspeisen essen, bei der Zubereitung Fett einsparen.

Den Teller nur einmal und nie ganz voll füllen, so ...?

▶ **Die Mahlzeiten genießen.**

Für einen schön gedeckten Tisch, appetitlich angerichtete Speisen und eine freundliche Stimmung sorgen, so ...?

Langsam essen, kleine Bissen und Schlucke nehmen – gründlich kauen, auf Geschmack und Sättigung achten. Die Mahlzeiten sollten etwa 30 Minuten dauern.

▶ **Nicht unkonzentriert essen.**

Regelmäßig – zu festgelegten Zeiten – kleine Mahlzeiten einnehmen. Nicht zwischendurch essen.

Immer am gleichen Platz essen. Während des Essens weder Zeitung lesen noch fernsehen.

Nicht aus Langeweile essen, sondern ...?

Nicht mit Lebensmitteln trösten, beruhigen oder loben, sondern ...?

▶ **Das Richtige essen**

Keine Knabbereien und Süßigkeiten in der Wohnung herumstehen haben.

Radieschen, Gurken, Möhren usw. für den Heißhunger vorrätig haben.

Keinen Alkohol zu den Mahlzeiten trinken, da ...?

▶ **Ernährungstraining**

Sich eventuell einer Gruppe anschließen. Erfahrungsaustausch und Gemeinschaft in der Gruppe können den Erfolg erhöhen.

Feststellen, was man isst

Obst und Gemüse für den Heißhunger

In der Gemeinschaft geht es leichter

Sonja wiegt 33 kg und ist 157 cm groß. Zuerst machte sie Diäten, nun trinkt sie nur noch Tee, knabbert am Knäckebrot. Sonja hungert und treibt Sport bis zum Umfallen. Sonja meint: „Ich bin stark, ich kann über meinen Körper bestimmen, ich werde die magische Grenze von 30 Kilogramm erreichen." Die Menstruation ist inzwischen ausgeblieben, in ihrem Körper wird kein Kind wachsen.

Bei einem Familienfest vor einem Jahr haben sich die Verwandten über ihre Pummeligkeit lustig gemacht. Sie wog damals 55 kg bei einer Größe von 155 cm.

Sonja ist begabt, in der Schule hat sie keine Schwierigkeiten, in der letzten Zeit kann sie sich allerdings nicht mehr so recht konzentrieren. Die Haare sind dünn und glanzlos geworden. Sonja trägt einen großen Pullover, in den sie ihren Körper einhüllen, ihn schützen kann.

Ihr Vater ist Maurer, ihre Mutter ist Geschäftsführerin in einem Lebensmittelladen. Im letzten Jahr fing Sonjas Vater an zu trinken, inzwischen ist die Ehe geschieden. Sonja hatte sich früher mit ihrem Vater gut verstanden. Jetzt beschimpft er sie immer: „Du bist ja nicht normal; aus dir wird nie etwas; so findest du nie einen Mann ..." Sonja denkt: „Die Frau von heute: erfolgreich, schlank, sportlich und aktiv. Ich nicht?"

Sonja hat sich zurückgezogen. Sie glaubt, sie hätte es leichter, wenn sie ein Junge wäre. Sonja kocht gern für andere. Sie selbst isst wenig. Vom Essen bekommt Sonja Magendrücken.

1. Welche Gründe können bei Sonja zur Magersucht geführt haben?
2. Wie kann Sonja geholfen werden?

Unterernährung

In unserer Gesellschaft hat das Interesse an Jogging, Trimmaktionen und Diäten zugenommen. Gleichzeitig vermitteln uns die Medien den Eindruck, dass Glück und Erfolg vom Erreichen eines übertriebenen „Idealgewichts" abhängen. Drei Viertel der 12- bis 16-jährigen Mädchen hatten bereits das Gefühl, Übergewicht zu haben.

Von einer Essstörung spricht man, wenn Gedanken und Gefühle sich nur noch auf das Essen, den Körper, das Gewicht konzentrieren und das Interesse an Freunden, Familie, Beruf und Schule abnimmt.

Man schätzt, dass etwa 500 000 Personen in Deutschland an Magersucht oder Ess-Brech-Sucht erkrankt sind. Viele Magersüchtige hungern sich zu Tode.

Die Betroffenen brauchen Verständnis außerhalb der Familie, z. B. von Freunden oder in einer Selbsthilfegruppe. Nur mithilfe einer länger dauernden ärztlichen oder sonstigen fachkundlichen Behandlung können Essgestörte langsam wieder gesund werden.

Voraussetzung für die Heilung ist, dass die Essgestörten ihr Essverhalten als Krankheit begreifen und gesund werden möchten.

Kennzeichen der Magersucht

- Die Pubertätsmagersucht – 95% sind Mädchen – fällt in die Entwicklungsstufe, die wir als Übergang zwischen Kindheit und Erwachsensein bezeichnen. Die eigene Sexualität wird abgelehnt.
- Es besteht ein Zwang zum Hungern. Eine falsche Einschätzung des Körpergewichts liegt vor. Man ist mager, glaubt aber, man wäre dick. Selbst bei Untergewicht empfindet man sich noch als zu dick.
- Die Gedanken kreisen ständig um das Essen.
- Die Belastbarkeit ist gering, Fleiß und Ehrgeiz sind extrem hoch, die schulischen Leistungen sind gut.

Die Behandlung

Bei starkem, lebensbedrohlichem Untergewicht werden die Betroffenen in Kliniken verhaltenstherapeutisch behandelt. Normales Essen muss wieder erlernt werden. Die familiären und sonstigen Probleme müssen bewältigt werden.

Heilungschancen sind nur bei ca. einem Drittel der Betroffenen gegeben.

Kennzeichen bei Ess-Brech-Sucht

- Verschlingen größerer Lebensmittelmengen. Dabei erfolgt ein wahlloses Durcheinanderessen aller sonst verbotenen „Dickmacher".
- Die Heißhungerattacken werden durch selbst herbeigeführtes Erbrechen beendet. Durch das Erbrechen erlernen die Betroffenen, ihr Gewicht zu kontrollieren.
- Nach vermehrtem Essen erfolgt der Versuch, wieder abzunehmen. Strenge Diät, Erbrechen, Abführmittel und Entwässerungsmittel werden zur Gewichtsabnahme eingesetzt. Die Betroffenen sind im Teufelskreis zwischen Hungern und Essen gefangen.

Die Behandlung

Je nach Schweregrad der Erkrankung werden die Betroffenen stationär oder in Selbsthilfegruppen behandelt. Nur mithilfe von Fachleuten bestehen Heilungschancen.

Zum Weiterlesen – Maureen Stewart: Essen? Nein, danke!

*Rebecca wog jetzt **vierzig Kilo**, jedenfalls heute Morgen hatte sie genau vierzig Kilo gewogen. Zu viel, viel zu viel. Auf jeden Fall zu viel für jemanden, der 165 Zentimeter groß war. Sie konnte die Haut von ihrem Bauch abziehen und das schwabbelige Fett mit den Fingern tasten. Beim bloßen Gedanken daran wurde ihr übel. (...)*

Neununddreißig Kilo!
Rebeccas Herz schlug schneller, ihr Blut pulsierte. Sie hatte an diesem einen Tag ein ganzes Kilo verloren. Das Leben war herrlich, es war großartig, endlich hatte sie es geschafft, sie hatte sich unter Kontrolle. Sie hatte alles unter Kontrolle. (...)

Rebecca zählte die Erbsen auf ihrem Teller. Fünfundzwanzig! Wie sollte sie das schaffen, fünfundzwanzig Erbsen zu essen – und dazu noch zwei Röstkartoffeln und Lammbraten mit Unmengen von Bratenfett und Soße. Ihr Hals war wie zugeschnürt.

Vorsichtig schnitt sie ein Stück Lammfleisch in acht Stücke und steckte ein Stück in den Mund. Sie kaute es zwölfmal, bevor sie es herunterschluckte. Zwölf war heute die Zahl. Also wollte sie auch zwölf Erbsen essen und dazu ein Stück Kartoffel zwölfmal durchgekaut. (...)

***Vierunddreißig Kilo.** Rebecca konnte es kaum glauben. Wunderbar! Sie kroch ins Bett zurück und machte Pläne für den Tag. Sie war geschwächt, aber glücklich. Überglücklich! ...*

Es muss noch einiges geschehen, bis Rebecca begreift, dass sie dabei ist, sich umzubringen.

4.3 Fast Food

Fast Food ist durch schnellen Service und gleichbleibendes Angebot gekennzeichnet. Als Fast Food werden hauptsächlich Hamburger, Bratwürste, Grillhähnchen, Döner, Pizzen, Crêpes, Fleischtaschen, Salate, Cola- und Limonadengetränke angeboten.

Der Umsatz aller Fast-Food-Betriebe erreicht etwa 40 Prozent des gesamten Umsatzes der Gastronomie. Zeitmangel wird als wichtigster Grund für den Verzehr von „Snacks" genannt.

In Fast-Food-Restaurants sind hauptsächlich Jugendliche anzutreffen. Sie gehen in diese Restaurants, um schnell, preiswert und ungestört mit Freunden zu essen.

Allerdings haben sie auch die Erfahrung gemacht, dass Fast Food oft nicht satt macht.

Ahnen sie, dass Fast Food ungesund und die Verpackung/das Einweggeschirr eine unnötige Belastung für die Umwelt ist?

Fast-Food-Produkte werden von Jugendlichen häufig als Zwischenmahlzeit gegessen. Der Energiegehalt der Speisen entspricht jedoch meist dem einer Hauptmahlzeit. Fettgehalt und Salzgehalt der Produkte sind oft sehr hoch, Vitamingehalt, Mineralstoffgehalt und Ballaststoffgehalt dagegen niedrig.

Eine regelmäßige bzw. ständige Einnahme von Fast-Food-Produkten führt zu Gesundheitsstörungen. Gelegentlich kann die „schnelle Mahlzeit" jedoch ohne Schaden verzehrt werden, sie darf aber nicht zur Gewohnheit werden.

Fast-Food-Produkte im Vergleich

Produkte	Energie		Kohlenhydrate	Fett	Eiweiß	Vitamin B1	Calcium	Eisen	Menge
Portion	kJ	kcal	g	g	g	mg	mg	mg	g bzw. ml
Currywurst mit Pommes frites	3560	890	48	62	17	0,6	17	3,4	220
Bratwurst mit Brötchen	2900	725	27	51	25	0,6	15	1,5	190
Big Mäc mit Pommes frites	3230	808	79	35	27	0,3	123	4,8	320
Döner mit Rindfleisch	2686	640	95	17	26	0,2	77	5	360
Pommes frites mit Mayonnaise	1900	475	43	27	5	0,2	12	2,4	130
Pommes frites mit Ketchup	1480	370	46	15	5	0,2	13	2,4	130
Hamburger, einfach	1100	275	36	7	12	0,1	42	1,6	100
Chef-Salat	1350	338	3	23	15	0,3	192	1,6	300
Cola-Getränk	550	138	33	0	0	0	10	0	330
Milchshake	1630	408	66	10	10	0,1	380	0,7	400
Vollmilch-joghurt	430	108	7	6	6	0,1	98	0,1	150

Beachte beim Verzehr:

- ▶ Den Energie- und Nährstoffgehalt der Speisen und Getränke einschätzen und überlegen, ob es sich um eine Hauptmahlzeit oder Zwischenmahlzeit handelt.
- ▶ Alternativen zu den Fast-Food-Restaurants berücksichtigen, z. B. gemeinsames Picknick im Freien, Beisammensein mit selbst hergestellten Salaten.
- ▶ Das heute angebotene alternative Fast Food in Erwägung ziehen, z. B. Vollkornbrötchen anstelle von Soft-Brötchen, Salate, gebackene Kartoffeln anstelle von Pommes frites, Mineralwasser, Milch anstelle von Limonaden- und Cola-Getränken.
- ▶ Fast Food mit einem geringen Energie-, Fett- und Salzgehalt aussuchen, z. B. Salat.
- ▶ Den geringen Ballaststoff-, Vitamin- und Mineralstoffgehalt von Fast Food z. B. durch den Verzehr von Salat/Gemüse, frischem Obst, Vollkorn- und Milchprodukten ausgleichen.
- ▶ Fast Food in Ruhe – nicht im Stehen – essen, nur so wird nicht „über den Hunger" gegessen.
- ▶ Fast Food mit aufwendiger Verpackung/Einweggeschirr aufgrund der Umweltbelastung ablehnen.
- ▶ Fast-Food-Mahlzeiten durch Frühstück und Abendessen in der häuslichen Verpflegung ergänzen: Vollkornbrot, Obst, Gemüse, Milch und Milchprodukte.

1. Vergleiche den Energie- und Nährstoffgehalt der verschiedenen Fast-Food-Produkte mit den Richtwerten für
   a) Zwischenmahlzeiten,
   b) Mittagessen.
2. Untersuche, welche Verpackungsmaterialien in Schnellrestaurants eingesetzt werden.
3. Sammle Rezepte für alternative Zwischenmahlzeiten.

Richtwerte für Mädchen (bis 15 Jahre)

	Zwischenmahlzeit	Mittagessen
Energie	940 kJ 235 kcal	2820 kJ 705 kcal
Kohlenhydrate	30 g	92 g
Fett	8 g	24 g
Eiweiß	8 g	25 g

Richtwerte für Jungen (bis 15 Jahre)

	Zwischenmahlzeit	Mittagessen
Energie	1060 kJ 250 kcal	3180 kJ 760 kcal
Kohlenhydrate	34 g	103 g
Fett	9 g	26 g
Eiweiß	9 g	28 g

Das Sandwich erobert jetzt auch den deutschen Fast-Food-Markt

Das dreieckige Sandwich ist der Aufsteiger der letzten Jahre auf dem deutschen Imbissmarkt: Rund 30 Millionen Euro werden pro Jahr mit dem belegten Sandwich umgesetzt.
Pro Woche werden in Deutschland rund 300 000 der vorgepackten Snacks abgesetzt – mit steigender Tendenz.

4.4 Schadstoffe und Lebensmittelverderb

Versprühen von Pflanzenschutzmitteln

Gewürze werden radioaktiv bestrahlt

Verpackungsmüll

Schadstoffe beim Grillen

Schadstoffe und Zusatzstoffe

Bei der Lebensmittelerzeugung und -verarbeitung gelangen Schadstoffe und Zusatzstoffe in die Nahrung:

- durch **Industrie und Verkehr**: toxische – giftige – Schwermetalle (Blei, Cadmium und Quecksilber) usw.,
- durch die **Landwirtschaft**: Pestizide (Pflanzenschutzmittel), Düngemittel, Tierarzneimittel usw.,
- durch die **Lebensmittelindustrie**: Zusatzstoffe wie Nitrat/Nitrit, Farbstoffe, Konservierungsmittel usw. Auch Stoffe aus Verpackungsmaterial, mit denen die Lebensmittel während Verarbeitung und Transport in Berührung kommen, sind mögliche Ursachen für eine Schadstoffbelastung.
- Radioaktiv bestrahlte und gentechnisch veränderte Lebensmittel werden außerdem angeboten.
- Bei der Lebensmittelverarbeitung und -lagerung können weitere Schadstoffe gebildet werden, z. B. beim Grillen.

Begriffserläuterungen

Als **Schadstoffe** werden in der Umwelt vorkommende Stoffe bezeichnet, die Menschen, andere Lebewesen oder die Umwelt schädigen können.

Zusatzstoffe sind alle Stoffe, die nicht normale Lebensmittelinhaltsstoffe sind und bei der Verarbeitung und Zubereitung von Lebensmitteln verwendet werden, z. B. Farbstoffe und Konservierungsstoffe.

1. Beschreibe die Veränderung der Lebensmittelqualität in den abgebildeten Situationen.
2. Ermittle Lebensmittelgruppen, bei denen
   a) Farbstoffe,
   b) Konservierungsstoffe
   verwendet werden.
3. Erkundet im Internet die E-Nummern der Farbstoffe.

Nitrat, Nitrit – kann der Gehalt gemindert werden?

Die Nitratbelastung von Trinkwasser und Gemüse steigt durch die Stickstoffdüngung. Nitrat wird zu 70 % über Gemüse, 20 % über Trinkwasser und 10 % über tierische Lebensmittel aufgenommen.

Im Körper wird Nitrat in Nitrit umgewandelt, das den Sauerstofftransport beeinträchtigt. Aus Nitrit und Eiweiß (Aminosäuren) können außerdem krebserregende Nitrosamine gebildet werden.

Besonders gefährlich ist Nitrat für Säuglinge. Bei ihnen werden größere Nitritmengen gebildet und aufgenommen. Es kann zur „Blausucht" und damit zum Ersticken führen.

Der Nitratgehalt ist nicht gleichmäßig in den Lebensmitteln verteilt. Durch einen umweltbewussten Anbau, Einkauf und die richtige Zubereitung/Lagerung kann die gesundheitliche Gefährdung gemindert werden.

- Gemüse der Saison bevorzugen: Ausgereiftes Freilandgemüse aus der Region enthält weniger Nitrat als stark gedüngte Treibhauserzeugnisse. Die Sonneneinstrahlung senkt den Nitratgehalt.
- Folgende Gemüsesorten reichern besonders Nitrat an: grüne Bohnen, Chinakohl, Kopfsalat, Rote Bete, Rettich, Radieschen, Spinat.
- Bei Blattgemüse die Stiele und große Blattrippen, bei Kopfsalat und Chinakohl die äußeren Blätter entfernen: sie sind besonders nitratreich.
- Reste von zubereitetem nitratreichen Gemüse nicht aufbewahren und wieder erhitzen. Rote-Bete-Saft nach dem Öffnen austrinken. Es kommt zur Nitritbildung.
- Säuglingen bis zum fünften Lebensmonat keinen Spinat geben.
- Durch Vitamin C kann die Bildung von Nitrosaminen gemindert werden. Für Salate daher möglichst eine Marinade mit Zitronensaft verwenden.

1. **Nitrat-/Nitritnachweis**
   Halte ein Nitratteststäbchen auf
   a) die Schnittfläche eines Radieschens,
   b) tiefgekühlten Spinat.
   Überprüfe jeweils nach einer Minute die Farbänderung. Bewerte die Farbänderung nach der Farbskala in der Gebrauchsanweisung.
2. Überprüfe den Nitratgehalt von
   a) Trinkwasser,
   b) weiteren Lebensmitteln.
3. Erläutere, wie der Nitratgehalt von
   a) Chinakohl,
   b) Weißkohl
   gemindert werden kann.

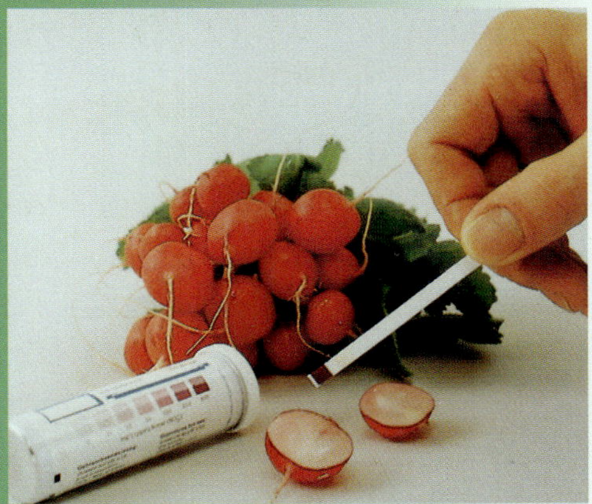

Freilandgemüse

1. Lies die Fallbeispiele.
2. Welche Personen sind besonders betroffen?
3. Warum spricht man von einer pseudoallergischen Reaktion?
4. Ermittle die Namen von Farbstoffen und finde Lebensmittel, die diese enthalten.

Fallbeispiele

Peter *bekommt Asthmaanfälle, wenn er sich aufregt. Vor einigen Tagen machte er sich eine Limonade aus rotem Brausepulver. Bereits Minuten, nachdem er sie getrunken hatte, bekam er plötzlich Atemnot und musste nach Luft ringen. Sein Zustand besserte sich nach kurzer Zeit. Auch bei Peter ergab ein Allergietest kein positives Ergebnis.*

Susanne *reagiert auf bestimmte Stoffe allergisch mit Nesselfieber. Vor einigen Wochen bekam sie, direkt nachdem sie sich mit ihrem Bruder eine Tüte Weingummi geteilt hatte, am ganzen Körper auf der Haut stark juckende Quaddeln, die jedoch nach einiger Zeit wieder verschwanden. Bei entsprechenden Hauttests und Blutuntersuchungen konnten aber keine Antikörper nachgewiesen werden.*

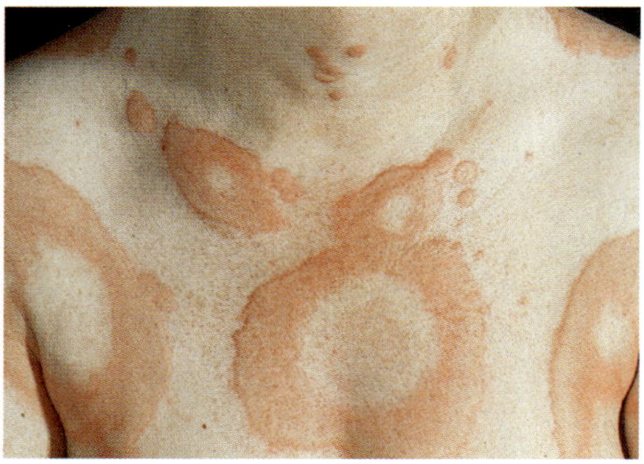

Nesselfieber

Farbstoffe

Lebensmitteln, die farblos sind oder bei der Verarbeitung ihre natürliche Farbe verloren haben, werden oft natürliche oder synthetische Farbstoffe zugesetzt. Farbe und Aroma sind wichtige Faktoren bei der unbewussten Beurteilung von Lebensmitteln. Ausgebleichte Erdbeerkonfitüre z. B. ist nicht einmal als Billigprodukt zu verkaufen, die fehlende Farbe signalisiert eine mindere Qualität.

Natürliche Farbstoffe sind gesundheitlich unbedenklich, z. B. Betenrot, Betanin, Zuckercouleur, Carotine, Laktoflavin.

Synthetische Farbstoffe sind einfacher und billiger herzustellen. Lebensmittel werden damit gleichmäßiger und kräftiger gefärbt.

Einige dieser synthetischen Farbstoffe rufen **pseudo**(scheinbar)**allergische Reaktionen** hervor. Eine Allergie ist eine Überempfindlichkeitsreaktion des Körpers auf bestimmte Stoffe, bei der Antikörper im Blut gebildet werden. Symptome sind z. B. Nesselfieber oder Asthma. Bei pseudoallergischen Reaktionen kommt es zu den gleichen Symptomen wie bei Allergien. Anschließend befinden sich aber keine Antikörper im Blut, deshalb spricht man hier von einer pseudoallergischen Reaktion.

Azorubin (E 122), rot, ist der Farbstoff, der am häufigsten pseudoallergische Reaktionen auslöst.

Der Verbraucher kann sich vor Produkten mit synthetischen Farbstoffen schützen, indem er die Zutatenliste beachtet. Verwendete Farbstoffe werden mit dem Namen oder der E-Nummer in der Zutatenliste angegeben.

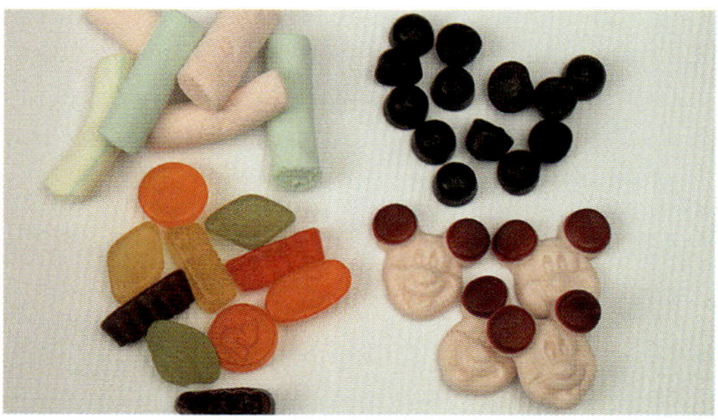

Süßigkeiten mit synthetischen und natürlichen Farbstoffen

Aflatoxine – Brot ist verschimmelt

Schimmelpilze vermehren sich durch Sporen, z. B. beim Köpfchenschimmel kann man das Zerplatzen der Sporenkapseln beobachten. Die Sporen gelangen über die Luft auf Lebensmittel und Arbeitsgeräte.

Schimmelpilze bilden ein Fadengeflecht – Myzel – aus, das das ganze Lebensmittel durchdringen kann. Aus dem Myzel wachsen dann neue Sporenträger. Im Myzel bilden einige Schimmelpilze giftige Stoffe, die das ganze Lebensmittel durchdringen können.

1960 wurden die **Aflatoxine**, die bekanntesten Giftstoffe von Schimmelpilzen, entdeckt. Etwa 100 000 Puten starben damals in England nach der Verfütterung von verschimmeltem Erdnussmehl.

Aflatoxine gehören zu den stärksten uns bekannten Giften, sie rufen bei Tieren Leberkrebs hervor.

Besonders Nüsse, Aprikosen- und Pfirsichkerne und Getreide sind häufig durch Aflatoxine verunreinigt.

So kann Schimmelbildung verhindert werden:
Gefährdete Lebensmittel

- kühl und trocken lagern,
- nur in kleinen Mengen einkaufen.

Verschimmelte Lebensmittel! Wie soll man sich verhalten?

- Veschimmeltes Brot nicht essen! Es genügt nicht, den „Schimmelrasen" großzügig auszuschneiden, da man nicht feststellen kann, wie weit das Brot bereits mit Giftstoffen durchdrungen ist.
- Beim Einkauf auf Schimmelbildung achten und gegebenenfalls Lebensmittel sofort umtauschen.
- In Konfitüre und anderen Lebensmitteln mit einem hohen Zuckergehalt wurden keine Giftstoffe nachgewiesen. Hier genügt ein großzügiges Entfernen des Schimmels.

Lies den Zeitungsartikel.
Wie kam es zu der Vergiftung im Tierpark?

Muli ist tot
Der bei Kindern beliebte Muli aus dem Tierpark G. ist tot. Er wurde von Besuchern mit verschimmeltem Brot gefüttert. Einer der Betroffenen, Hans P., meint: „Dies kann nicht die Ursache sein, ich habe den verschimmelten Teil des Brotes immer abgeschnitten."

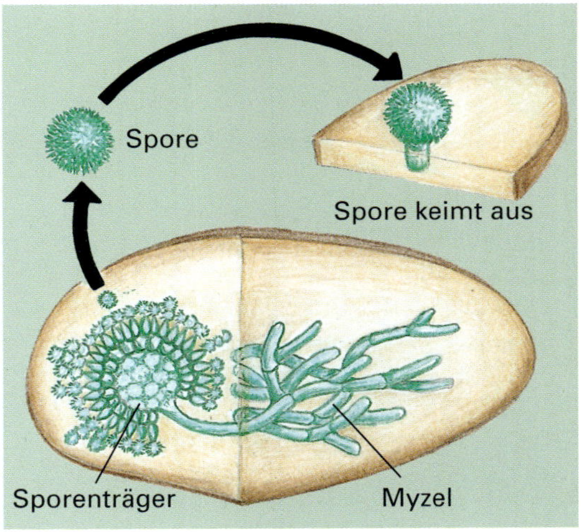

Ausbreitung von Schimmelpilzen

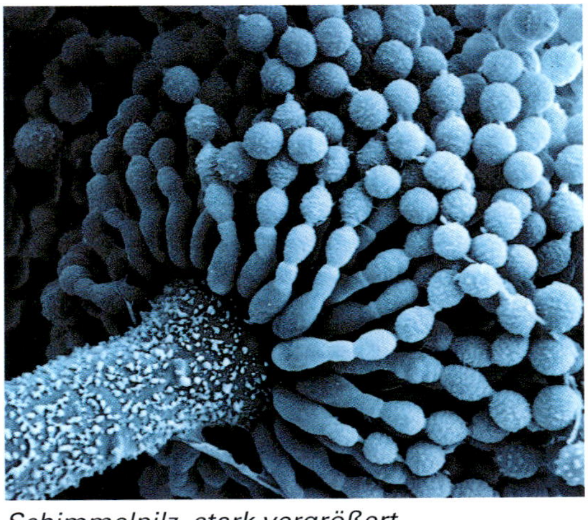

Schimmelpilz, stark vergrößert

Lies die Fallbeispiele.
Nenne mögliche Gründe
für die Erkrankungen.

Fallbeispiel 1: *In einer Kantine soll es Hähnchen geben. Die tiefgefrorenen Hähnchen werden über Nacht auf der Abtropffläche der Spüle aufgetaut. Am nächsten Morgen werden die Hähnchen gegart. Die Abtropffläche wird kurz abgewischt. Danach werden die gekochten Kartoffeln zum schnelleren Abkühlen auf die Abtropffläche der Spüle geschüttet. Die Kartoffeln sollen bald zu einem Kartoffelsalat für den nächsten Tag verarbeitet werden.*

Später erkranken die Kantinenbesucher, die von dem Kartoffelsalat aßen.

Fallbeispiel 2: *Herr K. ist als Hauswirtschaftshelfer in einem Hotel tätig. Er hat gerade einen dreiwöchigen Urlaub in Spanien verbracht. In der ersten Woche hatte er unter einer schweren Durchfallerkrankung gelitten, inzwischen hat er sich davon gut erholt. Gemeinsam mit der Köchin stellt er für einen Empfang am Abend Platten mit belegten Broten her.*

Am nächsten Tag erkranken viele Gäste, sie haben Durchfall bzw. müssen sich erbrechen.

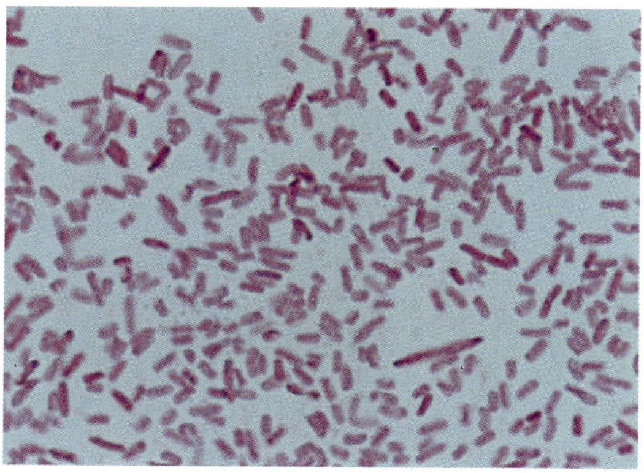

Salmonellen (ca. 1600-fach vergrößert)

Salmonellose – eine Lebensmittelinfektion

Eine Infektion ist eine Ansteckung durch Krankheitserreger. Salmonellen sind Mikroorganismen, d.h. winzig kleine Lebewesen, die im Dickdarm von Tieren, z.B. Geflügel, und auch Menschen leben.

Durch den Verzehr von rohen oder ungenügend gegarten Lebensmitteln, die mit Salmonellen verunreinigt – infiziert – sind, werden diese auf den Menschen übertragen.

Häufig mit Salmonellen infizierte Lebensmittel sind z.B.

- Geflügel, Eier, Eiertrockenpulver,
- Fisch, Hackbraten, Fleischwaren.
- Andere Lebensmittel können durch salmonelleninfizierte Lebensmittel oder Geräte ebenfalls verunreinigt werden.

Hauptursachen für Lebensmittelinfektionen:

- belastetes Viehfutter,
- unsaubere Lebensmittelverarbeitung,
- warme Lagerung von Lebensmitteln/Speisen. Die Vermehrung erfolgt besonders schnell bei 20 bis 45 °C.

Salmonellen können nicht an Geruchs-, Geschmacks- oder sonstigen Lebensmittelveränderungen erkannt werden.

Wenige Salmonellen verursachen meist noch keine Erkrankung, da sie im menschlichen Körper sofort vernichtet werden. Erst wenn sich die Salmonellen zuvor in Lebensmitteln vermehrt haben und dann aufgenommen werden, kann es zu einer Lebensmittelvergiftung bzw. -infektion kommen.

Bei einer **Lebensmittelvergiftung** erkrankt der Mensch aufgrund der aufgenommenen Giftstoffe, die die Salmonellen gebildet haben.

Bei einer **Lebensmittelinfektion** gelingt es dem Körper nicht mehr, die Salmonellen abzutöten. Sie siedeln sich im Darm an und vermehren sich weiter. Im Stuhl dieser Menschen sind Salmonellen vorhanden. Diese Personen können andere anstecken, ohne selbst Vergiftungssymptome zu zeigen.

Folgende Krankheitsanzeichen treten bei einer Salmonellose nach 12 bis 36 Stunden auf: Fieber, Kopfschmerzen, Gliederschmerzen, Durchfall, Übelkeit und Erbrechen.

Die Krankheitsdauer beträgt ein bis acht Tage. Die Erkrankung muss gemeldet werden.

Salmonellose – wie kann man sie verhindern?

- Nach der Toilettenbenutzung die Hände waschen.
- Leicht verderbliche tierische Lebensmittel im Kühlschrank aufbewahren. Auch Eier gehören in den Kühlschrank. Mikroorganismen benötigen Wärme für die Vermehrung.
- Geräte, die mit Fleisch in Berührung kamen, z. B. Messer, vor der weiteren Verwendung gründlich reinigen. Auch die Hände nach dem Hantieren mit rohem Fleisch gründlich waschen.
- Größere Fleischstücke – besonders Geflügel – ohne Plastikbeutel vor dem Garen vollständig bei kühlen Temperaturen (Kühlschrank) auftauen lassen. Das Auftauwasser in einem Gefäß auffangen, sorgfältig beseitigen. Das Gefäß gründlich reinigen. Das Auftauwasser kann Salmonellen enthalten.
- Fleischstücke gut durchgaren: 70 °C Kerntemperatur. Es darf kein roter Fleischsaft mehr austreten.
- Speisen nicht längere Zeit warm halten, sondern rasch in kaltem Wasser herunterkühlen. Zum Verzehr wieder aufwärmen, besser kurz durchkochen oder durchbraten.
- Spiegeleier von beiden Seiten bzw. mit dem Deckel auf der Pfanne braten. Wenn das Eigelb geronnen ist, besteht keine Salmonellengefahr.
- Bei Speisen mit rohen Eiern nur Eier verwenden, die nicht älter als fünf Tage sind (Legedatum). Ältere Eier nur durchgegart essen.
- Speisen mit rohen Eiern sofort verzehren. Salmonellen können sich dann nicht vermehren.
- In der Gemeinschaftsverpflegung keine Speisen mit rohen Eiern herstellen und essen, z. B. Weinschaumcreme.
- Bei Speisen, die in der Mikrowelle ungenügend erwärmt wurden, können Erreger in kalten Stellen überleben. Speisen gleichmäßig in dem Gefäß ausbreiten und auf mindestens 70 °C erhitzen.

> Nenne und erläutere mithilfe der Abbildung mögliche Ursachen für das Entstehen einer Salmonellose.

4.5 Vegetarische – pflanzliche – Ernährung

Petra und Hans leben mit ihren Eltern auf einem Biobauernhof. Hier gibt es Felder mit goldgelbem Korn; blaue Kornblumen und roter Klatschmohn wachsen am Rand. An den Apfelbäumen auf der Wiese reifen leuchtend rote Äpfel. Im Gemüsegarten wachsen Erbsen und Gurken. Die Hühner laufen frei im Garten herum.

Petra und Hans haben ihre Freunde – Körnchen und Ketchup – aus der Stadt eingeladen, sie sollen einen Tag mit ihnen auf dem Bauernhof verbringen.

Zum Mittagessen gibt es frische Kartoffeln mit leckerem Kräuterquark und frischem Schnittlauch aus dem Garten. Zu Hause hätten Körnchen und Ketchup sicher über das Essen ohne Fleisch die Nase gerümpft. Doch hier an der frischen Luft haben sie Hunger und es schmeckt ihnen prima. Ketchup stellt fest: „Die Kartoffeln schmecken viel süßer als unsere Kartoffeln aus dem Supermarkt." Körnchen nimmt einen Apfel aus der Schale und beißt rein: „Lecker, die Äpfel im Supermarkt sehen alle gleich aus, die schmecken gar nicht so gut."

Die Bäuerin lacht: „Früher war es überall so wie bei uns. Heute gibt es wieder mehr Menschen, die sich natürlich ernähren möchten. Die natürliche Ernährung ist besser für den gesamten Stoffwechsel. Hier gibt es noch viel zu entdecken. Wenn ihr mögt, könnt ihr in den Garten gehen und die verschiedenen Gemüsesorten probieren."

Petra pflückt ein paar Erbsenschoten und zeigt Körnchen, wie sie diese öffnen kann. Körnchen staunt nicht schlecht: „Bei uns gibt es Erbsen nur in Dosen."

Mit einem Korb voll Obst und Gemüse und vielen Rezepten fahren Körnchen und Ketchup abends zurück in die Stadt.

1. Lies den Text.
   Beschreibe, was Petra und Hans essen.
2. Welche Unterschiede zur herkömmlichen Ernährung werden genannt?

Die vegetarische Ernährung soll Menschen eine natürliche und gesunde Lebensweise ermöglichen.

Formen des Vegetarismus

1. **Ovo-Lakto-Vegetarier** essen neben pflanzlichen Lebensmitteln Produkte von lebenden Tieren, wie Milch, Milcherzeugnisse und Eier.
2. **Lakto-Vegetarier** verzichten zusätzlich auf Eier.
3. **Veganer** verzehren keine Lebensmittel, die von Tieren stammen, auch nicht Milch, Milchprodukte und Honig.

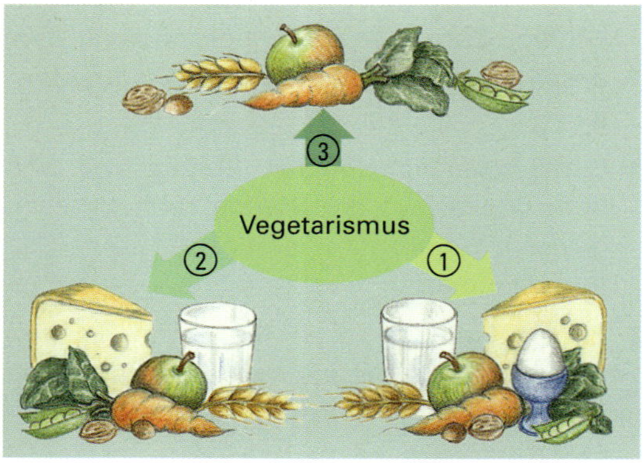

Wir erproben ein Rollenspiel

Situation – Die Schülervertretung hat beantragt:
Beim Schülermittagstisch soll jeweils zusätzlich ein vegetarisches Gericht angeboten werden.

Wir bereiten uns auf das Spiel vor.
- Die Rollen werden zunächst gelesen.
- Wir sammeln in Gruppen Argumente für die einzelnen Personen.
- Wir einigen uns, wer die einzelnen Personen spielt und wer die Gesprächsleitung übernimmt.

Wir spielen.

Bitte beachtet folgende Spielregeln:
- Lasst die anderen Mitspieler ausreden.
- Geht auf die Beiträge anderer Mitspieler ein.
- Untermauert eure Beiträge mit Begründungen.
- Die Zuschauer beobachten und machen sich Notizen.

Wir werten das Spielgeschehen aus.
- Die Zuschauer berichten über ihre Eindrücke:
  - Verhalten der Spieler
  - Aussagen der Spieler

Wir spielen noch einmal mit anderen Spielteilnehmern.

Rollenbeschreibungen

Frau Obermeier, die Schulleiterin,

beantragt eine Diskussionsrunde. Sie will über Erfahrungen anderer Schulen berichten.

Die Diskussionsrunde hat folgende weitere Mitglieder:

Herr Löffel, der Koch,

hält die Forderung für nicht vertretbar. Die Arbeitsbelastung des Personals wird unnötig erhöht. Das bisherige Angebot ist abwechslungsreich.

Sabine Feld, eine Schülerin,

fordert energisch vegetarische Speisen. Geringe Abwandlungen der bisherigen Gerichte ermöglichen ein vegetarisches Angebot.

Jürgen Wald, ein Schüler,

geht mit Sabine in eine Klasse. Er möchte Sabine in der Diskussion unterstützen.

Frau Fischer, Elternvertreterin,

sieht den Absatz von Fleisch gefährdet. Sie ist der Meinung, dass der Eiweißbedarf nicht durch eine vegetarische Ernährung gedeckt werden kann.

Herr Vogel, ein Lehrer,

begrüßt das erweiterte Speisenangebot. Er meint, durch eine vegetarische Ernährung wird die Gesundheit gefördert und die Umwelt geschont.

Ob es uns gelingt, die Schulleitung zu überzeugen?

Gefahr für den Säugling durch streng vegetarische Ernährung der Mutter
Eine rein vegetarische Ernährung der Mutter (Veganer) kann bei ihrem Säugling zu Entwicklungsstörungen führen.

Am stärksten gefährdet sind Säuglinge, die von Müttern gestillt werden, die weder Fleisch, Fisch, Milch oder Milchprodukte zu sich nehmen. Die Kinder entwickeln sich in den ersten Lebensmonaten normal, doch nach etwa vier bis acht Monaten verlieren sie Fähigkeiten, die sie vorher bereits erworben hatten. Solche Kinder verlieren die Kontrolle über ihre Kopfbewegung, sie können nicht mehr krabbeln oder sitzen, sie können andere nicht mehr fest ansehen. Entwicklungsschäden an Muskeln und Knochen können eine weitere Folge der vegetarischen Ernährung der Mutter sein.

Rechtzeitige Vitamingaben können die Gefahren meist mindern.

Für die Fleischerzeugung benötigt man im Durchschnitt siebenmal so viel Energie wie für die Erzeugung pflanzlicher Lebensmittel.

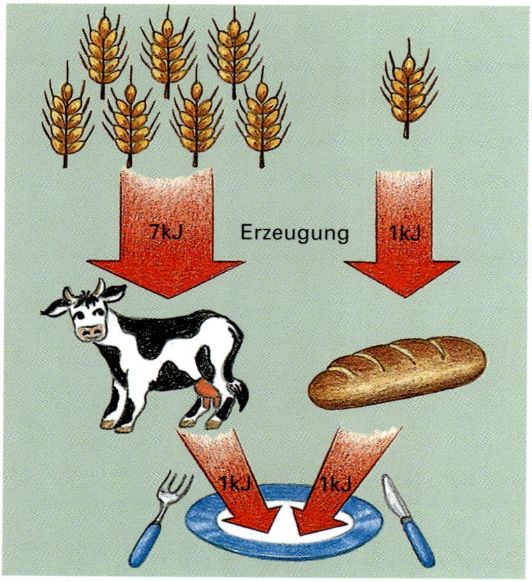

Energieverlust bei der Fleischerzeugung

Bewertung vegetarischer Kost

Bewertung der Kost von (Ovo-)Lakto-Vegetariern
Auf Fleisch und Fisch kann in der Ernährung verzichtet werden, solange Milch und Milchprodukte und evtl. auch Eier die Ernährung ergänzen. Getreide, Hülsenfrüchte, Nüsse, Obst und Gemüse bilden die Grundlage dieser gesunden Ernährung. Diese Kost enthält ausreichend Energie, Eiweiß, Kohlenhydrate, Ballaststoffe, Vitamine und Mineralstoffe.

Vegetarier sind meist gesünder als Nichtvegetarier, sie haben häufig

- ein geringeres Körpergewicht,
- einen niedrigeren Blutdruck,
- einen niedrigeren Blutfettspiegel.

Herz- und Kreislauferkrankungen treten bei dieser Personengruppe aufgrund der Ernährung und der sonstigen gesunden Lebensführung seltener auf. Vegetarier lehnen meist den Genuss von Alkohol und Nikotin ab und empfehlen körperliche Bewegung.

Bewertung der Kost von Veganern
Bei Veganern, die lediglich pflanzliche Lebensmittel essen, muss die Kost sehr sorgfältig zusammengestellt werden. Bei dieser Kostform kann es durch falsche bzw. einseitige Lebensmittelauswahl zu einer Eiweiß-, Vitamin- und Mineralstoffunterversorgung kommen.

Es ist wichtig, dass der **Rohkostanteil gering gehalten** wird, da gegarte Lebensmittel besser ausgenutzt werden können. Bei der Zusammenstellung müssen ausreichend Vollkornprodukte, Hülsenfrüchte, Nüsse, Trockenobst und Hefeflocken berücksichtigt werden.

Säuglingen, Kleinkindern, Schwangeren und Stillenden ist aufgrund des höheren Eiweiß-, Vitamin- und Mineralstoffbedarfs von einer rein pflanzlichen Ernährung abzuraten. Auch für ältere Menschen ist diese Ernährungsform nicht empfehlenswert.

4.6 Vollwert-Ernährung

Der Mediziner und Ernährungsforscher Werner Kollath begründete 1942 mit dem Buch „Die Ordnung der Natur" die „Vollwert-Ernährung". Er entwickelte ein Wertesystem. Die Lebensmittel sollten so natürlich wie möglich belassen werden: je geringer der Verarbeitungsgrad, desto höher der Wert eines Lebensmittels. Die Vollwert-Ernährung wurde von Koerber, Männle und Leitzmann aktualisiert.

Lebensmittel aus der Region und der Jahreszeit entsprechend

Durch die Verwendung von Lebensmitteln aus der Region sollen umfangreiche Transporte und damit Energieverbrauch, Schadstoffbelastung, Lärmbelastung und auch die Müllmenge verringert werden.

Lebensmittel aus winterlichem Unterglasanbau sollen vermieden werden. Treibhausgemüse weist häufig einen höheren Schadstoffgehalt auf. Außerdem wird für die Erzeugung viel Energie benötigt, z.B. wird für Treibhausgemüse viermal so viel Energie verbraucht wie für die Freilandproduktion.

Zusammensetzung der Vollwert-Ernährung

Lebensmittel aus ökologischer Landwirtschaft

Es sollen möglichst nur Erzeugnisse aus anerkannter ökologischer Landwirtschaft verwendet werden. Der ökologische Landbau trägt zur Schadstoffverminderung, zum Umweltschutz und zur Erhaltung der ländlichen Struktur bei.

Wie unterscheiden sich ökologischer und herkömmlicher Anbau?

Anbau	herkömmlicher	ökologischer
Betriebe	starke Spezialisierung	vielseitiger Anbau, Fruchtfolge
Dünger	chemische Mineraldünger	organische Düngung, Rückführung der Nährstoffe
Bodenbearbeitung	stark, mechanisch	Beschränkung auf ein Mindestmaß
Bekämpfung von Schädlingen, Krankheiten	chemische Mittel	pflanzenstärkende Mittel usw.

Birne mit Bio-Siegel

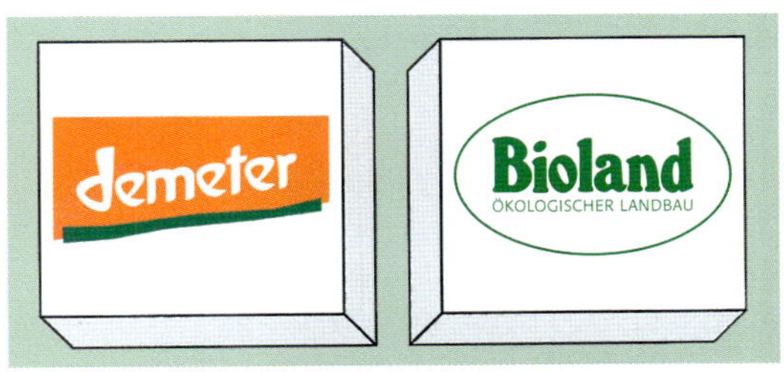

Beispiele für Warenzeichen ökologischer Produkte

Lest mit verteilten Rollen das Gespräch zwischen Helga und Uwe.

1. Fasst Helgas Äußerungen über die Vollwert-Ernährung zusammen.
2. Führt eine Pro-Kontra-Diskussion: „Vollwert-Ernährung, eine Alternative für Mensch und Umwelt?“

Uwe: *Hier steht: Vollwert-Ernährung – gesund und umweltschonend essen. So möchte ich mich auch ernähren, aber wie macht man das eigentlich?*

Helga: *Das kann ich dir sagen. Bei uns zu Hause gibt es zu jeder Mahlzeit etwas Frisches, Müsli, Rohkost u. a. Wir stellen alles selber her, z. B. mahlen wir auch unser Getreide selbst. Fertigprodukte aus Konserven usw. gibt es bei uns nicht mehr. Seit wir uns so ernähren, fällt bei uns nicht mehr so viel Müll an. Auf den Fensterbänken stehen Keimschalen, und im Frühjahr pflücke ich junge Löwenzahnblätter. Wir verwenden viel Gemüse, Getreideprodukte und Hülsenfrüchte. Getreide, Milch und Eier holen wir direkt beim Bauern. Fleisch gibt es bei uns kaum noch, die Massentierhaltung ist doch schrecklich.*

Uwe: *Was ist daran gesünder? Außerdem haben wir dann nur noch mehr Arbeit. Kannst du mir sagen, was ihr wirklich zu den verschiedenen Mahlzeiten esst?*

Helga: *Da hast du einen Tageskostplan (vgl. S. 113). Sieh ihn dir genauer an, dann wirst du die Regeln für eine gesunde und umweltschonende Vollwert-Ernährung entdecken.*

Geringer Verarbeitungsgrad

Die Einteilung der Lebensmittel nach Wertstufen erfolgt nach dem Verarbeitungsgrad. Je geringer der Verarbeitungsgrad, desto höher ist der Wert eines Lebensmittels.

Bei der Lebensmittelverarbeitung werden häufig wichtige Inhaltsstoffe vermindert, zerstört oder abgetrennt. Z. B. beim Reis wird mit den Randschichten Thiamin – Vitamin B_1 – entfernt. Herausgelöste Nährstoffe, wie Zucker, sollen möglichst gemieden werden.

Bei der Lebensmittelverarbeitung werden häufig Zusatzstoffe, wie Farb- und Konservierungsstoffe, vgl. S. 104, zugesetzt.

Verarbeitete Lebensmittel belasten außerdem häufig durch ihre Verpackung die Umwelt.

Generell gilt für die Lebensmittelauswahl:

▶ **Zu bevorzugen sind**
- Getreide und Vollkornprodukte,
- Gemüse, Obst, Kartoffeln, Hülsenfrüchte,
- Rohmilch (Vorzugsmilch),
- naturbelassene Fette und Öle,
- Kräuter-, Früchtetee,
- Kräuter und Gewürze.

▶ **Zu meiden sind**
- Auszugsmehle, polierter Reis,
- Zucker,
- Fleisch, Wurst, Fisch, Eier,
- ultrahocherhitzte Milch,
- herausgelöste, gereinigte Öle,
- Kaffee, Alkohol, schwarzer Tee,
- Kochsalz.

Die Vollwert-Ernährung kennt keine Verbote, sondern nur Empfehlungen, „minderwertige Produkte“ zu meiden.

Ziele der Vollwert-Ernährung

▶ hohe Lebensqualität, besonders Gesundheit

▶ Schonung der Umwelt, Energieeinsparung, Vermeidung von Veredelungsverlusten

▶ Förderung der sozialen Gerechtigkeit – weltweit

Lies den Tageskostplan.

1. Welche Lebensmittelgruppen sind enthalten?
2. Welche Lebensmittelgruppen sind nicht enthalten?
3. Welche Verarbeitungsverfahren werden bevorzugt?

Tageskostplan für eine Person – Vollwert-Ernährung

1. und 2. Frühstück

Frischkornmüsli
3 EL Weizen, grob geschrotet, in
2 EL Wasser eingeweicht
4 EL Dickmilch
1 Apfel
1 TL Honig
1 EL gehackte Nüsse

Früchtetee

1 Scheibe Vollkornbrot
1 TL Butter
1 Scheibe Gouda
1 Tomate

Vorzugsmilch

Mittagessen und Nachmittagsmahlzeit

Linseneintopf
75 g Linsen in
350 g Gemüsebrühe über Nacht quellen lassen
100 g Kartoffeln
100 g Lauch
75 g Tomaten
Majoran, Thymian
3 EL Sahne
1 EL Zitronensaft
1 EL Petersilie

Mineralwasser

Obstsalat
1/2 Birne
1/2 Apfel
75 g Honigmelone
75 g blaue Weintrauben
1 TL Pinienkerne

Frisches Obst oder Gemüse

Abendessen

Bunter Salat
75 g Salatgurke
75 g Tomate
1 gelbe Paprikaschote
50 g Rettich
1 EL kalt gepresstes Olivenöl
1 EL Apfelessig
Kräutersalz
40 g Schafskäse

Apfelpfannkuchen
1 TL Butter, zerlassen
55 g Dinkel, gemahlen
1/8 l Milch
1 Eigelb
1 Eischnee
1 EL Butter zum Backen
1/2 Apfel

Obstsaft

4.7 Gesundheitliche und ökologische Belastungen

Wie können Krankheiten entstehen?

Gründe für die Entstehung von Krankheiten

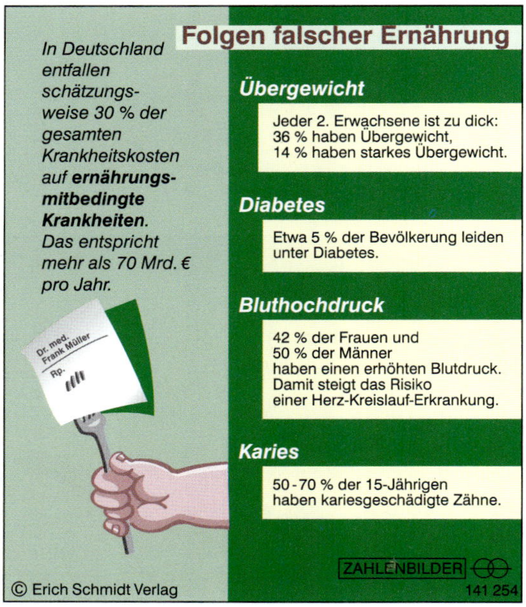

Umweltbedingte äußere Gesundheitsgefahren können zu Krankheiten führen:

- **falsche Ernährung**, z. B. zu viel Fett, zu wenig Ballaststoffe
- **mangelnde Bewegung**, z. B. sitzende Tätigkeiten, Fernsehen, Computer
- **Reizüberflutung/Stress**, z. B. mangelnde Erholung, Lärm
- **Giftstoffe**, z. B. Alkohol, Rauchen, Schadstoffe
- **Mikroorganismen**, z. B. Lebensmittelvergiftungen, Grippe
- **Unfälle, intensive Sonnenbestrahlung**

Wirken mehrere dieser äußeren Gefahren gleichzeitig auf einen Menschen ein, so wird das persönliche Gesundheitsrisiko verstärkt, z. B. durch überreichliche Ernährung und gleichzeitiges Rauchen.

Der Einzelne bestimmt also durch seine Ernährung und seine Lebensweise sein persönliches Gesundheitsrisiko.

Innere Faktoren fördern ebenfalls das Entstehen von Krankheiten.

- **Erbfaktoren**: genetische Defekte, Anlagen
- **Disposition**: Krankheitsbereitschaft, erhöhte Anfälligkeit

Die erbliche Veranlagung spielt z. B. bei Zuckerkrankheit, Gicht und anderen Stoffwechselerkrankungen eine erhebliche Rolle. Die Krankheitsbereitschaft ist auch vom Alter abhängig. Bestehende Krankheiten können die Krankheitsbereitschaft für weitere Erkrankungen heraufsetzen. Doch auch hier kann jeder sein persönliches Risiko mitbestimmen.

1. Überprüfe deine eigene Lebensweise. Welche Verhaltensweisen sind
   a) gesundheitsschädlich,
   b) fördern deine Gesundheit?
2. Nenne Maßnahmen zur Gesunderhaltung: Ernährung, Körperpflege usw.

In den vergangenen Jahrhunderten waren Infektionskrankheiten eine häufige Todesursache. Durch Medikamente, verbesserte Hygiene und Ernährung wurden Infektionskrankheiten – wie Pest, Typhus, Tuberkulose, Kinderlähmung und Pocken – zurückgedrängt. Eine höhere Lebenserwartung der Menschen war die Folge. Es gelang allerdings bis auf den heutigen Tag nicht, diese Seuchen völlig auszurotten.

Eine neue in ihrem Ausmaß weltweit noch nicht abzuschätzende Bedrohung geht heute von der Immunschwäche Aids aus, sie kann noch nicht mithilfe von Medikamenten geheilt werden. Weltweit gibt es derzeit über 40 Millionen HIV-infizierte Menschen. Gleichzeitig sterben jährlich drei Millionen Menschen an Tuberkulose und zwei Millionen an Malaria.

In Industrieländern sind die hauptsächlichen Todesursachen jedoch nicht die Infektionskrankheiten, sondern Herz-Kreislauf-Erkrankungen und Krebs – zusammen fast 75 % der Fälle!

Es werden immer neue Methoden zur Behandlung von Krankheiten entwickelt. Wirksamere Medikamente und Operationsmethoden verlängern das Leben. Fortschritte haben jedoch auch ihren Preis. Die Kosten im Gesundheitswesen steigen.

Es wäre besser, Krankheiten vorzubeugen als abzuwarten, bis sie auftreten.

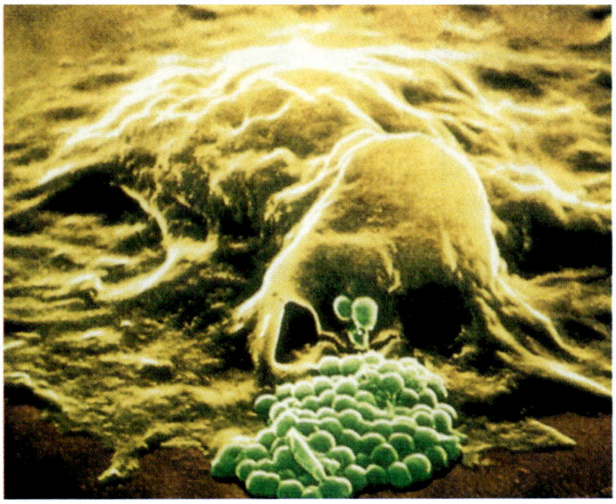

Aids – der Körper kann sich nicht mehr gegen diesen Krankheitserreger wehren.

Fantasiereise

Setzt euch zunächst locker und bequem hin, werdet ganz still.

Schließt die Augen. Ihr sollt nun – jeder für sich – in seiner Fantasie den gestrigen Tag noch einmal erleben.

In eurer Fantasie steht ihr auf, verlasst das Klassenzimmer und geht zurück nach Hause, in euer Zimmer. Ihr liegt in eurem Bett. Es ist früh am Morgen, der Tag beginnt …

Ihr verfolgt nun das ganze Tagesgeschehen. Bei Situationen, die eure Gesundheit fördern bzw. schädigen, verweilt ihr.

Pause …

Es ist Abend, ihr liegt wieder im Bett.

Kommt langsam in euer Klassenzimmer zurück.

Ihr seid wieder zurück im Klassenzimmer. Öffnet die Augen, unterhaltet euch nicht.

Schreibt auf: Welchen Situationen, die eure Gesundheit fördern bzw. schädigen, seid ihr auf der Reise begegnet?

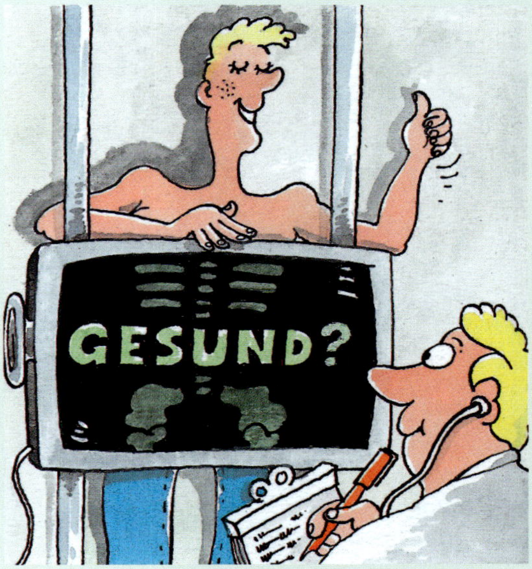

Schafskäse aus Griechenland, Butter aus Irland

Ein Teil des griechischen Schafskäses landet auf Umwegen auf deutschen Tischen. Er wird hierzulande in solchen Mengen konsumiert, dass die Bauern auf dem Balkan kaum noch nachkommen. Da deutsche Verbraucher glauben, ausländischer Schafskäse schmecke generell besser als einheimischer, kaufen sie ihn auch lieber. Findige Unternehmer füllen die Marktlücke, indem sie Schafskäse aus deutschen Landen auf die Lkw-Reise in den Süden schicken. Von dort kommt er als „echt" griechisches Produkt wieder zu uns zurück.

Das Transportgeschäft boomt und die Lkw-Flotte wächst ständig. Schon heute rollen über 2,3 Millionen deutsche Trucks von Stau zu Stau.

Eine Untersuchung des Berliner Umweltamtes zeigt, welchen unverhältnismäßig großen Anteil die Lkw-Flotte an der Schadstoffproduktion des gesamten Verkehrs hat. Die Laster stoßen fast doppelt so viel Feinstaub aus wie alle Pkws. Die restliche Schadstoffbelastung durch die Lkws beträgt etwa ein Drittel mit steigender Tendenz.

Keine Frage, exotische Spezialitäten wie Mangos, Papayas oder Kiwis müssen von weit her geholt werden. Doch warum werden alltägliche Produkte wie bayerischer Joghurt an die Ostseeküste, Lüneburger Kefir dafür nach Süddeutschland transportiert, Butter sogar 1 500 Kilometer weit aus Irland herbeigeschafft?

Einfach deshalb, weil Verbraucher bestimmte Marken bevorzugen. Die Zeiten, in denen sich Städte und Gemeinden ausschließlich aus den Molkereien und Mühlen ihres Umlandes versorgten, sind deshalb längst vorbei. Ob die Verbraucher auch die Folgen ihres Verhaltens für die Umwelt und Gesundheit kennen?

Umweltbelastung durch Transport

1. Lest und diskutiert den Bericht in der linken Spalte.
2. Stellt in einem Supermarkt mithilfe der Lebensmittelkennzeichnung fest: Aus welchen Ländern werden Lebensmittel der verschiedenen Lebensmittelgruppen des Ernährungskreises angeboten?
3. Kennzeichnet die Herkunftsländer der Lebensmittel auf einer Landkarte.
4. Diskutiert: „Auf welche Lebensmittel aus dem Ausland können wir verzichten?"

- Solange wir den Anspruch haben, überall und zu jeder Jahreszeit in beliebiger Menge alles kaufen zu können, wird sich nichts ändern.
- Werden Produkte aus der Region bevorzugt, so können Schadstoff- und Lärmbelastung sowie Unfallgefahren durch die Laster vermindert werden.
- Mögliche Kontakte zu Bauern und Herstellern ermöglichen evtl. eine bessere Durchschaubarkeit der Produktion.
- Lebensmittel, die selten konsumiert werden, können auch weiterhin aus anderen Regionen kommen, sie stellen dann eine Besonderheit dar.

Wir starten ein Diskussionsspiel

1. Bildet Kleingruppen von vier bis sechs Personen. Schreibt die Aussagen auf Karten.
2. Legt den Stapel mit Karten verdeckt auf den Tisch. Ein Gruppenmitglied nimmt eine Karte, liest den Text vor und legt die Karte dann offen in die Mitte auf den Tisch.
3. Alle Gruppenmitglieder äußern sich im Uhrzeigersinn zu dem Text. Jede Zustimmung oder Ablehnung muss kurz begründet werden.
4. Das nächste Gruppenmitglied – im Uhrzeigersinn – nimmt eine Karte auf. Es folgt wieder ein Rundgespräch. Dies geht so weiter, bis alle Karten behandelt wurden.
5. Berichtet den Mitschülern und Mitschülerinnen aus den anderen Gruppen über eure Ergebnisse.

Hinweis: Dies sind nur einige Anregungen. Ihr könnt auch andere/weitere Karten schreiben.

Alles, was ich wirklich gern esse, macht dick.

Es gibt keine gesunden Lebensmittel, Schadstoffe sind überall drin.

Bei uns muss es schnell gehen, wir essen nur Gemüse aus Konserven.

Chips beim Fernsehen sind besser als Radieschen.

Obst und Gemüse müssen täglich und frisch auf den Tisch.

Obst, Gemüse und Vollkorn machen nicht satt.

Bei uns gibt es kein Gemüse, das mag ich nicht.

Essen ohne Fleisch schmeckt nicht.

Bananen aus Afrika sind besser als Äpfel aus Deutschland.

Bei der Klassenarbeit brauche ich Schokolade, die hebt meine Stimmung.

Bei uns gehört zum Sonntagsessen Fleisch.

Direkte Erbgutveränderungen bei Pflanzen, Tieren und Mikroorganismen

Beispiele

- In den Labors warten insgesamt über 50 gentechnisch veränderte Obst-, Gemüse- und Getreidesorten sowie Milch- und Hefeprodukte auf ihren Einsatz

---

Methoden

Schematische Darstellung am Beispiel einer Pflanze

Der Pflanze werden Zellen entnommen.

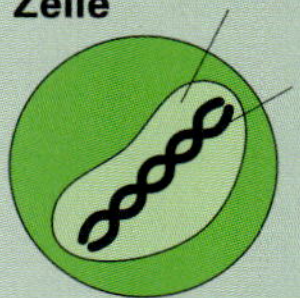

Erbmaterial (DNA) enthält die Gene mit den Erbinformationen

Ein fremdes Gen mit den gewünschten Eigenschaften wird eingeschleust

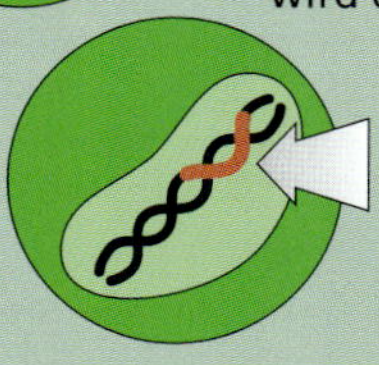

- durch Bakterien oder Viren („Gen-Taxi")
- oder durch direktes Einfügen oder Einspritzen in den Zellkern

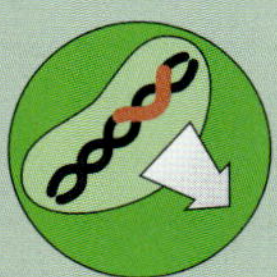

Die Zelle hat durch die Genübertragung etwas Neues „gelernt", sie erfüllt eine neue Aufgabe

Über Zellstrukturen werden Pflanzen mit den neu gewonnenen Eigenschaften vermehrt

Gentechnisch veränderte Lebensmittel

Tomaten, vier Wochen nach dem Kauf im Supermarkt noch knackig frisch und wohlschmeckend – kann es das geben? Die Gentechniker sagen Ja! Das Gen, das für ein zellwandabbauendes Enzym verantwortlich ist, wird „abgeschaltet". Mithilfe der Gentechnik ist es möglich, gezielt vorteilhafte Eigenschaften in eine Pflanze oder ein Tier einzubauen.

Gentechnisch veränderte Bakterienkulturen helfen bei der Käseherstellung und beim Backen, sie produzieren Aromen, Vitamine, Süßstoffe und Enzyme.

Das Prinzip der Gentechnik besteht darin, genetische Informationen von einem Organismus auf den anderen zu übertragen. Auf Fische hat man z. B. ein „Antifrostschutzgen" übertragen, sie können nun in kalten Gewässern leben.

Die „Wunderpflanzen" befinden sich nicht mehr ausschließlich in Labors, die ökologischen Risiken bei der Freisetzung sind nicht vorhersehbar. Was geschieht, wenn es zur Kreuzung zwischen gentechnisch veränderten und „unveränderten" Pflanzen kommt?

Gesundheitliche Risiken für den Verbraucher sind zurzeit nicht klar abschätzbar, z. B. Allergien, da es keine Langzeituntersuchungen gibt.

Gentechnisch veränderte Lebensmittel bringen keinen Nutzen für Verbraucher. 70 % der Verbraucher lehnen diese Lebensmittel ab.

Gentechnisch veränderte Lebensmittel müssen gekennzeichnet werden, damit der Verbraucher auswählen kann.

Kennzeichnung für Lebensmittel aus gentechnisch veränderten Pflanzen:

z. B. „aus genetechnisch verändertem Mais hergestellt".

Man geht davon aus, dass gegenwärtig 60 bis 70 % aller Lebensmittel in irgendeiner Weise mit Gentechnik in Berührung gekommen sind.

Cadmium

Cadmium gelangt durch Abwässer von Zinkhütten und Müllverbrennungsanlagen in die Umwelt.

Cadmium wird von Pflanzen und Fischen direkt aufgenommen. Die anderen Tiere und die Menschen nehmen Cadmium indirekt über Pflanzen und Fische auf.

Man schätzt, dass ein erwachsener Bundesbürger 20 bis 30 mg Cadmium in Leber und Niere gespeichert hat.

Besonders hohe Cadmiumwerte wurden nachgewiesen in

- **Wildpilzen**, bis zu 15 mg pro Kilogramm. Pro Woche sollte ein Erwachsener höchstens 200 bis 250 g Wildpilze essen. Wildpilze haben die Eigenschaft, Schwermetalle und radioaktive Elemente anzureichern. Zuchtpilze sind nicht belastet.
- **Leber und Niere** von Schweinen und Rindern. Leber und Niere sollten selten verzehrt werden.
- **Tintenfischen** und Tintenfischerzeugnissen. Dort wurden nicht selten über 2 mg Cadmium pro Kilogramm nachgewiesen.

Anzeichen einer Cadmiumvergiftung: Knochenerweichung, Zahnausfall, Rippenschmerzen, Schmerzen an der Wirbelsäule und in der Hüftgegend.

Vergiftung in Japan

In der Zeit von 1940 bis 1958 starben 130 Menschen an einer unbekannten Krankheit, die den Namen Itai-Itai-Krankheit (Aua-Aua-Krankheit) erhielt. Die Knochen der erkrankten Personen wurden druckempfindlich und brachen. Besonders betroffen waren ältere Menschen, die jahrelang Reis von Feldern gegessen hatten, die mit Flusswasser bewässert worden waren. An dem Fluss lag eine Zinkhütte, deren Abwässer dort eingeleitet wurden.

Vom Schaubild zum Text.

Beschreibe das Schaubild in einem erläuternden Text, der Auskunft darüber gibt, wie Schwermetalle über die Nahrungskette in den menschlichen Körper gelangen.

Überlege dir dazu zunächst eine Gliederung.
Wo fange ich an, ...
was schreibe ich als Nächstes?

Beschreibe den Ablauf genau und folgerichtig.

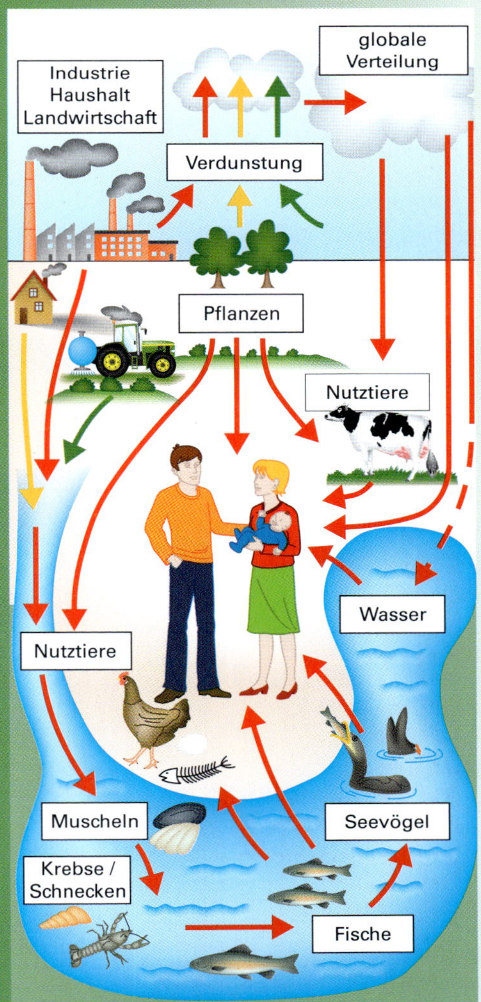

Speiseplan von Astrid	Kochsalz-zufuhr in mg
Frühstück	
2 Scheiben Mischbrot	600
1 Portion Mettwurst	800
1 Portion Margarine	15
1 Scheibe Gouda	650
1 Glas Früchtetee	0
Pause	
1 Portion Kartoffelchips	600
Mittagessen	
1 Portion Pommes frites	2700
1 Portion grüne Erbsen, sterilisiert	1000
2 Wiener Würstchen	3700
1 Portion Ketchup	490
Nachmittag	
6 Butterkekse	375
1 Tasse Tee	0
Abendessen	
2 Scheiben Roggenbrot	2100
1 Portion Butter	5
1 Essiggurke	1200
1 Scheibe Schinken, roh	2800
1 Portion Harzer	1150
Kochsalzzufuhr insgesamt	?

Speiseplan von Jörg	Kochsalz-zufuhr in mg
Frühstück	
4 EL Haferflocken	3
1 kleiner Apfel	20
1 Portion Honig	3
1 Becher Vollmilchjoghurt	175
1 Glas Früchtetee	0
Pause	
1 Mandarine	3
Mittagessen	
1 Portion Pellkartoffeln	100
1 Portion Spinat	210
2 Spiegeleier	390
Nachmittag	
1 Glas Buttermilch	280
Abendessen	
2 Scheiben Roggenbrot	2100
1 Portion Butter	5
1 kleine Tomate	175
1 Portion Kräuterquark (selbst hergestellt)	50
1 Scheibe Bierschinken	460
Kochsalzzufuhr insgesamt	?

Salz des Lebens?

1. Ermittle mithilfe der Speisepläne die tägliche Kochsalzaufnahme von
   a) Astrid,
   b) Jörg.
2. Vergleiche die beiden Speisepläne. Stelle fest, welcher Speiseplan geeigneter ist.
3. Nenne und notiere Lebensmittel, die kochsalzreich sind.
4. Mache Vorschläge, wie bei dem kochsalzreichen Kostplan Kochsalz eingespart werden kann.

Speisesalz, damit meinen wir Kochsalz oder, chemisch ausgedrückt, Natriumchlorid.

Früher konnten sich nur reiche Leute das kostbare Kochsalz leisten, das heute für ein paar Cent zu kaufen ist.

Salz ist an lebensnotwendigen Vorgängen im Körper beteiligt. Salz ermöglicht die Nerven- und Muskelfunktionen.

Beim Schwitzen verliert der Körper Salz und Wasser. Folgen des starken Schwitzens, z. B. nach einem Fußballspiel oder bei großer Hitze, können allgemeine Schwäche, Muskelkrämpfe und ein Absinken des Blutdrucks sein.

Wenn man z. B. einen Salzhering isst, bekommt man Durst. Der Durst ist eine Schutzmaßnahme des Körpers, da das Salz gelöst und ausgeschieden werden muss. 8 g Natrium – 20 g Kochsalz – binden etwa 1 l Wasser.

Die Zufuhr von max. 6 g Kochsalz pro Tag wird als ausreichend angesehen. Tatsächlich nehmen wir täglich durchschnittlich 12 g Kochsalz auf. Ein Zusammenhang zwischen hohem Salzkonsum und Bluthochdruck wird vermutet.

Salzarme Speisen sind zu bevorzugen. Bei kochsalzarmer Diät – z. B. Bluthochdruck – sind lediglich 3 g Kochsalz pro Tag erlaubt. Bei einer streng kochsalzarmen Diät ist sogar nur 1 g Kochsalz pro Tag erlaubt.

Wir erstellen Wandzeitungen – Wie ernähre ich mich richtig?

1. Schreibt auf Karten, was ihr am vergangenen Tag gegessen und getrunken habt. Schreibt jede Speise und jedes Getränk auf eine eigene Karte.
2. Erstellt eine Wandzeitung, vgl. Abbildung.
3. Klebt eure Karten in die entsprechenden Tabellenspalten der Wandzeitung.
4. Diskutiert, ob alle mit den jeweiligen Entscheidungen einverstanden sind.

Gesundheitsbewusst würzen

Wichtige Würzregeln

- Sparsam würzen. Der Eigengeschmack der Speisen bleibt erhalten.
- Anstelle von Kochsalz öfter frische Kräuter oder Gewürze verwenden, sie wirken appetitanregend und verdauungsfördernd.
- Frisch gemahlene Gewürze verwenden, sie sind besonders aromatisch.
- Frische Kräuter kurzfristig kühl lagern, sonst einfrieren. Gewürze in Glas- oder Plastikbehältern gut verschlossen aufbewahren.
- Frische Kräuter enthalten Vitamin C. Kräuter erst kurz vor dem Verwenden waschen und evtl. zerkleinern, sonst kommt es zu Vitaminverlusten.
- Frische Kräuter zum Schluss zu den Speisen geben, beim Garen verlieren sie das Aroma und Vitamin C.
- Getrocknete Kräuter müssen einige Zeit mitgaren, damit sich das Aroma entfaltet. Getrocknete Kräuter haben oft eine andere Geschmacksnote als frische, außerdem sind sie im Geschmack nicht so kräftig.
- Getrocknete Kräuter vor dem Verwenden zwischen den Fingern zerreiben. Das Aroma wird so verstärkt.
- Folgende Kräuter **mitgaren**: Beifuß, Bohnenkraut, Liebstöckel und Thymian.
- Diese Kräuter möglichst **nicht mitgaren**, sondern frisch verwenden: Basilikum, Borretsch, Dill, Kerbel, Petersilie, Schnittlauch und Zitronenmelisse.
- Folgende Kräuter **sparsam** verwenden: Beifuß, Liebstöckel, Majoran, Thymian.

Beim Einfrieren beachten

- Einige Gewürze und Kräuter **verlieren an Aroma**, z.B. Anis, Bohnenkraut, Majoran, Muskat, Paprika, Pfeffer und Senf.
- Bei anderen Kräutern und Gewürzen wird das **Aroma verstärkt**, z.B. Basilikum, Dill, Estragon, Salbei und Thymian. Das Aroma der übrigen Kräuter und Gewürze bleibt unverändert.

Weitere Würzmittel

Gewürzmischungen sind Mischungen, die ausschließlich aus Gewürzen bestehen, z.B. Gulaschgewürz.

Gewürzzubereitungen sind Mischungen von einem oder mehreren Gewürzen mit anderen geschmackgebenden Zutaten. Sie enthalten mindestens 60% Gewürze, z.B. Brathähnchen-Gewürzzubereitung. Bis zu 5% Kochsalz können ohne Kenntlichmachung zugesetzt sein, ein höherer Gehalt muss angegeben werden.

Gewürzsalze sind Mischungen von mehr als 40% Kochsalz mit einem oder mehreren Gewürzen und/oder Gewürzzubereitungen, z.B. Kräutersalz. Der Anteil an Gewürzen beträgt mindestens 15%.

Currypulver ist eine Zubereitung aus Kurkuma mit anderen Zutaten: Pfeffer, Paprika, Chili, Ingwer, Koriander, Kardamom, Nelken, Piment und Hülsenfruchtmehl, Stärke, Dextrose und Kochsalz. Der Kochsalzanteil beträgt maximal 5%.

Suppengewürz ist eine Mischung aus Gewürzen, insbesondere aus getrockneten Würz- und Suppenkräutern, und würzendem Gemüse.

Lebkuchengewürz enthält Anis, Koriander, Kardamom, Muskat, Muskatblüte, Nelken, Piment, Zimt u.a.

Beim Einkauf von Würzmitteln auf die Zutatenliste achten, z.B. muss der Kochsalzgehalt gekennzeichnet werden.

1. Wie heißen die abgebildeten Gewürze?
2. Notiere Verwendungszwecke für die abgebildeten Gewürze, z. B. Muskat: Gemüse, Suppen, Soßen.

! Gewürze sind Pflanzenteile, die aufgrund ihres Gehaltes an Geschmacks- und Geruchsstoffen als würzende oder geschmackgebende Zutaten verwendet werden.

1. Wie heißen die abgebildeten Kräuter?
2. Erstellt in Gruppen Steckbriefe für heimische Kräuter.
3. Sammle Rezepte, für die mehrere Kräuter benötigt werden.

! Kräuter sind oberirdische Pflanzenteile, die in frischem, getrocknetem oder tiefgefrorenem Zustand zur Geschmacksverfeinerung verwendet werden.

Tipps zu den abgebildeten Kräutern

- **Basilikum** hat eine appetitanregende und verdauungsfördernde Wirkung. Basilikum schmeckt etwas nach Gewürznelke und Minze. Basilikum verliert beim Trocknen viel Aroma. Es passt zu Gemüse, z.B. Tomaten, und zu Hackfleisch und anderen Fleischgerichten.

- **Bohnenkraut** hat einen würzig-pfeffrigen Geschmack. Es wird für Bohnengerichte, Gemüsesuppen und Salate verwendet. Bohnenkraut macht schwere Gerichte leichter verdaulich, es gilt als magenstärkend und krampflösend. Bohnenkraut kann reichlich verwendet werden.

- **Dill** wird frisch, tiefgefroren und getrocknet angeboten. Dill, auch Gurkenkraut genannt, passt zu Gurken, Tomaten, Fischgerichten, Quark, Remoulade, Kräuterbutter.

- **Estragon** stammt aus der französischen und italienischen Küche. Erst beim Kochen entfaltet sich das volle Aroma, das an Anis und Zitrone erinnert. Er passt zu Salaten, Fisch und Nudelspezialitäten.

- **Kerbel** sollte nicht mitgekocht werden. Der Anis-Fenchel-Geschmack der gehackten Blätter passt zu Quark, Salaten, Rührei und Fisch.

- **Liebstöckel/Maggikraut** hat einen starken, sellerieähnlichen Geschmack. Sparsam verwenden. Es eignet sich für Braten, Gemüse, Suppen und Brühen.

- **Majoran** ist das Hauptgewürz in Italien. Majoran wird nur getrocknet mitgekocht. Majoran passt zu Tomatensoße, Fleisch, Hülsenfrüchten und Salaten.

- **Petersilie**, glatt oder kraus, ist das bekannteste Küchenkraut. Petersilie wird zu den fertigen Speisen gegeben. Sie passt zu hellen Speisen, z.B. Eiergerichten, Kartoffeln, Fisch- und Geflügelgerichten. Fertiggerichte werden mit Petersilie aufgewertet.

- **Rosmarin** sollte sparsam verwendet werden, er passt zu allen italienischen und französischen Gerichten, auch zu Schweinebraten, Lammkeule und Hackfleisch. Rosmarin kann gut getrocknet werden.

- **Salbei** ist ein pikantes, leicht bitteres Kraut, er soll gegen Magen- und Darmstörungen helfen. Zwei frische Blätter oder eine Prise getrockneter Salbei sind ausreichend zum Würzen von Fleisch, Fisch oder Eierspeisen.

- **Schnittlauch** mit dem milden Zwiebelaroma passt wie Petersilie zu vielen salzigen Gerichten. Schnittlauch kann man täglich verwenden. Nicht mitgaren!

- **Thymian** stammt auch aus dem Mittelmeerraum. Thymian sparsam verwenden und mitkochen. Thymian, frisch oder getrocknet, passt zu Fleisch, Eintopfgerichten und vielen italienischen Spezialitäten.

- **Zitronenmelisse** schmeckt zitronenähnlich – großzügig verwenden. Die rohen Blätter passen zu Salaten, Milch, Kräutersoßen, Eis und anderen Nachspeisen.

Tomaten mit Mozzarella und Basilikum

Nachspeise mit Zitronenmelisse

5 Einkauf und Verbraucherschutz

Wir führen eine Simulation durch – Kundenberatung

In einer Simulation wird eine Handlung nachgeahmt.

Vorbereitungsphase: Ihr überlegt, welche Simulation ihr durchführen wollt.

Ihr könnt z. B. eine Kundenberatung in einem Fachgeschäft – Kauf einer Geschirrspülmaschine oder eines Handys – oder eine Werbeaktion für ein Produkt eurer Wahl nachspielen.

Entscheidungsphase: Ihr legt die Rollen fest. Wer sagt was? Wer tut was?

Eure Rollen – Verkäufer, Käufer oder Werbefachmann, Werbefachfrau – müsst ihr genau festlegen.

Am besten schreibt ihr auf, was ihr in jeder Rolle zu tun oder zu sagen habt.

Wer die Rolle eines Verkäufers übernimmt, muss über das Produkt Bescheid wissen und auch über Überzeugungskünste verfügen. Informationen aus Testzeitschriften oder aus Werbeanzeigen können euch dabei helfen.

Es muss genau überlegt werden, wer angesprochen werden soll: Jugendliche, Eltern oder ...?

Für eine Werbeaktion könnt ihr auch Plakate oder Fotos erstellen.

Spielphase: Ihr führt die Simulation durch.

Auswertungsphase: Ihr diskutiert, was euch gefallen hat. Welche Gründe wurden für den Kauf des Produkts genannt?

5.1 Versorgung für den täglichen Bedarf

Einkauf im Supermarkt

Lies den Text in der rechten Spalte.

1. Notiere Verkaufsstrategien, die das Käuferverhalten von Sabine beeinflussen.
2. Nach welchen Kriterien kann man die Qualität von Lebensmitteln beurteilen?
3. Was kaufst du spontan ein? Welche Gründe gibt es dafür?
4. Für ein Mittagessen stehen pro Person 3,50 € zur Verfügung. Plant das Mittagessen und kauft dafür ein.

Obst-und-Gemüse-Abteilung

Kassenbereich im Supermarkt

Sabine geht zu ihrem Supermarkt. Der Supermarkt begrüßt sie schon von Weitem mit Werbeplakaten und weiteren Sonderangeboten im Eingangsbereich. Sie betritt den Supermarkt und nimmt einen großen Einkaufswagen. Aus dem Lautsprecher ertönt leise Musik, ein Hit, den Sabine besonders gern mag. Zunächst legt sie eine Salatgurke in den Einkaufswagen. In der Obst- und Gemüseabteilung sieht alles knackig frisch aus, ja, dieser Supermarkt ist in Ordnung. Hier gibt es nur frische Qualität.

Dann sieht sie ein Schild: „Sonderangebot – Vollsaftige Orangen 1 000-g-Netz nur … €". Ein Netz wandert in den Wagen. „Wo mag nur das Brot sein?", fragt sich Sabine. „Immer muss man durch den ganzen Laden laufen, bis man alles gefunden hat. Haben die die Waren umgeräumt?"

Ein Schüttkorb mit verschiedenen Wurstsorten versperrt ihr den Weg. „Kein Durchkommen", denkt sie, „erst muss ich wohl den Herrn dort durchlassen." Sabine ist inzwischen hungrig geworden. So sieht sie sich das Regal mit den Fertiggerichten an. Im zweitobersten Bord steht eine Dose „Gemüsetopf nach Omas Art, 1,99 €". „Den sollte ich ausprobieren", denkt sie und legt die Dose in den Einkaufswagen. Interessiert sieht sie sich weiter um. „Feuriger Bohneneintopf" … und im untersten Bord steht ja eine „Frühlingsgemüsesuppe" für nur 1,49 €. „Ob die wohl schmeckt?"

Nun aber nichts wie zur Kasse. Der Einkaufswagen ist schon wieder einmal voll. So viel wollte sie eigentlich gar nicht kaufen. An der Kasse warten bereits fünf Kunden, dabei hat Sabine es so eilig. Vor ihr steht eine Frau mit einem Kind. Der Junge greift immer wieder nach den Süßigkeiten. Endlich gibt die Mutter nach und kauft ihm eine Tüte mit Bonbons.

Der Supermarkt – eine Käuferfalle?

Lebensmittel für ein Müsli sollen eingekauft werden.

1. Beschreibe den Weg durch den Supermarkt, den du für den Einkauf dieser Lebensmittel zurücklegen musst. Was siehst du?
2. Welche Informationen findest du auf den Verpackungen?

Einkaufszettel
1 l Vollmilch
500 g Haferflocken
250 g Sultaninen
250 g Haselnüsse
1 kg Äpfel
1 kg Bananen

Der Supermarkt ist so eingerichtet, dass wir möglichst viel kaufen.

Käuferfallen – Einige Beispiele:

- Sonderangebote in der Eingangszone sollen die Kunden ins Geschäft locken. Bei „unaufgeräumten" Sonderangeboten in Schüttkörben und auf Wühltischen sollte man deshalb prüfen, ob diese Waren wirklich billiger sind als die in den Regalen. Hier soll der Eindruck erweckt werden, es handele sich um besonders preiswerte Angebote, da man sich nicht einmal die Mühe machte, die Ware richtig einzuordnen.
- Die großen Einkaufswagen ermöglichen Spontankäufe.
- Durch Hintergrundmusik und Hinweise auf Sonderangebote soll zum Mehrkauf verleitet werden.
- Verlockende Angebote sind meist rechts angeordnet, da die meisten Menschen sich zunächst nach rechts wenden und nach rechts greifen.
- Lebensmittel, z. B. Fleisch und Wurstwaren, die täglich frisch benötigt werden, sind oft im hinteren Teil des Ladens untergebracht, sodass man vorher an vielen anderen verlockenden Waren vorbeigehen muss. Es soll zu Spontankäufen kommen.
- Preiswerte Lebensmittel bzw. Lebensmittel, die jeder braucht, liegen häufig unten in den Regalen. Also nicht unüberlegt die teuren Waren in „Augenhöhe" auswählen, sondern die Waren unten in den Regalen beachten.
- Durch Schüttkörbe und Sonderangebote auf den „Wegen" soll der Käufer zum Verweilen und zum Mehrkauf verleitet werden.
- Eine weitere Käuferfalle ist die Kassenzone. Die dort aufgebauten Süßigkeiten, Zeitschriften und Zigaretten werden oftmals während des Wartens vor der Kasse doch noch mitgenommen.
- Artikel, die von Kindern begehrt werden, sind verhältnismäßig niedrig angeordnet.

Ein geplanter Einkauf schützt vor Käuferfallen

- Zu Hause den Einkauf in Ruhe planen. Vor dem Einkauf einen Einkaufszettel schreiben.
- Eilkäufe vermeiden.
- Sich der Verführung durch Werbung, Verpackung, Warenanordnung und gezielten „Kundenlauf im Supermarkt" usw. bewusst sein.
- Sonderangebote kritisch prüfen, sie nur wahrnehmen, wenn man diese Dinge wirklich braucht.
- Überhöhte Preise ablehnen, einen Preis-Qualitäts-Vergleich durchführen, z. B. mithilfe der Lebensmittelkennzeichnung – Zutatenliste, vgl. S. 130. Preiswerte Waren bevorzugen.
- Durch einen monatlichen Großeinkauf in einem Verbrauchermarkt die Möglichkeit nutzen, Geld und Zeit zu sparen.
- Nicht mit leerem Magen einkaufen. Hunger verleitet zu Spontankäufen.
- „No-Name-Ware" mit herkömmlichen Produkten vergleichen, sie haben oft die gleiche Qualität, sind aber preiswerter.

Lebensmittelkennzeichnung – das Etikett

Folgende Angaben müssen auf Fertigpackungen deutlich sichtbar und leicht lesbar sein.

Verkehrsbezeichnung: Durch die Bezeichnung bzw. Beschreibung soll eine Unterscheidung von ähnlichen Erzeugnissen ermöglicht werden, z. B. „Erdbeerquark“ und nicht „Sommernachtstraum“.

Zutatenliste: Die Zutaten des Lebensmittels müssen in absteigender Reihenfolge ihrer Gewichtsanteile zum Zeitpunkt der Verwendung bzw. Herstellung genannt werden. Die Zutat mit dem größten Gewichtsanteil steht an erster Stelle, die Zutat mit dem geringsten Gewichtsanteil an letzter Stelle.

Wird eine Zutat in der Verkehrsbezeichnung genannt oder in dem Bild auf dem Etikett hervorgehoben, so muss die prozentuale Menge, z. B. 7 % Erdbeeren, angegeben werden.

In der Zutatenliste müssen auch Zusatzstoffe, z. B. Konservierungsstoffe und Farbstoffe, angegeben werden. Zusatzstoffe dürfen generell nicht gesundheitsschädlich sein, trotzdem können manche Zusatzstoffe Allergien auslösen. **Allergene** – z. B. Erdnüsse – müssen deshalb gesondert genannt werden.

Wird die Zutatenliste genau beachtet, so können Lebensmittel ohne Zusatzstoffe ausgewählt werden. Frische, unverarbeitete Lebensmittel enthalten keine Zusatzstoffe.

Mindesthaltbarkeitsdatum: Unter angemessenen Aufbewahrungsbedingungen behält das Lebensmittel bis zu diesem Datum seine Eigenschaften. Ist das Mindesthaltbarkeitsdatum nur bei Einhaltung einer bestimmten Temperatur gewährleistet, so ist ein entsprechender Hinweis zu geben, z. B. „bei +8 °C mindestens haltbar bis ...“. Das Mindesthaltbarkeitsdatum muss unverschlüsselt unter Angabe von Tag, Monat und Jahr angegeben werden. Bei länger haltbaren Lebensmitteln reicht auch die Angabe von Monat und Jahr. Leicht verderbliche Lebensmittel, z. B. Hackfleisch, haben ein **Verbrauchsdatum**, d. h., sie sollen bis zu diesem Datum verzehrt werden.

Name des Herstellers oder Abfüllers, Ort der gewerblichen Niederlassung: Diese Angaben ermöglichen eine eventuelle Beanstandung des Lebensmittels.

Mengenangabe: Füllmenge (Abtropfgewicht) oder sonstige Mengenangaben müssen in Liter bzw. Kilogramm angegeben werden. Abtropfgewicht heißt z. B. bei Kirschen im Glas: Kirschen ohne Flüssigkeit.

1. In einem Laden entdeckst du eine Packung Schokolade ohne Etikett im Sonderangebot.
   Trage zusammen, was du über die Schokolade wissen möchtest.
2. Welche Zutat ist
   a) in der größten Menge,
   b) in der geringsten Menge
   im Sommerquark enthalten?

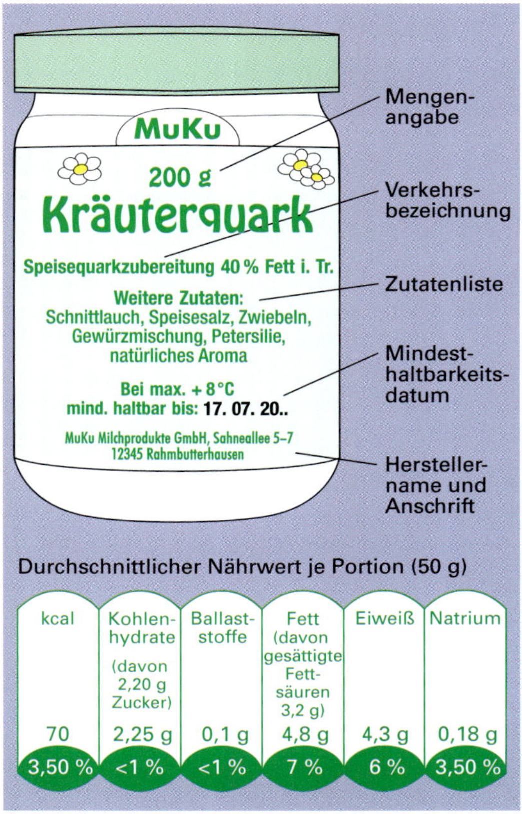

Durchschnittlicher Nährwert je Portion (50 g)

kcal	Kohlenhydrate (davon 2,20 g Zucker)	Ballaststoffe	Fett (davon gesättigte Fettsäuren 3,2 g)	Eiweiß	Natrium
70	2,25 g	0,1 g	4,8 g	4,3 g	0,18 g
3,50 %	<1 %	<1 %	7 %	6 %	3,50 %

Das Etikett – Lebensmittelkennzeichnung

Wir erstellen ein Etikett

Es soll ein Etikett für einen Becher Speisequark erstellt werden.

Vielleicht könnt ihr auch Erdbeerquark zubereiten und diesen mit der notwendigen Lebensmittelkennzeichnung zur Aufbesserung der Klassenkasse verkaufen.

Wir sammeln notwendige Informationen für die Erstellung der Lebensmittelkennzeichnung.

Für den Speisequark wurde das folgende Rezept verwendet:

250 g Erdbeeren (240 g ohne Abfall)
250 g Magerquark
1/8 l Vollmilch
20 g Zucker
1 Vanillinzucker (10 g)

Wir informieren uns über die Lebensmittelkennzeichnung von Fertigprodukten, vgl. S. 130.

- ▶ Was möchte ich über den Speisequark wissen, um eine Kaufentscheidung treffen zu können?
- ▶ Welche Angaben schreibt das Lebensmittelrecht vor?
- ▶ Welche zusätzlichen Informationen auf Lebensmittelpackungen sind freiwillig?

Anhand der vorliegenden Informationen erarbeiten wir Lösungsvorschläge für das Etikett.

Wir vergleichen und diskutieren unsere Ergebnisse:

- ▶ Sind die Angaben vollständig?
- ▶ Gibt es weitere Angaben, mit denen wir den Verkauf steigern könnten?

Wir erstellen das Etikett für den Speisequark und verkaufen ihn.

1. Erkundet in Geschäften die Lebensmittelkennzeichnung für verschiedene Joghurtsorten, Speisequarksorten.
2. Im Laden entdeckst du eine Packung Speisequark ohne Etikett im „Sonderangebot“. Würdest du den Speisequark kaufen?
3. Trage zusammen, was du über den Speisequark wissen möchtest.
4. Erstelle ein Etikett – mit der notwendigen Lebensmittelkennzeichnung – für eine Packung Erdbeerspeisequark, vgl. Rezept.

5.2 Werbung und Verbraucherschutz

Wir erkunden, für welche Lebensmittel geworben wird

Wir sammeln ganzseitige Werbeanzeigen für Lebensmittel und erstellen in Gruppen Collagen.

Wir werten unsere Collagen mithilfe des Fragenkatalogs aus. Nun erstellen wir eine Werbung für Lebensmittel, für die sonst nicht geworben wird.

Eine Sprecherin oder ein Sprecher trägt die Gruppenergebnisse in der Klasse vor.

1. Sammelt aus Zeitschriften ganzseitige Werbeanzeigen zum Thema „Ernährung".
2. Erstellt aus den Werbeanzeigen eine Collage.
3. Stellt fest, für welche Lebensmittel, z.B. Milch,
   a) geworben,
   b) nicht geworben wird.
4. Untersucht die Werbeaussagen in der Collage mithilfe des Fragenkatalogs.
5. Erstellt eine Werbung für eine Lebensmittelgruppe, für die sonst nicht geworben wird.

Fragenkatalog zur Auswertung der Werbeanzeigen

- Für welche Lebensmittel wird geworben bzw. nicht geworben?
- Zu welchen Lebensmittelgruppen der Ernährungspyramide gehören diese Lebensmittel?
- Welche Personen werden durch die Werbung angesprochen?
- Welche Gründe für die Auswahl dieser Lebensmittel werden genannt:
  - Gesundheit?
  - Genuss?
  - usw.
- Welche Reizwörter – Slogans – werden benutzt?
- Welche möglichen Gründe für die Auswahl von Lebensmitteln werden nicht genannt?
- Stimmen diese Gründe/Wunschvorstellungen mit der Alltagswelt der abgebildeten Personen überein?
- Was möchtet ihr sonst noch über die abgebildeten Lebensmittel wissen?

Werbung – eine Informationsmöglichkeit?

Die Werbung hat folgende Funktionen:

- **Bekanntmachungsfunktion**, indem sie auf Produkte, Dienstleistungen oder Ideen hinweist.
- **Informationsfunktion**, indem sie auf besondere Merkmale wie Produkteigenschaften, Produktqualität, Produktverwendung und Preis hinweist.
- **Neue Bedürfnisse wecken**: Werbung will in den Verbrauchern durch Farben, Bilder und Musik emotionale Kräfte freisetzen, die den Umworbenen den Eindruck vermitteln, mit dem Produkt den Zielen ihrer Wunsch- und Traumwelt näher zu kommen.
- **Imagefunktion** (Vorstellung von einem Produkt): Werbung will das eigene Produkt von anderen gleichartigen Produkten positiv abheben.
- **Erinnerungsfunktion**: Durch mehrmaliges Wiederholen der Werbung soll sich das Produkt im Gedächtnis des Verbrauchers einprägen, er soll lernen, dass er dieses Produkt benötigt.

Werbung zielt darauf ab, den Verbraucher zum Kauf zu veranlassen, selbst wenn er die Ware nicht braucht oder nicht bezahlen kann. Werbung will also neue Bedürfnisse wecken. Durch Werbung sollen alte Kunden erhalten und neue Kunden gewonnen werden.

Hersteller und Handel rühren daher kräftig die Werbetrommel in Zeitungen, Zeitschriften, im Fernsehen usw., um ihre Ware bekannt zu machen. Dabei werden verschiedene Werbemittel eingesetzt, z. B. Anzeigen, Fotos, Werbespots, Warenproben.

Ganzseitige Werbeanzeigen in einer Zeitschrift kosten etwa 25 000,00 €, 30 Sekunden Werbung im Fernsehen ca. 20 000,00 €.

Der Einfluss der Werbung bei Kaufentscheidungen wird teilweise unterschätzt.

Für den Verbraucher hat die Werbung jedoch mehrere Seiten: Informiert sie ihn oder manipuliert sie ihn?

Werbung muss halten, was sie verspricht

Das neue Verbraucherrecht wird dafür sorgen, dass Händler und Hersteller beim Anpreisen ihrer Waren vorsichtiger vorgehen, weil die Produkte die Werbeaussagen auch einhalten müssen. Weichen die Angaben zu den Eigenschaften eines Produkts in der Werbung oder in der Kennzeichnung von den wirklichen Produkteigenschaften ab, so liegt ein Sachmangel vor.

Beispiel: fehlerhafte Angaben eines Herstellers zum Wasser- oder Stromverbrauch einer Maschine.

1. Sammle Werbeslogans für eine Produktgruppe.
2. Betrachtet einen Werbespot aus dem Fernsehen für ein Produkt ohne Ton. Schreibt für den Werbespot einen einprägsamen Werbetext.

Verbraucherinformation ist Verbraucherschutz

Stiftung Warentest

test Vollwaschmittel

	Pulver		
Gewichtung	Ariel Compact 4)	Persil Universal-Megaperls 6)	Aldi (Süd) / Tandil ultra plus
Inhalt in g bzw. ml	1 500	1 350	2 025
Mittlerer Preis in Euro ca.	3,80	5,50	3,50
Anzahl der Wäschen pro Packung 1)	20	20	30
Preis pro Waschgang in Euro ca. 1)	0,19	0,28	0,12
Gleichheiten	Aldi (Süd) / Tandil ultra plus Pulver ist gl supercompact. Rewe / ja! Universal Flüs		
test-QUALITÄTSURTEIL 100 %	GUT (2,1)	GUT (2,1)	GUT (2,2)
WASCHWIRKUNG 55 %	gut (2,1)	gut (2,1)	gut (2,1)
Schmutzentfernung	+	+	+
Vergrauung	+	+	+
Fleckentfernung bei 60 Grad	+	+	+
Fleckentfernung bei 40 Grad	+	+	+
Fleckentfernung bei 30 Grad	○	○	○
TEXTILSCHONUNG 15 %	befried. (2,6)	befried. (2,7)	befrie
Farbtonerhalt	○	○	○
Faserschonung	○	○	○
Wasch- und Pflegehinweise	++	+	+
UMWELTEIGENSCHAFTEN 30 %	gut (2,0)	gut (1,8)	gut
Gewässerbelastung	+	+	+
Verpackungsaufwand	+	++	+-
Dosieranleitung	++	+	+

Bewertungsschlüssel der Prüfergebnisse: ++ = Sehr gut (0,5–1,5). + = Gut (1,6–2,5). ○ = Befriedigend (2,6–3,5). ⊖ = Ausreichend (3,6–4,5). — = Mangelhaft (4,6–5,5).

Bei gleichem Qual

***) Führt zur Abwertung** (siehe „Ausg-

1) Anbieterangabe. Ohne Vorwäsche,

Die Aktivitäten unabhängiger Verbraucherschutzorganisationen, z. B. der Stiftung Warentest oder der Verbraucherzentrale, sind sicher für die Verbraucher wichtig. Auf der anderen Seite muss man jedoch auch die Grenzen dieser Informationsmöglichkeiten sehen. Lediglich 1 % der Güter kann vergleichenden Warentests unterzogen werden.

Die Testergebnisse werden nur von etwa 20 % der Verbraucher für Kaufentscheidungen genutzt, da sie nicht für alle verständlich sind. Außerdem weichen die in den Testberichten verwendeten Qualitätsbegriffe teilweise von den Qualitätsvorstellungen der Verbraucher ab.

Die Stiftung Warentest führt in unabhängigen Spezialprüfungsinstituten vergleichende Warentests und Dienstleistungsuntersuchungen durch. Die Veröffentlichung der Ergebnisse in der „test-Zeitschrift" bzw. über andere Medien soll dem Verbraucher zu einer besseren Marktübersicht verhelfen.

Die Kosten für die Arbeit der Stiftung Warentest werden aus öffentlichen Mitteln und aus eigenen Einnahmen gedeckt.

Arbeitet mit der „test-Zeitschrift".

1. Nennt für ein Produkt die Beurteilungskriterien, die untersucht werden.
2. Welches würdest du kaufen?
3. Möchtest du weitere Informationen haben?
4. Welche Informationen sind unverständlich?
5. Ruft die Homepage der Verbraucherzentrale auf (www.verbraucherzentrale.info) und erkundet das Angebot. Was bietet die Verbraucherzentrale in eurem Bundesland?

Verbraucherzentrale

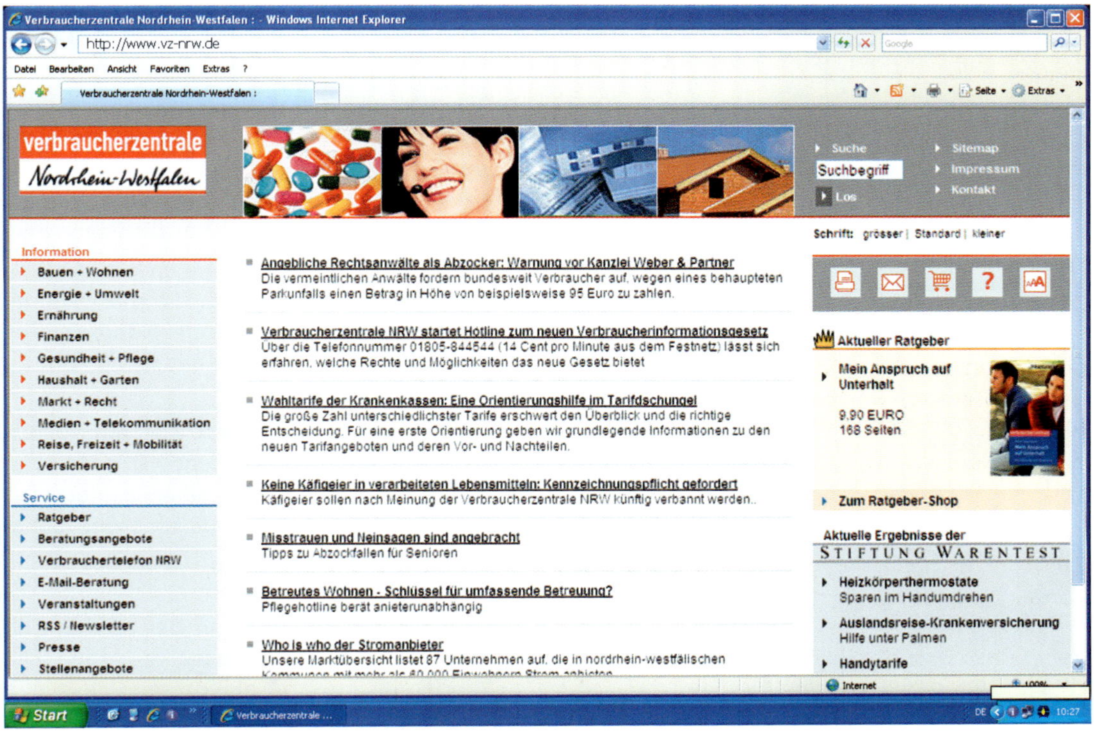

Lies das folgende Fallbeispiel.
Wie würdest du entscheiden?
Nachbesserung?
Ersatzleistung?
Oder?

Frau Meier hat in einem Fachgeschäft eine neue Küchenmaschine gekauft. Der Verkäufer hatte ihr versichert, dass die Küchenmaschine eine hervorragende Qualität habe. Die Programme können blitzschnell und bequem eingestellt werden. Noch weitere Vorzüge der Maschine werden in der Gebrauchsanweisung genannt.

Frau Meier und ihre Tochter Claudia nutzen nun die neue Küchenmaschine. Zufrieden sind Claudia und Frau Meier aber nicht damit: Die Küchenmaschine wird schnell heiß und die Zerkleinerung ist ungenügend.

Claudia sagt zu ihrer Mutter: „Wir werden die Küchenmaschine reklamieren." „Wir haben sie doch schon gebraucht und bezahlt ist sie ebenfalls", meint Frau Meier. „Geht das jetzt noch?"

Claudia geht in ihr Zimmer und holt ihr Schulbuch. Aus diesem Buch liest sie ihrer Mutter vor: „Rechte des Käufers ..."

Welche Unterlagen werden für eine Reklamation benötigt?

Rechte des Käufers bei einer Reklamation

Der Käufer kann bei Mängeln – Fehlern – an Waren zwischen

- einer **Nachbesserung** – Beseitigung der Mängel – oder
- einer **Ersatzlieferung** einer mangelfreien – fehlerfreien – Ware wählen.

Stellt der Käufer bei einer gelieferten Ware Mängel fest, so muss er diese mündlich oder schriftlich beim Verkäufer reklamieren. Aus Beweisgründen sollten Mängel schriftlich reklamiert werden.

Eine Nachbesserung gilt erst nach dem zweiten Versuch als fehlgeschlagen.

Nach dem zweiten fehlgeschlagenen Nachbesserungsversuch oder bei Weigerung des Verkäufers, eine Nachbesserung durchzuführen, hat der Käufer folgende Rechte:

- **Rücktritt vom Vertrag** und/oder
- **Schadensersatz** oder
- **Minderung, Preisnachlass.**

Beispiel: Die Nähmaschine funktioniert nicht einwandfrei. Nach erfolgter zweiter Reparatur hat der Käufer die Auswahl zwischen folgenden Möglichkeiten:

- **Rücktritt und Schadensersatz**
  Erbringt der Verkäufer eine Leistung nicht vertragsgemäß, kann der Käufer innerhalb einer angemessenen Frist von dem Vertrag zurücktreten. Der Käufer hat zusätzlich evtl. Anspruch auf Schadensersatz.

  Beispiel: Der Käufer kann die mangelhafte und nicht nachzubessernde Nähmaschine zurückgeben und den bezahlten Betrag zurückverlangen.

  Ist dem Käufer in dieser Zeit ein zusätzlicher Aufwand entstanden, z. B. sehr dringende Reparaturen in einer Änderungsschneiderei, kann er in dieser Höhe Schadensersatz verlangen.

- **Minderung**
  Statt zurückzutreten, kann der Käufer eine Minderung des Kaufpreises verlangen. Die Minderung muss in einem angemessenen Verhältnis zum Kaufpreis stehen.

5.3 Umweltbewusster Einkauf

Obst und Gemüse aus der Region und entsprechend der Jahreszeit

Das Lebensmittelangebot in den Supermärkten ist vielfältig: unreif gepflückte Bananen aus Südamerika, im Winter grüner Salat aus dem Treibhausanbau. Am Obst- und Gemüseangebot ist kaum noch zu erkennen, welche Jahreszeit wir gerade haben und in welchem Land wir leben.

Für die notwendigen Lebensmitteltransporte und die dabei erforderliche Kühlung werden große Energiemengen benötigt. Außerdem kommt es zu einer Umweltbelastung durch Schadstoffe in den Abgasen und den Verkehrslärm.

Zur Verminderung dieser Transporte sollten Lebensmittel aus den regionalen Anbaugebieten gekauft werden, z. B. einheimische Äpfel und Birnen. Diese Früchte sind voll ausgereift, sie müssen nur kurze Transportwege überstehen. Ausgereifte Früchte schmecken in der Regel besser.

Für den Treibhausanbau von grünem Salat und Tomaten im Winter ist ein hoher Energieeinsatz für das Heizen notwendig. Für die Erzeugung von 1 kg Gurken werden z. B. 5 l Heizöl benötigt. Obst und Gemüse aus dem Treibhausanbau hat auch einen höheren Schadstoffgehalt, z. B. Schädlingsbekämpfungsmittel.

1. Schreibt Obst- und Gemüsesorten geordnet nach den Erntezeiten bzw. Hauptangebotszeiten auf.
   Angebot im
   a) Frühling, b) Sommer,
   c) Herbst, d) Winter.
2. In der Zeichnung sind Lebensmittel zu sehen, die bei uns in den Lebensmittelgeschäften angeboten werden.
   Unterteile die Lebensmittel in
   a) umweltfreundliche,
   b) umweltbelastende.
   Begründe deine Entscheidungen.

- Lebensmittel der Region bevorzugen.
- Lebensmittel der Jahreszeit bevorzugen.

6 Haushalt und Wirtschaften

6.1 Haushalte im Wirtschaftskreislauf

Haushaltsgröße damals und heute

Welche Haushaltsgrößen gibt es im Wirtschaftskreislauf?

- **Einpersonenhaushalte**
  (Singles) ca. 14,2 Millionen Haushalte
- **Ehepaare ohne Kinder**
  ca. 9,6 Millionen Haushalte
- **Alleinerziehende**
  ca. 2,9 Millionen Haushalte, Mütter oder Väter mit einem oder mehreren Kindern
- **Nichteheliche Lebensgemeinschaften**
  ca. 2,1 Millionen Haushalte mit oder ohne Kinder
- **Ehepaare mit Kindern**
  ca. 9,9 Millionen Haushalte
- **Dreigenerationenfamilien**
  ca. 383 000 Haushalte sind Großfamilien, neben den Kindern leben die Großeltern oder Verwandte mit im Haushalt

Herr Meier lebt in einem **Haushalt**.

Er **arbeitet** 40 Stunden pro Woche in der Autowerkstatt eines Autohauses.

Der Inhaber des Autohauses ist ein **Unternehmer**.

Der Unternehmer zahlt Herrn Meier für seine Arbeit ein Gehalt, das ist sein **Einkommen**.

Diesen Monat kauft Herr Meier in dem Autohaus einen neuen Wagen. Das Auto ist ein **Gut**. Herr Meier muss dafür an den Unternehmer **Geld zahlen**.

Seinen Wagen lässt Herr Meier in der Waschstraße seiner Firma waschen. Die Autowäsche ist eine **Dienstleistung**. Herr Meier muss dafür ebenfalls **Geld zahlen**.

1. Befragt eure Großeltern oder sonstige Verwandte, wie sie gelebt haben.
2. Schreibt einen Bericht: „So lebten sie damals, so leben sie heute.“

Geldstrom und Güterstrom

Im Wirtschaftskreislauf unterscheidet man den Geldstrom und den Güterstrom.

Güterstrom
Herr Meier stellt seine Arbeit dem Autohaus zur Verfügung.

Herr Meier kauft ein Auto vom Autohaus, er lässt es dort waschen.

Allgemein heißt das:
Haushalte stellen ihre Arbeit Unternehmern zur Verfügung.

Haushalte kaufen Sachgüter und Dienstleistungen von Unternehmern.

Geldstrom
Herr Meier erhält für seine Arbeit ein Einkommen vom Autohaus.

Herr Meier muss für das Auto und die Autowäsche an das Autohaus Geld zahlen.

Allgemein heißt das:
Haushalte erhalten für ihre Arbeit Einkommen von den Unternehmern.

Haushalte müssen für Sachgüter und Dienstleistungen an Unternehmer Geld zahlen.

1. Beschreibe den Geldstrom und den Güterstrom zwischen Herrn Meier und dem Unternehmer.
2. Frau Meier arbeitet halbtags im Büro eines Medienfachgeschäfts, hierfür erhält sie ein Einkommen. Claudia kauft in dem Fachgeschäft eine CD. Frau Meier gibt ihren Fernseher dort zur Reparatur.

   Zeichne den Geldstrom und den Güterstrom zwischen Frau Meier und Claudia und dem Medienfachgeschäft.

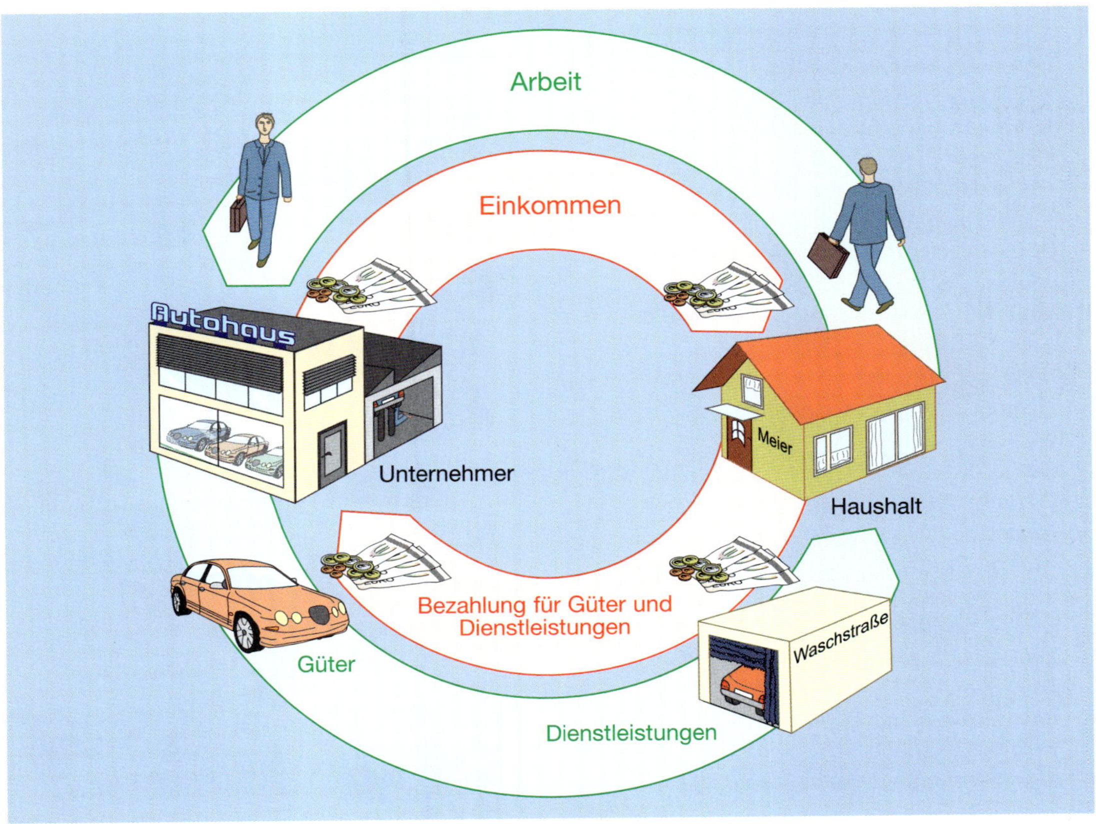

Wirtschaftskreislauf

Einkommensquellen

1. Suche mithilfe eines Lexikons Erläuterungen für die in der Abbildung genannten Einkommensformen.
2. Nennt unterschiedliche Einkommensquellen der Haushalte, z. B. von Angestellten, Arbeitern, Künstlern, Rentnern, Arbeitslosen, z. B. Arbeiter – Lohn, Abgeordneter – Diäten.
3. Welche Einkommensformen werden in dem Gespräch zwischen Helge und seiner Mutter genannt?

Gespräch zwischen Helge und seiner Mutter

Claudia hat zu ihrem Geburtstag einen Computer bekommen. Ihre Klassenkameraden beneiden sie darum. Helge bittet seine Mutter, ihn doch auch einen Computer zu schenken.

Helge: *Claudia hat zum Geburtstag einen Computer bekommen. Kannst du mir nicht zu Weihnachten auch einen schenken?*

Mutter: *Das würde ich gern tun, aber einen solchen Computer kann ich nicht neben den anderen Dingen, die du benötigst, bezahlen.*

Helge: *Wieso, du verdienst doch mehr als Claudias Eltern.*

Mutter: *Das stimmt, aber trotzdem haben Claudias Eltern ein höheres Einkommen.*

Helge: *Das verstehe ich nicht.*

Mutter: *Denk doch mal nach! Ich verdiene allein. Claudias Eltern haben neben dem Lohn noch weiteres Einkommen: Ihnen gehört noch eine Wohnung, die sie vermieten. Außerdem haben sie von dem Onkel Aktien geerbt.*

Helge: *Dann haben Claudias Eltern also mehr Einkommen, obwohl du mehr verdienst als sie.*

Das Haushaltseinkommen muss erarbeitet werden. Herr Meier arbeitet im Autohaus. Petra ist Auszubildende in einem Friseursalon. Damit erwerben sie ihr Einkommen.

Die Höhe des Einkommens entscheidet darüber, was man für den Lebensunterhalt ausgeben kann.

Arbeiten, die dazu dienen, ein Geldeinkommen zu erlangen, werden dem Erwerbsbereich zugeordnet.

Familie Meier verwendet das Haushaltseinkommen, um ihre Bedürfnisse zu decken. Die Familienmitglieder kaufen z. B. Lebensmittel und Kleidung, sie bezahlen Miete, Strom, Heizung, Fahrkosten und Versicherungen und nehmen die Leistungen vom Arzt, Friseur usw. in Anspruch.

Erst durch die Gegenüberstellung von Einnahmen und Ausgaben kann die fiananzielle Situation eines Haushalts bzw. einer Person beurteilt werden.

6.2 Haushaltsbuchführung

Wie werden die Einnahmen und Ausgaben in das Haushaltsbuch eingetragen?

- In die 1. Spalte wird das jeweilige Datum eingetragen.
- In die 2. Spalte werden sämtliche Bezeichnungen für Einnahmen und Ausgaben eingetragen.
- In die 3. Spalte werden alle Einnahmen eingetragen.
- In die 4. Spalte wird der gegenwärtige Kassenbestand eingetragen.
- In die 5. Spalte werden alle Ausgaben eingetragen.
- In den Spalten 6 bis 14 werden die Ausgaben nach Ausgabengruppen eingetragen.

In diesem Haushaltsbuch werden folgende Ausgabengruppen unterschieden: Lebensmittel (Nahrungsmittel, Genussmittel), Wohnen, Bekleidung, Gesundheits- und Körperpflege, Freizeit und Bildung, Verkehr und Post, Sonstiges.

Wie werden die Ausgaben kontrolliert?

- Wöchentlich werden die einzelnen Posten/Ausgaben der Ausgabengruppen (Spalten 6 bis 14) addiert.
- Außerdem werden alle Ausgaben in der Spalte 5 addiert.
- Auch die Einnahmen in der Spalte 3 werden addiert.
- Nun werden die Ausgaben von den Einnahmen subtrahiert, hierdurch wird in Spalte 4 der Kassenbestand ermittelt.

  Familie Schulze verfügt am 5. April also noch über 1301,95 €.

Allgemein gilt für die Haushaltsbuchführung:

- Die Ausgaben jeweils sofort eintragen. Belege und Rechnungen aufheben und täglich die Beträge in das Haushaltsbuch eintragen.
- Wöchentlich die Einnahmen und die Ausgaben addieren und so den Kassenbestand ermitteln. So weiß man, wie viel Geld noch vorhanden ist.
- Außerdem die einzelnen Ausgaben addieren, auf diese Weise kann man die Ausgabenhöhe innerhalb einer Ausgabengruppe überprüfen. Wurde z. B. zu viel Geld für Benzin oder Genussmittel ausgegeben?
- Durch die Haushaltsbuchführung können Einnahmen und Ausgaben besser aufeinander abgestimmt werden. Das Geld kann überlegter eingeteilt werden.

Auf S. 142 ist ein Teil des Haushaltsbuches der Familie Schulze abgedruckt.

1. Erläutere die einzelnen Spalten des Haushaltsbuchs.
2. Welche Einnahmen sind eingetragen?
3. Welche Ausgaben sind eingetragen?
   a) Welche Sachgüter, z. B. Schuhe, wurden gekauft?
   b) Welche Dienstleistungen, z. B. Reinigung, wurden in Anspruch genommen?
4. Welchen Nutzen hat Familie Schulze durch die Haushaltsbuchführung?

Haushaltsbuch *Schulze* Monat: *April*

Datum	Konto	Einnahmen		Kassenbestand		Ausgaben		Ausgaben																	
								Lebensmittel				Wohnen		Bekleidung		Gesundheits- und Körperpflege		Freizeit, Bildung		Verkehr, Post				Sonstiges	
								Nahrungsmittel		Genussmittel										Private Verkehrsmittel		Öffentl. Verkehrsmittel, Telefon u. Ä.			
	Bezeichnung	€	Ct	€	Ct	€	Ct	€	Ct	€	Ct	€	Ct	€	Ct	€	Ct	€	Ct	€	Ct	€	Ct	€	Ct
1	2	3		4		5		6		7		8		9		10		11		12		13		14	
1.	*Gehalt*	*1970*	*00*	**1970**	**00**																				
	Miete			**1571**	**00**	*399*	*00*					*399*	*00*												
	Benzin			**1551**	**00**	*20*	*00*													*20*	*00*				
2.	*Supermarkt*			**1498**	**93**	*52*	*07*	*45*	*30*	*6*	*77*														
	Taschengeld			**1494**	**43**	*4*	*50*																	*4*	*50*
	Reinigung			**1486**	**93**	*7*	*50*							*7*	*50*										
	Strom			**1440**	**93**	*46*	*00*					*46*	*00*												
3.	*Zeitung*			**1428**	**43**	*12*	*50*											*12*	*50*						
	Telefon			**1406**	**77**	*21*	*66*															*21*	*66*		
	Obst, Gemüse			**1398**	**89**	*7*	*88*	*7*	*88*																
4.	*Friseur*			**1383**	**89**	*15*	*00*									*15*	*00*								
	Sparen			**1323**	**89**	*60*	*00*																	*60*	*00*
	Porto			**1320**	**89**	*3*	*00*															*3*	*00*		
5.	*Fleischer*			**1308**	**44**	*12*	*45*	*12*	*45*																
	Bus			**1306**	**94**	*1*	*50*															*1*	*50*		
	Reinigungsmittel			**1301**	**95**	*4*	*99*					*4*	*99*												
	Summe	*1970*	*00*	*1301*	*95*	*668*	*05*	*65*	*63*	*6*	*77*	*449*	*99*	*7*	*50*	*15*	*00*	*12*	*50*	*20*	*00*	*26*	*16*	*64*	*50*

Familie Meier hat beschlossen, ein Haushaltsbuch zu führen.

Vom 1. bis 6. März hat Familie Meier folgende Einnahmen und Ausgaben.

1. März	*Gehalt*	*1 997,00 €*
1. März	*Miete*	*432,00 €*
1. März	*Taschengeld für Claudia*	*3,00 €*
2. März	*Abgaben von Manfred für Wohnung und Essen*	*75,00 €*
2. März	*Supermarkt*	*38,40 €*
3. März	*Blumen*	*2,49 €*
4. März	*Benzin*	*20,00 €*
4. März	*Zeitung*	*18,00 €*
4. März	*Sparen*	*200,00 €*
5. März	*Kino*	*8,00 €*
5. März	*Metzger*	*12,30 €*
5. März	*Briefmarken*	*3,80 €*
6. März	*Bluse*	*19,50 €*
6. März	*Friseur*	*15,00 €*
6. März	*Waschmittel*	*4,99 €*
6. März	*Strom*	*48,00 €*

1. Trage die Einnahmen der Familie Meier in ein Haushaltsbuch ein.
2. Wie hoch ist die Summe der Einnahmen von Familie Meier?
3. Trage die Ausgaben der Familie Meier jeweils in die richtigen Spalten ein.
4. Wie hoch ist die Summe der Ausgaben von Familie Meier?
5. Wie hoch ist der Kassenbestand?

Wie erhält man ein Haushaltsbuch?

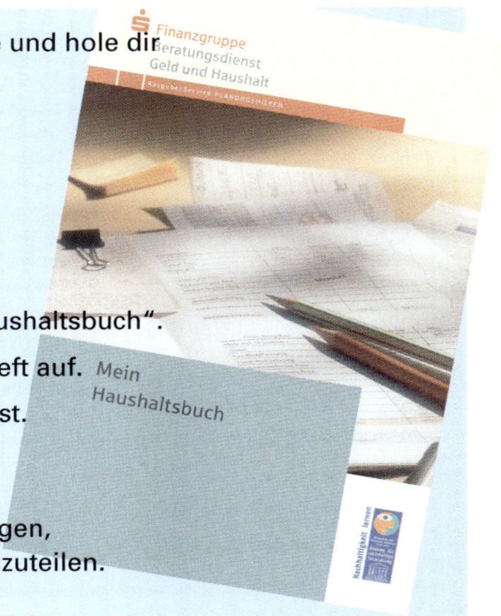

Gehe zur Sparkasse oder zur Verbraucherberatungsstelle und hole dir ein kostenloses Exemplar „Unser Haushaltsbuch".

Oder schreibt in der Klasse einen Brief an

Geld und Haushalt
Beratungsdienst der Sparkassen-Finanzgruppe
im Deutschen Sparkassen- und Giroverband
Postfach 11 07 40, 10837 Berlin

und bittet um Zusendung von … Exemplaren „Unser Haushaltsbuch".

1. Schreibe deine Einnahmen und Ausgaben in einem Heft auf.
2. Stelle fest, wofür du am meisten Geld ausgegeben hast.
3. Wo könntest du etwas einsparen, um damit evtl. eine größere Anschaffung zu ermöglichen?
   Diese Aufzeichnungen brauchst du niemandem zu zeigen, aber sie helfen dir sicher, dein Taschengeld besser einzuteilen.

6.3 Entscheidungsprozess zur Gebrauchsgüterbeschaffung

Geschirrspülen mit der Maschine oder von Hand?

Familie Meier bespricht, ob sich für ihr Bedürfnis nach mehr Freizeit die Anschaffung einer Geschirrspülmaschine lohnt.

Führe für Familie Meier den folgenden Entscheidungsprozess durch:

Planungsphase
Welche Vorüberlegungen muss Familie Meier vor dem eventuellen Kauf anstellen?

- Wie können wir die Kosten für Kauf und Nutzung ermitteln?
- Wie können wir Zeit- und Kraftersparnis ermitteln, die durch den Einsatz einer Geschirrspülmaschine erreicht werden?
- Wie können wir weitere Vorteile bzw. Nachteile ermitteln?
- Wo können wir das Gerät aufstellen? Sind entsprechende technische Einrichtungen vorhanden bzw. notwendig?

Informationsphase
Um diese Fragen beantworten zu können, muss sich Familie Meier Informationsmaterial beschaffen.

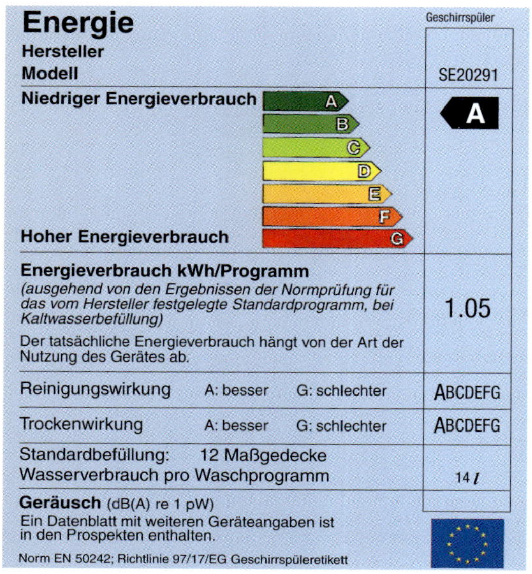

Energielabel

Beschaffung von Informationsmaterial

- Prospekte/Produktinformationen, Energielabel, vgl. Abbildung, in Fachgeschäften usw.
- Kennzeichnung an Geräten, z. B. Warenzeichen, Sicherheitszeichen
- Verbraucherinformation in Verbraucherberatungsstellen und Energieberatungsstellen
- Testbericht, z. B. „Stiftung Warentest"
- Erfahrungen von Freunden und Bekannten
- Werbung in Medien

1. Stellt fest, ob es an eurem Wohnort eine Verbraucherberatungsstelle gibt.
2. Stellt die Anschrift der Verbraucherberatungsstelle fest.
3. Sammelt Informationsmaterial über Geschirrspülmaschinen.

Auswertung des Informationsmaterials
Nun müsst ihr das Informationsmaterial für Familie Meier auswerten. Dabei könnt ihr nach folgendem Schema vorgehen:

Vergleich verschiedener Geräte hinsichtlich der

- Kosten für Anschaffung und Nutzung;
- technischen Daten, Umweltfreundlichkeit, z. B. Energieverbrauch, Wasser- und Salzverbrauch, Geräusch/Lärmbelästigung;
- Bedienung, Handhabung, Arbeitsaufwand und Arbeitserleichterung;
- Richtigkeit der Werbeaussagen.

Vergleich des Fassungsvermögens
Das Fassungsvermögen einer Geschirrspülmaschine wird in Maßgedecken angegeben. Es beträgt in der Regel 10, 12 oder 14 Maßgedecke einschließlich Serviergeschirr.

12 Maßgedecke entsprechen der Geschirrmenge, die in einem 4-Personen-Haushalt täglich anfällt.

Arbeitsaufwand: Aufgrund des Fassungsvermögens ist täglich ein Spülgang mit der Maschine notwendig. Beim Spülen von Hand wird diese Geschirrmenge meist in zwei Spülgängen gereinigt.

Die Arbeitszeit für das Geschirrspülen beträgt pro Tag

a) mit der Maschine etwa 15 Minuten (einräumen, ausräumen usw.),

b) von Hand etwa 60 Minuten.

Kosten für das Geschirrspülen setzen sich zusammen aus Kapitalkosten und Betriebskosten.

Kapitalkosten für die Geschirrspülmaschine setzen sich zusammen aus

- Anschaffungskosten, geteilt durch 10 (Nutzungsdauer in Jahren),
- Kosten für Aufbau und Anschluss des Gerätes,
- Kosten für Reparatur (Instandhaltung),
- Zinsen, die man sonst für das Kapital erhalten würde.

Die Nutzungsdauer einer Geschirrspülmaschine beträgt etwa 10 Jahre. Die Kapitalkosten pro Jahr für das Geschirrspülen mit der Maschine betragen ca. 100,00 €.

Kapitalkosten für das Geschirrspülen von Hand entstehen meist nicht, da Spüle und benötigte Materialien vorhanden sind.

Wie soll Familie Meier sich entscheiden?

Betriebskosten entstehen beim Betrieb des Gerätes bzw. beim Spülen von Hand, vgl. S. 146.

Ermittlung der Betriebskosten

4. Übertrage die ersten beiden Tabellen von S. 146 in dein Heft.
5. Berechne die täglichen Betriebskosten für das Geschirrspülen
   a) mit der Maschine,
   b) von Hand.

Ermittung der Gesamtkosten und der Gesamtarbeitszeit

6. Übertrage die Tabellen „Gesamtkosten pro Jahr" und „Gesamtarbeitszeit pro Jahr" in dein Heft.
7. Berechne die Gesamtkosten und die Gesamtarbeitszeit für das Geschirrspülen pro Jahr
   a) mit der Maschine,
   b) von Hand.
8. Wie hoch sind die jährlichen Mehrkosten bei der Benutzung einer Geschirrspülmaschine?
9. Wie hoch ist die jährliche Arbeitszeitersparnis bei der Nutzung einer Geschirrspülmaschine?

Nun sind alle notwendigen Daten für eine mögliche Entscheidung ermittelt, aber sicher gibt es noch mehr zu bedenken.

Entscheidungsphase: Welche Entscheidung soll Familie Meier treffen?

Geschirrspülmaschine – ja oder nein? Diskutiert in der Klasse:

10. Lohnt sich die Anschaffung einer Geschirrspülmaschine für Familie Meier?

    Sicher findet ihr dabei weitere Gründe, die für bzw. gegen die Anschaffung einer Geschirrspülmaschine sprechen, z. B.
    - stark verschmutze Töpfe müssen per Hand gereinigt werden,
    - Umweltbelastung durch Spülmittel, Salz, vgl. S. 147, usw.
11. Erkundet Möglichkeiten der Entsorgung von Geschirrspülmaschinen und die entstehenden Kosten.

Ermittlung von Betriebskosten

Betriebskosten mit der Geschirrspülmaschine pro Tag

Hilfs- und Betriebsstoffe	Einheit	Preis je Einheit in €	1 Spülgang pro Tag	
			Verbrauch	Kosten in €
Wasser	m^3	4,05	0,014	?
Strom	kWh	0,20	1,050	?
Spülmittel	kg	2,00	0,030	?
Klarspüler	l	4,80	0,003	?
Salz	kg	1,00	0,020	?
Tägliche Kosten	–	–	–	?

Betriebskosten beim Geschirrspülen von Hand pro Tag

Hilfs- und Betriebsstoffe	Einheit	Preis je Einheit in €	2 Spülgange pro Tag	
			Verbrauch	Kosten in €
Wasser	m^3	4,05	0,040	
Strom	kWh	0,20	2,0	?
Spülmittel	l	1,75	0,006	?
Spülbürste, Geschirrtuch	–	–	–	0,05
Tägliche Kosten	–	–	–	?

Gesamtkosten pro Jahr

Kostenart	Geschirrspülen	
	mit der Maschine	von Hand
Kapitalkosten	100,00 €	–
Betriebskosten	365 × ? €	365 × ? €
Gesamtkosten	? €	? €

Gesamtarbeitszeit pro Jahr

	Geschirrspülen	
	mit der Maschine	von Hand
Arbeitszeit pro Tag	365 × ? Minuten	365 × ? Minuten
Gesamtarbeitszeit	? Minuten	? Minuten

Erfragt die Strom- und Wasserkosten beim regionalen Anbieter.

Umweltbelastung durch die Geschirrspülmaschine?

Die Reinigung des Geschirrs wird durch Wasser, Temperatur, Mechanik (Sprüharm) und Chemie (Spülmittel, Klarspüler und Salz) erreicht.

Die **mechanische Reinigung**, die beim Spülen von Hand durch die Spülbürste usw. erfolgt, ist beim Spülvorgang in der Geschirrspülmaschine sehr gering. Die fehlende Mechanik muss also durch den Einsatz hochwirksamer Spülmittel ersetzt werden.

Spülmittel/Reiniger sollten sowohl für das Spülen von Hand als auch für das Spülen mit der Maschine möglichst sparsam verwendet werden. Eine Unter- oder Überdosierung sollte jedoch vermieden werden. Unterdosierung führt zu einer ungenügenden Reinigung und evtl. zu Korrosion, d.h. zu einer chemischen Veränderung der Materialoberfläche. Überdosierung bedeutet eine unnötige Umweltbelastung.

Bei den Spülmitteln für die Maschine sollte der Einsatz von chlorfreien Mitteln erwogen werden. Chlorverbindungen werden Spülmitteln zur Beseitigung von Tee-, Kaffeeflecken, Lippenstiftresten und zum Desinfizieren zugesetzt.

Klarspüler sollen Kalk lösen und einen Wasser abweisenden Glanz auf dem Geschirr bewirken. Die Inhaltsstoffe des Klarspülers werden später durch die Speisen gelöst und mitgegessen.

Das **Spülmaschinensalz** ist gefärbtes Kochsalz. Es verhindert Kalkablagerungen auf dem Geschirr und auf den Heizröhren der Maschine. Beim Kauf der Geschirrspülmaschine sollte man auch auf den Kochsalzverbrauch für die Wasserenthärtung der Maschine achten. Pro Spülgang werden mindestens 16 g Kochsalz, maximal 70 g benötigt. Die Höhe des Verbrauchs ist abhängig von der Wasserhärte und dem Gerätetyp. Pro Jahr gelangen durch den Einsatz von Geschirrspülmaschinen 30 000 Tonnen Salz in die Abwässer. Durch den Salzeinsatz wird jedoch gleichzeitig die Spülmittelmenge (Reiniger) verringert.

1. Schreibt einen Bericht „Aus dem Leben einer Geschirrspülmaschine" – von der Herstellung bis zur Entsorgung.
2. Lest die Informationen auf Reinigungsmitteln für
   a) die Geschirrspülmaschine,
   b) das Spülen per Hand.
3. Führt einen Entscheidungsprozess für die Anschaffung eines Handys durch.

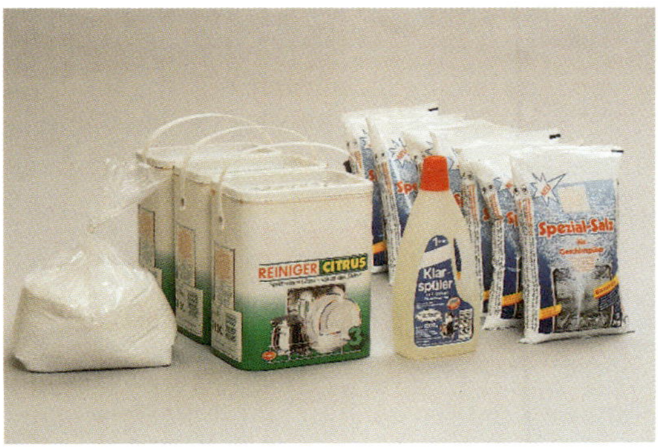

Durchschnittlicher Jahresverbrauch von Spülmittel, Klarspüler und Salz für eine Geschirrspülmaschine

Maßgedeck und Serviergeschirr

6.4 Finanzierung im Haushalt

Regeln für Kreditnehmer

- Prüfen Sie zuerst, ob Sie das von Ihnen gewünschte Darlehen durch Überziehung Ihres Kontos als sogenannten Gehaltskredit in Anspruch nehmen können. Das ist der einfachste und normalerweise billigste Verbraucherkredit.
- Übersteigen Ihre Kreditwünsche diesen Rahmen, dann sollten Sie sich bei einer Bank oder Sparkasse über ein Anschaffungsdarlehen informieren.
- Achten Sie darauf, dass der Zins über die gesamte Vertragszeit fest ist. Unterschreiben Sie keine Verträge, bevor sie ausgefüllt sind. Lesen Sie das Kleingedruckte. Lassen Sie sich eine Kopie des Kreditvertrages geben.
- Denken Sie daran, dass Darlehen von Teilzahlungsbanken und Abzahlungsgeschäften zumeist sehr viel teurer kommen. Meiden Sie Kreditvermittler.
- Lassen Sie sich genau die Auszahlungssumme, die Höhe der monatlichen Raten, die Höhe der gesamten Rückzahlungssumme und den effektiven Jahreszins für das gewünschte Darlehen nennen.
- Erkundigen Sie sich bei mehreren Banken und Sparkassen. Vergleichen Sie die Angebote anhand des effektiven Jahreszinses.

Wie soll sich Frau Meier entscheiden?

Barzahlung oder Ratenkauf?

Frau Meier möchte sich eine Geschirrspülmaschine kaufen, Die ausgewählte Maschine kostet 499,00 €.

Frau Meier hat ein monatliches Nettoeinkommen von 1800,00 €.

Monatlich kann Frau Meier von ihrem Gehalt etwa 75,00 bis 100,00 € für den Kauf der Geschirrspülmaschine abzweigen.

Eigenfinanzierung – Barzahlung
Frau Meier könnte 6 Monate auf die Geschirrspülmaschine warten und den erforderlichen Geldbetrag ansparen.

Sie kann monatlich 82,00 € sparen.

Das sind nach 6 Monaten	492,00 €
+3 % Sparzinsen .... etwa	7,00 €
Guthaben nach 6 Monaten	499,00 €

Fremdfinanzierung –
Finanzierung durch einen Kredit
Frau Meier könnte sich evtl. auch einen Kredit – ein Anschaffungsdarlehen – bei ihrer Sparkasse oder Bank besorgen. Auch ein Ratenkauf würde eine sofortige Anschaffung der Geschirrspülmaschine ermöglichen.

Aber das wird teuer, denn:

- Banken und Sparkassen erheben bei der Gewährung eines Darlehens Bearbeitungsgebühren und Zinsen.
- Händler bieten unterschiedliche Ratenkaufverträge an. Teils werden höhere Bearbeitungsgebühren, aber keine Zinsen berechnet, die Zinsen sind in der Bearbeitungsgebühr enthalten.

Bei einem Ratenkauf müssen Barzahlungspreis, Teilzahlungspreis, Höhe der einzelnen Raten und effektiver Jahreszins angegeben werden. Der effektive Jahreszins fasst die gesamten Kreditkosten in einer einzigen Zahl zusammen.

Ein Ratenkauf kann innerhalb von zwei Wochen schriftlich widerrufen werden.

Konsum und Schulden

1. Erstellt Collagen:
   „Muss ich das haben, um in der Clique mithalten zu können? – Woher nehme ich das Geld?“
2. Lest das Fallbeispiel.
   Diskutiert das Fallbeispiel und sucht nach Handlungsalternativen für Chris.
3. Schreibt auf Karten Tipps zum besseren Auskommen mit dem Einkommen. Vgl. z.B. S. 141, 150.
4. Überprüft Werbeanzeigen von Sparkassen und Banken.
   a) Wer soll dadurch angesprochen werden?
   b) Welche Vorstellungen und Wünsche werden geweckt?
   c) Wie sieht die Wirklichkeit aus?
5. Stellt fest, ob es an eurem Wohnort eine Schuldnerberatung gibt.

Vorteilhaft einkaufen mit ZAHLPAUSE UND RATENKAUF

Bei größeren Anschaffungen bieten wir Ihnen gleich drei vorteilhafte Zahlungsmöglichkeiten:

1) ZAHLPAUSE

Jetzt kaufen – in 77 Tagen bezahlen!
Sie können diese Zahlpause für das gesamte Angebot nutzen. Geben Sie diesen Wunsch bei Ihrer Bestellung im Warenkorb im Schritt „Zahlungswunsch“ an. Den genauen Zahlungstermin finden Sie auf Ihrer Rechnung.

2) RATENKAUF

Bequem in kleinen Monatsbeträgen bezahlen.

3) RATENKAUF + ZAHLPAUSE

Die Zahlpause können Sie mit den Monatsraten 4, 8, 12, 18 oder 24 kombinieren.

Warenkorb

Zum Weiterlesen – Felicitas Naumann: Das schnelle Geld

Chris, Azubi, tappt schrittweise in die Schuldenfalle. Beim Shoppen, Surfen im Internet und in Versandkatalogen locken die Sonderangebote. Chris nutzt das Angebot aus: Mit Kleinkredit, Kauf auf Raten ... Bis er arbeitslos wird – die Falle schnappt zu. Gnadenlos treiben die Gläubiger ihr Geld ein. Weitaus kein Einzelfall, denn immer mehr Jugendliche verschulden sich durch die Möglichkeiten, die Banken, Internet und Handy bieten.

„Das darf doch nicht wahr sein! Chris angelte nach dem Programmheft und blätterte: Nichts als Schrott! Und wenn was läuft, hab ich garantiert keine Zeit, und die besten Filme gehen mir durch die Lappen. Chris beschloss: Morgen bestelle ich mir einen DVD-Recorder, und zwar aus dem Katalog – auf Raten. Die laufen wie nebenbei, die merkt man kaum. Einen dieser Kataloge hatte er erst gestern in der Wohnung seiner Eltern herumliegen sehen.

Shopping von heute auf morgen. Bezahlen nach Wunsch, wie's am besten passt. Persönliche Beratung im 24-Stunden-Service – und sogar sonntags. Kaufen Sie ein, rund um die Uhr, sparen Sie Zeit und Geld.

[...] Kassensturz. Chris rechnete: Von den 535 Euro Lehrgeld gehen ab: 100 Euro Kostgeld an die Mutter und 43,48 Euro Ratenzahlung für den DVD-Recorder. Bleiben mir also noch rund 390 im Monat übrig. Der Rest geht drauf für dies und das. Und der Führerschein? Ach was, den stottere ich irgendwie ab. Das wird schon gehen. Was soll's? Ich krieg das schon hin.“

Wie kann man sich vor Verschuldung schützen?

10 % der deutschen Jugendlichen leiden an einer unkontrollierten Kaufsucht, und weitere 25 bis 30 % sind stark gefährdet. Um mithalten zu können, jobben mehr als 400 000 Schülerinnen und Schüler in der Freizeit oder machen Schulden. 10 bis 15 % der 11- bis 15-jährigen Jugendlichen sind verschuldet.

Tipps: Welche Maßnahmen helfen wirklich?

Möglichst keine Bankkarten benutzen!
Bei der Benutzung dieser Karten verliert man schnell den Überblick, wie viel Geld noch auf dem Konto ist. Kredite an Jugendliche zu vergeben ist nicht erlaubt, aber Kundenkarten werden großzügig ausgeteilt.

Ermittelt euren Geldbedarf!
Schreibt einen Monat eure Ausgaben auf.
Stellt fest, wie viel Geld ihr benötigt habt.
Wofür habt ihr besonders viel ausgegeben?
Wo könnt ihr sparen?
Habt ihr zu teure Markenkleidung gekauft?

Belege aufbewahren!
Kontoauszüge und alle Kaufbelege aufbewahren. Ihr benötigt sie, wenn ihr etwas reklamieren wollt. Und so behaltet ihr den Überblick über eure Ausgaben und Zahlungsverpflichtungen.

Keine Ratenverpflichtungen eingehen!
Ihr müsst sonst in Zukunft monatlich auf diese Beträge bei euren sonstigen Ausgaben verzichten. Oft reicht dann das Geld nicht mehr und es kommt zur Verschuldung. Auch seinen Job kann man verlieren – und dann sind die sonst so sicher gewesenen Zahlungen nicht mehr möglich.

Keine Unterschriften auf der Straße!
Keine Verträge für Mitgliedschaften in Buchclubs usw. unterschreiben. Und wenn es doch einmal passiert, denkt dran, dass ihr diese Kaufverträge und Ratenverpflichtungen innerhalb von zwei Wochen schriftlich wieder kündigen könnt. Diese Kaufverträge werden erst nach zwei Wochen gültig.

Ehrlich zu sich selbst sein!
Überlegt vor dem Kauf:

- Kann ich mir das wirklich leisten?
- Brauche ich das wirklich?
- Kann ich das nicht auch billiger verwirklichen? Es müssen nicht immer Markenartikel sein.
- Kann ich das selber machen? Z. B. Freunde zu Hause zur Pizza einladen, es muss nicht immer die Pizzeria sein.
- Auch das Geld aus dem „Automaten“ muss zurückgezahlt werden.
- Die Bank verdient an euren Schulden, ihr müsst viel dafür bezahlen.

Schulden werden nicht von alleine weniger!
Versucht nicht, den Kopf in den Sand zu stecken, sondern holt euch Rat, wenn ihr Schwierigkeiten habt. Ermittelt die Anschrift einer Schuldnerberatungsstelle und vereinbart einen Termin. Im persönlichen Gespräch könnt ihr Lösungsmöglichkeiten besprechen.

6.5 Zusammen leben und entscheiden

Rollenspiel – Aufteilung der Hausarbeit

1. Lest die Rollenkarten.
2. Sammelt in Gruppen Argumente für Susanne und Thorsten.
3. Führt das Rollenspiel durch, notiert die Argumente von Susanne und Thorsten.
4. Beschreibt: Wie haben die Spieler ihre Rolle dargestellt?
5. Diskutiert die Lösung, die die Spieler gefunden haben.
6. Sucht weitere Lösungsmöglichkeiten für Susanne und Thorsten.
7. Diskutiert das Ergebnis einer Umfrage: „Für Väter zählt der Beruf – kaum einer will Hausmann sein."

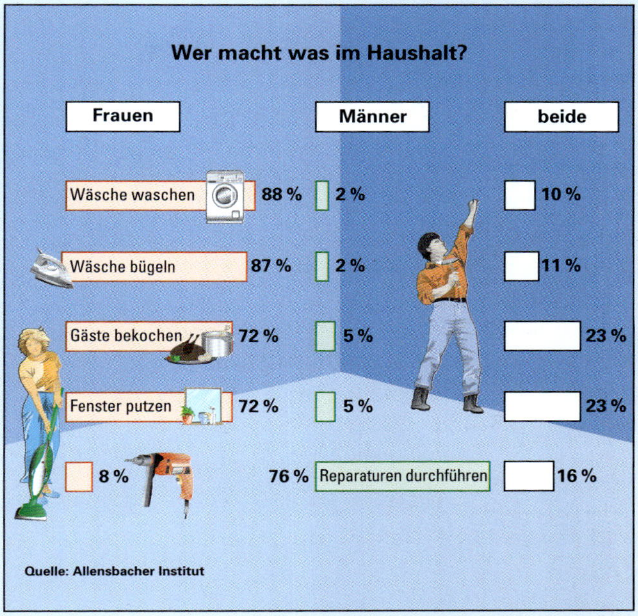

Rollenkarte – Susanne

Beruf: Erzieherin.

Aufgaben im Beruf: Betreuung einer Hortgruppe.

Arbeitszeit: 8:00 bis 16:00 Uhr, 30 Minuten Heimweg.

Danach: Erledigung des Haushalts, Waschen, Staubsaugen, Kochen usw. Oft muss sie auch das Wochenende opfern, da sie nicht alles während der Woche schafft.

Hobbys: Sie findet einfach keine Zeit für Sport oder Ähnliches. Am Wochenende guckt sie meist Thorsten beim Fußball zu.

Erziehung: Sie hat früh gelernt, die Aufgaben im Haushalt zu erledigen, da ihre Mutter berufstätig war.

Rollenanweisung: Du forderst von Thorsten, dass er im Haushalt mithelfen soll. Finde Argumente, die ihn überzeugen und ihn von seinem jetzigen Verhalten abbringen.

Rollenkarte – Thorsten

Beruf: Ausbildung zum Polizisten.

Aufgaben im Beruf: Wechsel zwischen körperlicher und geistiger Arbeit – Märsche ..., aber auch viel Schulung.

Arbeitszeit: 7:00 bis 16:30 Uhr, Heimfahrt 1 Stunde.

Hobbys: Fußball – Training Dienstag und Donnerstag, Spiele im Verein am Samstag oder Sonntag.

Erziehung: „Muttersöhnchen" – brauchte zu Hause keine „Hausfrauenarbeit" zu verrichten.

Rollenanweisung: Du siehst es nicht ein, dass es notwendig ist, im Haushalt zu helfen. Du bist der Ansicht, Hausarbeit ist Frauenarbeit. Du versuchst dich den Forderungen von Susanne zu entziehen und erfindest die verschiedensten Argumente, die Susanne zeigen, dass du wirklich nicht mithelfen kannst.

Haushalte im Wandel

Küche um 1900

1. Erkundet z. B. im Freilichtmuseum, wie Menschen früher in Haushalten lebten. Was war früher anders hinsichtlich Personenzahl, Einrichtung, Tätigkeiten, Ernährung usw.?
2. Fragt zu Hause: Welche Güter, z. B. Brot, werden bei euch
   a) selbst hergestellt,
   b) gekauft?

   Welche Dienstleistungen, z. B. Wäschepflege, werden bei euch
   a) selbst erbracht,
   b) vergeben?
3. Betrachtet die folgenden Abbildungen. Beschreibt jeweils einen Tageslauf der Haushaltsmitglieder in einem
   a) Selbstversorgerhaushalt,
   b) Dienstleistungshaushalt,
   c) Vergabehaushalt.

Selbstversorgerhaushalt

Dienstleistungshaushalt

Vergabehaushalt

Haushaltsstrukturtypen	Arbeiten im Unterhaltsbereich
Selbstversorgerhaushalt	Alle Arbeiten werden selbst übernommen, hoher Arbeitsaufwand.
Dienstleistungshaushalt	Sachgüter wie Lebensmittel, Kleidung werden gekauft, Dienstleistungen wie Kochen, Waschen, Kinderbetreuung werden selbst erbracht.
Vergabehaushalt	Alle Aufgaben werden vergeben. Arbeit wird zum Erwerb von Einkommen eingesetzt, geringer Arbeitsaufwand.

Selbstversorgerhaushalte sind verhältnismäßig unabhängig vom Markt, hier wird jedoch ein großer Arbeitsaufwand von den Haushaltsmitgliedern gefordert. Genaue Kenntnisse der Arbeitsverfahren sind notwendig.

Der Vergabehaushalt ist abhängig vom Marktgeschehen, hier ist kaum ein Arbeitsaufwand im Haushalt erforderlich.
In Wirklichkeit sind die Haushalte meist Mischungen aller drei Haushaltsstrukturtypen.

Veränderte Haushaltssituation

Lies den folgenden Text.

1. Warum möchte Frau Pullmann wieder arbeiten?
2. Welche Folgen haben Frau Pullmanns Berufstätigkeit und Herrn Pullmanns Überstunden für das Familienleben?
3. Versuche die Geschichte weiterzuerzählen: So sieht es jetzt bei Pullmanns aus.
   a) Beschreibe die neue Arbeitsverteilung. Wer kann welche Hausarbeiten übernehmen?
   b) Wie kann Familie Pullmann sich die Arbeit erleichtern?

Dagmar Pullmann ließ ihren Mann reden. Es war immer so gewesen, dass er sprach und sie schwieg; er konnte eben besser reden. Ob er aber die Kinder besser verstand? Ob dieses „Alles klar?" half? Sie bezweifelte es, aber sie sagte nichts: Man musste abwarten. Außerdem war da noch etwas, was sie mit ihm besprechen musste, etwas, was ihr im Augenblick wichtiger erschien: Sie musste Arbeit finden. Es gab nur einen Buchladen in Blomberg, der Besitzer benötigte keine neue Hilfe. Die Leiterin der Stadtbibliothek hingegen suchte eine Hilfe ... Sie war nett und verstand eine Menge von Büchern. Der Haken an der Sache: Die Stelle war eine Halbtagsbeschäftigung, das schmale Gehalt wurde durch die Halbierung geradezu lachhaft.

Als Ole im Bad verschwunden war und Ulla lauter als üblich ihr Bett machte, sprach Dagmar Pullmann mit Dieter. Sie sagte ihm, dass sie sich die Bücher aus dem Kopf geschlagen habe, dass sie etwas anderes machen würde, etwas Kaufmännisches, dass sie aber eine Tätigkeit finden müsse, die ihr eine Stunde Mittagspause garantiere: Wie sollte sie es sonst schaffen, den Kindern ein Essen zu kochen!

Dieter Pullmann war der Meinung, dass eine Halbtagsstelle für eine Mutter mit zwei Kindern genug wäre, dass der erste Job einer Mutter das Muttersein sei. Aber da waren der Umzug, der Kredit für die neuen Möbel, die sie benötigten, da war der Wagen, der demnächst auseinanderfiel – in der jetzigen Situation konnten sie nicht auf Dags Gehalt verzichten, sie mussten sich nach einem zweiten Job umsehen.

Die Stellensuche ist nicht leicht!

Frau Pullmann wusch sich die Hände, ging in die Küche und machte sich an die Vorbereitung des Mittagessens. Was Kinder und Arbeitsanfall betraf, hatte Dieter recht, der „erste Job" genügte. Sie hielt im Kartoffelschälen inne. Wenn sie keinen „zweiten Job" fände, erginge es ihr wie ihrer Mutter, dann wäre sie Köchin, Putzfrau, Mutter, dann würde sie im Haus versauern, jeden Tag einen Kuchen backen und Kochrezepte sammeln. Morgens der Staubsauger, mittags das Essen, nachmittags die Kinder und ihre Probleme, die Schularbeiten, abends der Mann, müde und abgespannt. Wieder kroch Angst in Dagmar Pullmann hoch. Sie wurde ärgerlich, schalt sich hysterische Ziege und schälte schneller, energischer die Kartoffeln fertig.

Frau Pullmann findet eine Stelle.
Der erste Arbeitstag in der Bank.
Um zwölf Uhr schloss die Bank, Mittagspause. Dagmar Pullmann hätte sich am liebsten auf ihren Stuhl fallen lassen. Doch dafür war keine Zeit. Sie nahm Mantel und Tasche ...

Es klingelte. Das Zeichen der Pullmänner. Ole warf den Kugelschreiber hin, ging zur Tür und sah durchs Guckloch. Es war die Mutter. Er löste die Kette und öffnete die Tür. „Wie war's?" „Schön", antwortete die Mutter. Dann wurde sie ernst: „Nach dem ersten halben Tag kann man nicht viel sagen." Sie legte den Arm um Ole: „Und bei dir? Klappt es mit Mathe?" Ole sagte „Ja". Das war einfacher. Wie sollte er es der Mutter klarmachen, dass er nicht alle Aufgaben verstand!

Die Mutter zog den Mantel aus und begann mit dem Essenkochen. Ole sah ihr zu. Dann kam Ulla. Sie stürzte herein, ließ ihre Plastiktüte über den Küchentisch segeln und fiel ihrer Mutter um den Hals. „Was meinst du, hat die liebe Ulla für ihre Englischarbeit bekommen?" „Eine Drei?" Ein strahlendes Kopfschütteln. „Eine Zwei?" Ein noch strahlenderes Kopfschütteln.

„Doch nicht – eine Eins?" Ulla triumphierte. Sie weinte fast vor Freude. Auch die Mutter bekam feuchte Augen: Wann hatte Ulla die letzte Eins nach Hause gebracht? Das war lange her, in der ersten oder zweiten Klasse. Und nun in einem so schwierigen Fach wie Englisch.

Nach dem Mittagessen schlüpfte die Mutter wieder in den Mantel. „Ihr müsst das Geschirr spülen", sagte sie. „Ihr müsst das nun immer tun, ich schaffe es nicht."

„Klar!" Ulla sprühte vor Tatendrang, sie hätte jedem alles versprochen. „Und nach dem Abwasch – Schularbeiten." Die Mutter stand schon in der Tür. Sie sah Ole an. „Kann ich mich auch darauf verlassen?" Ole nickte, verdrehte aber die Augen. So weit war es also schon: Die Mutter fürchtete, sich nicht auf ihn verlassen zu können. Um Ulla sorgte sie sich nicht. Was eine Eins ausmachte!

Ulla wirbelte durch die Küche. Sie trug Mutters Schürze. „Heran, heran", dichtete sie, „nach Arbeit steht man nicht an."

Ihre Reimerei erinnerte Ole an Bernie. „Halt die Klappe!", sagte er.

Ulla blieb stehen. „Du spinnst wohl!" Sie zeigte ihm einen Vogel.

„Du kannst mir mal ...", schrie Ole. Er warf das Handtuch auf die Erde, ging in sein Zimmer und schlug die Tür hinter sich zu ...

Ole ging zur Tür und öffnete sie einen Spalt. Ulla wusch ab. Sie sang dabei. Er schob die Hände in die Hosentasche und wanderte durch den Flur auf die Küche zu. Ulla sah ihm entgegen. „Na? Hast du es dir überlegt?" Ole tippte sich an die Stirn, nahm die Straßenschuhe aus dem Schuhschrank und zog sie an. Ulla ließ den Teller in die Spüle sinken. „Was soll'n das? Hast du schon Schularbeiten gemacht?" Ole nahm schweigend seine Jacke vom Bügel, öffnete die Flurtür und verschwand.

Abends gibt es noch mehr Ärger.
Zwei Monate später sieht es dann so aus.
Als Ulla und Ole und auch Dieter sich verabschiedet hatten und Dagmar Pullmann fertig angezogen war, ließ sie sich in der Küche nieder und presste die Hände vor die Stirn. Was war es nur, was sie so müde machte? War es die Bank, die ungeliebte Arbeit? Die Zahlen, Konten, Summen, Papiere, Belege? Im Buchladen hatte sie auch keine Ruhe gehabt, sie hatte die Regalleiter rauf- und runtersteigen müssen, den ganzen Tag. Abends, wenn sie nach Hause ging, war sie auch müde gewesen, aber es war eine andere, eine befriedigende Müdigkeit gewesen, ihr hatte nicht vor dem nächsten Tag gebangt. Jetzt bangte ihr. Die Mittagspause erwartete sie jeden Tag sehnlicher, ganz zu schweigen vom Feierabend.

Auch Herr Pullmann macht inzwischen Überstunden, es kommt zu immer neuen Schwierigkeiten. Die Scheidung wird diskutiert.

Doch dann ändert sich alles, man spricht wieder miteinander.

(Kordon, K.: Schwarzer Riese 5. Stock, Weinheim)

So sieht es jetzt bei Pullmanns aus.
Frau Pullman ist jetzt halbtags in einer Bücherei tätig. Alle helfen bei den Hausarbeiten mit. Nun meinen alle: „Das ‚bisschen Haushalt' sollten wir nicht unterschätzen."

Vielleicht ist die Arbeitsplanung nur falsch?

Vielleicht könnten wir die Aufgaben noch besser verteilen?

Vielleicht könnten wir uns die Arbeit noch weiter erleichtern?"

1. Beschreibe die neue Arbeitsverteilung bei Familie Pullmann.
2. Wie kann sich Familie Pullmann die Hausarbeit weiter erleichtern?
3. Nicht alle Familienmitglieder sind mit dieser Arbeitsverteilung einverstanden. Welche weiteren Hausarbeiten könnten
   a) Herr Pullmann,
   b) Ulla und Ole übernehmen?

!

Arbeiten im Unterhaltsbereich werden erleichtert durch:

- den Einsatz von Geräten und Maschinen, vgl. S. 31 ff.,
- den Einsatz von vorgefertigten Lebensmitteln, vgl. S. 159 f.,
- eine überlegte Arbeitsgestaltung und Arbeitsplanung, vgl. S. 14 f.,
- einen geplanten Einkauf, vgl. 128 f.,
- Vergabe von Arbeiten an Dienstleistungsunternehmen, z. B. Wäsche an die Wäscherei.

Familienkonferenz

1. Lest den Text „Besprechungspunkte“.

2. Besorgt euch Fernsehprogrammhefte. Erstellt für Familie Lange für das Rollenspiel ein Familienfernsehprogramm.

3. Sammelt in Gruppen Argumente für die verschiedenen Familienmitglieder zu allen Besprechungspunkten für die Familienkonferenz.

   Einigt euch, wer die einzelnen Personen spielt.

   Führt die Familienkonferenz durch. Ob es gelingt, alle Familienmitglieder zufriedenzustellen?

4. Beobachtet eure Mitschüler bei der Familienkonferenz:
   a) Verhalten der Spieler,
   b) Aussagen der Spieler.

Rollenkarten

Frau Anja Lange, 40 Jahre, halbtags als Arzthelferin tätig

Petra Lange, 17 Jahre, Ausbildung zur Friseurin

Christian Lange, 15 Jahre, besucht die 9. Klasse der Hauptschule

Benjamin Lange, 9 Jahre, besucht die 4. Klasse der Grundschule

Herr Peter Lange, 46 Jahre, ist als Malermeister tätig

Besprechungspunkte

- **Taschengeld** für Christian und Benjamin: Das Taschengeld wird jeweils samstags ausgezahlt. Kosten, die im Zusammenhang mit der Schule stehen, müssen nicht vom Taschengeld gezahlt werden.

- **Beitrag zur Haushaltskasse von Petra:** Petra erhält im Haus Verpflegung und Unterkunft.

- **Küchendienst von Christian und Benjamin:** Hierzu gehören der Abwasch und das Decken und Abdecken des Tisches. Petra ist am Mittwoch für das Abendessen und am Sonntag für das Frühstück verantwortlich.

- **Hausarbeit:** Jedes der Kinder ist für Ordnung und Sauberkeit in seinem Zimmer verantwortlich. Die Zimmer müssen einmal in der Woche gründlich gereinigt werden. Außerdem sollen nun noch Sonderaufgaben übertragen werden, z.B. Reinigung spezieller Räume, Gartenarbeit, Autowäsche, Einkauf.

- **Fernsehen:** Es soll ein „Familienprogramm“ erstellt werden. Jedes Familienmitglied darf pro Woche sieben Wunschsendungen ankreuzen. Anja und Peter stellen dann das Familienprogramm zusammen. Sendeschluss ist um 22:00 Uhr. Am Freitag und Sonnabend?

- **Sonstiges:** Vielleicht habt ihr noch weitere Ideen?

Andrea will bei ihrer Geburtstagsparty Schokoladencreme anbieten.
Sie hat die Möglichkeit, die Creme
- nach eigenem Rezept selbst herzustellen,
- aus einem Cremepulver herzustellen,
- als Fertigprodukt zu kaufen.

Bewerte die verschiedenen Produkte im Hinblick auf den
a) Zeitaufwand,
b) Preis,
c) Gesundheitswert,
c) ökologischen Wert.

Rezept – Schokoladencreme
½ l fettarme Milch
1 Pr. Salz
40 g Zucker
40 g Stärke
2 EL fettarmer Kakao
30 g gehackte Mandeln
1 Eischnee

Über den Einsatz der Betriebsmittel entscheiden

Besonders die Betriebsmittel Arbeit und Geld (Sachmittel) sind entsprechend der jeweiligen Haushaltssituation zumindest teilweise austauschbar. Erwerbstätigkeit, Gesundheit, Umweltbewusstsein usw. bestimmen den Betriebsmitteleinsatz.

Geld wird z. B. verstärkt benötigt bei dem Wunsch nach Arbeitszeiteinsparung oder bei lückenhaften Fachkenntnissen und fehlender Geschicklichkeit.

- ▶ **Sachmittel:** Es entstehen Kosten für die Anschaffung und den Betrieb der Sachmittel, z. B. Anschaffung einer Mikrowelle oder Kauf von Fertigprodukten.
- ▶ **Vergabe von Arbeiten** an Dienstleistungsunternehmen, z. B. Geburtstagsessen im Restaurant.

Arbeit wird z. B. verstärkt benötigt bei Einkommensrückgang oder dem Wunsch nach besserem Umweltschutz, z. B. für die
- ▶ Herstellung einer möglichst preiswerten, naturbelassenen Nahrung – ohne aufwendige Verpackung und Zusatzstoffe.
- ▶ Reinigung mit umweltfreundlichen Mitteln.

Stichworte – Betriebsmittel

Der Haushalt ist ein Betrieb. Zur Bewältigung der anfallenden Aufgaben werden die Betriebsmittel Geld, Arbeitskraft und Sachmittel eingesetzt.

Geld wird eingesetzt, um
- Verbrauchsgüter, z. B. Lebensmittel,
- Gebrauchsgüter, z. B. Herd, und
- Dienstleistungen, z. B. Reinigung,

zu kaufen.

Arbeitskraft wird eingesetzt, um Speisen, z. B. Schokoladencreme, zuzubereiten.

Sachmittel werden z. B. für die Herstellung der Schokoladencreme eingesetzt. Das sind z. B.
- Geräte und Maschinen – Herd und Handrührgerät,
- Fertigprodukte bzw. vorgefertigte Lebensmittel, vgl. S. 159 f.

Speisen selbst hergestellt oder vorgefertigt?

1. Übertrage die Tabelle für Aufgabe 3 in dein Heft und vervollständige sie. Vergleiche Menge, Kosten, Arbeitszeit und Geschmack vom Müsli:
   a) verzehrfertig,
   b) selbst hergestellt,
   c) aufbereitfertig.
2. Erstelle eine Zutatenliste für Müsli, selbst hergestellt. Vergleiche diese mit den Zutatenlisten auf den Müslipackungen:
   a) aufbereitfertig,
   b) verzehrfertig.
3. Welches Müsli würdest du auswählen? Berücksichtige bei der Entscheidung auch die unterschiedlichen Zutaten (vgl. Zutatenliste) und den Umweltschutz. Begründe deine Entscheidung.

   Vergleich: Müsli, selbst hergestellt oder aufbereitfertig oder verzehrfertig?

eine Portion	selbst hergestellt	aufbereitfertig	verzehrfertig
Menge	?	?	?
Preis	? €	? €	? €
Tätigkeitszeit	? min	? min	? min
Geschmack	?	?	?

   Bewerte den Geschmack mit den Begriffen: sehr gut, gut und weniger gut.
4. Vergleiche Kosten und Arbeitszeit, Geschmack, Zutaten und den Umweltaspekt für Pizza
   a) tiefgefroren,
   b) vom Pizzaservice,
   c) selbst hergestellt.

① Müsli, verzehrfertig

200 g fettarmer Joghurt **Bircher Müsli** aus Milch mit 1,5 % Fett

② Müsli, selbst hergestellt

2 EL Haferflocken	*(20 g)*
4 EL fettarme Milch	*(60 g)*
1 kl. Apfel, geschält	*(120 g)*
½ Banane, geschält	*(70 g)*
1 EL Sultaninen	*(20 g)*
1 EL Haselnüsse	*(15 g)*
1 EL Zitronensaft	*(10 g)*

③ Müsli, aufbereitfertig, der Firma A
Zutaten für eine Portion
laut Angabe auf der Packung

50 g Früchte-Müsli
75 ml fettarme Milch

Begriffserläuterungen

Bei vorgefertigten Lebensmitteln – Convenience-Food – werden bestimmte Be- und Verarbeitungsstufen im Herstellbetrieb übernommen.

Es werden zunehmend vorgefertigte Lebensmittel/Speisen zum Kauf angeboten. Nach der Stufe der Bearbeitung unterscheidet man folgende vorgefertigte Lebensmittel:

Teilfertig: Lebensmittel, die weitere Zutaten benötigen und/oder einer weiteren Bearbeitung, z. B. Zerkleinern, Mischen, Garen, Erwärmen, bedürfen.

Küchenfertig: Lebensmittel, von denen der nicht essbare Teil entfernt ist und die gegebenenfalls zerkleinert sein können.

Aufbereitfertig: fertig vorbereitete oder gegarte Lebensmittel, die weitere Zutaten benötigen und/oder bis zur Verzehrtemperatur zu erwärmen sind.

Verzehrfertige Lebensmittel: Lebensmittel und Speisen, die ohne weitere Behandlung oder Tätigkeit verzehrt werden können. Nur das Öffnen oder Entfernen der Verpackung ist erforderlich.

Generell sind vorgefertigte Lebensmittel/Speisen teurer und aufwendiger verpackt als selbst hergestellte.

Der Nährstoffgehalt unterscheidet sich oft wesentlich vom Frischprodukt. Bei der Lebensmittelverarbeitung kommt es zu Nährstoffverlusten bzw. der Fett- und Salzgehalt werden erhöht, teilweise werden Zusatzstoffe verwendet.

Durch die notwendige Verpackung dieser Lebensmittel wird die Umwelt belastet.

Die Entscheidung sollte im Einzelfall durch folgende Überlegungen bestimmt werden:

- Wie hoch sind die zusätzlichen Kosten?
- Wie viel Zeit wird bei der Zubereitung und Reinigung (Tätigkeitszeit) eingespart?
- Wie ist der Energie- und Nährstoffgehalt zu beurteilen?
- Wie sind Geschmack, Aussehen und Beschaffenheit zu beurteilen?
- Wurden Zusatzstoffe zur Verbesserung des Aussehens, der Haltbarkeit usw. verwendet?
- Wie stark belastet die Verpackung die Umwelt?
- Ist der Einsatz aufgrund der speziellen Situation unbedingt erforderlich?

Vorgefertigte Lebensmittel

- teilfertig
  - küchenfertig
  - garfertig bzw. aufbereitfertig
- verzehrfertig

7 Soziale Sicherheit der Haushaltsmitglieder

Wir führen eine Erkundung durch

Wo können Menschen Hilfe erhalten?

Zunächst überlegen wir uns:

Wo können wir hingehen?

Wir finden heraus, welche sozialen Einrichtungen sich in der Gemeinde befinden, z. B. Tageszeitungen, Telefonbuch und Broschüren können uns bei der Suche helfen.

- Sozialstation, Seniorenheime
- Sozialamt, Kinderheim
- Erziehungsberatung, Jugendhilfe usw.

Die Einrichtungen können wir mit unterschiedlichen Fähnchen auf einem Ortsplan kennzeichnen.

Dann überlegen wir uns gemeinsam:
Was können wir fragen? Z. B.:

- Welche Personengruppen erhalten hier Hilfe?
- Welche Hilfe/Unterstützung wird geboten?
- Wer arbeitet hier?
- Wer bezahlt die Hilfe?
- usw.

Wir überlegen uns auch:
Wie wollen wir das Ergebnis unserer Erkundung festhalten?

Stellt fest, ob es in der Schule einen Fotoapparat oder eine Videokamera gibt. Es kann auch jeweils einer von euch ein Protokoll des Gesprächs aufschreiben.

Wie wollen wir unser Ergebnis präsentieren?

Das Ergebnis der Erkundung „Wo können Menschen Hilfe erhalten?“ können wir auf Wandzeitungen oder Collagen für die Schaukästen der Schule oder in Broschüren zusammentragen.

Sicher interessiert das unsere Mitschüler.

Bedürfnisse und Aufgaben der Familienmitglieder

1. Lies die Schlagzeilen verschiedener Pressemeldungen.
2. Welche
   a) sozialen,
   b) erzieherischen,
   c) haushälterischen

   Bedürfnisse der verschiedenen Familienmitglieder werden hier angesprochen?
3. Diskutiert Vor- und Nachteile der beiden folgenden Aussprüche:
   a) „Wir sind eine Familie, wir helfen uns selbst."
   b) „Wozu ist der Staat da, er muss uns helfen, wir zahlen schließlich Steuern."

Gesetzliche Sozialleistungen

In Deutschland ist die soziale Sicherheit des Einzelnen umfassend geregelt:

Sozialversicherungen
- Krankenversicherung
- Pflegeversicherung
- Arbeitslosenversicherung
- Rentenversicherung
- Unfallversicherung

Weitere Hilfen zum Lebensunterhalt
- Kindergeld
- Wohngeld
- Ausbildungsförderung
- Sozialhilfe usw.

Ziele der Sozialgesetzgebung sind:
- soziale Gerechtigkeit
- soziale Sicherheit
- Hilfe zur Selbsthilfe

Die Sozialversicherung wird durch Beiträge von Arbeitnehmern und Arbeitgebern finanziert, der Staat gewährt Zuschüsse. Die weiteren Sozialleistungen werden aus Steuermitteln finanziert.

Das Solidaritätsprinzip ist Grundlage der Sozialversicherung. Alle Versicherten tragen gemeinsam das Risiko.

Lies den folgenden Text.

Mache Vorschläge, wie Martina geholfen werden kann.

Fallbeispiel:
Martina möchte nach dem Hauptschulabschluss die Berufsfachschule in Köln besuchen. In ihrem Wohnort und in der näheren Umgebung gibt es keine entsprechende Schule, tägliches Hin-und-her-Fahren ist also nicht möglich. Martina müsste sich ein Zimmer suchen und nach Köln ziehen.

Martinas Vater ist arbeitslos, ihre Mutter arbeitet halbtags in einem Schuhgeschäft. Die Ausbildung in der Berufsfachschule können ihre Eltern nicht bezahlen.

Bildung also nur für Reiche? Sind Martinas Startchancen ins Leben abhängig vom Einkommen der Eltern?

Martina erinnert sich an den Unterricht: Die Bundesrepublik Deutschland ist ein Sozialstaat. Na schön, doch was hilft das Martina?

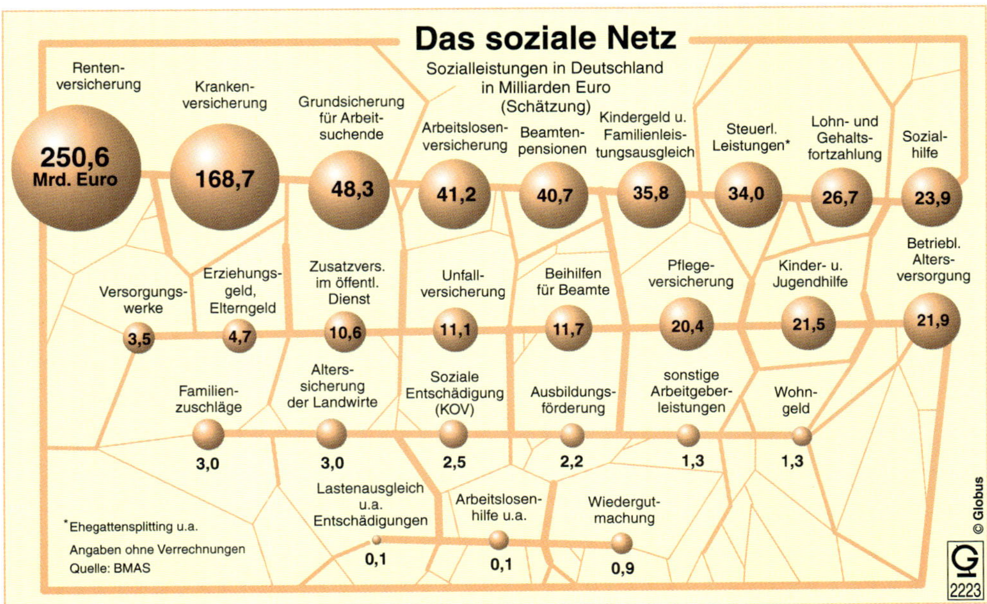

Fallbeispiel:
Manfred ist 18 Jahre alt, er steht vor dem Start in das Berufsleben. An einem Abend bekommt er in seiner Wohnung unerwarteten Besuch von einem Versicherungsvertreter. Dieser teilt Manfred mit, dass er besonders günstige Versicherungen vermitteln könne, die junge Leute beim Eintritt in das Berufsleben unbedingt benötigen.

Der Versicherungsvertreter zeigt Manfred einige Verträge: Berufsunfähigkeitsversicherung, Kapitallebensversicherung, ein spezielles Sicherheitspaket für junge Leute …

Der Versicherungsvertreter erklärt Manfred, wie schnell ein Unfall passieren könne und dass Manfred kaum mit staatlicher Hilfe rechnen dürfe. Da müsse Manfred schon selber vorsorgen. Das Sicherheitspaket sei ein besonders günstiges Angebot, da könne Manfred sehr viel Geld sparen. Er rät ihm, den Vertrag möglichst gleich zu unterschreiben.

Private Versicherungen

Neben den staatlichen Sozialleistungen gibt es private Versicherungen, hierzu gehören etwa 300 Versicherungszweige und -arten. Diese Versicherungen können die Gefahren des Alltags nicht beseitigen, aber sie versprechen einen finanziellen Ausgleich im Schadensfall.

Generell unterscheidet man zwischen Personen- und Schadenversicherungen.

Personenversicherungen

- Lebensversicherung
- Berufsunfähigkeitsversicherung
- usw.

Schadenversicherungen

- Hausratversicherung
- Haftpflichtversicherung
- Kfz-Versicherung
- Reisegepäckversicherung
- usw.

Versicherungsschutz der Haushalte
Statistisch gesehen hat jeder Bundesbürger sechs Versicherungsscheine in der Schublade. Laut Statistik hat jeder, vom Baby bis zum Greis, eine Lebensversicherung. Umgerechnet heißt das, dass jeder Erwerbstätige zwei bis drei Lebensversicherungen abgeschlossen hat. Insgesamt werden pro Haushalt jährlich etwa 1 850 € für den privaten Versicherungsschutz gezahlt. Lebensversicherung, private Krankenversicherung und andere Versicherungen.

Sicher wurden auch unnötige Versicherungen abgeschlossen. Wer sich gründlich vor Vertragsschluss informiert, kann viel Geld sparen.

Lies das Fallbeispiel.

1. Wie soll Manfred sich verhalten?
2. Welche Versicherungen braucht Manfred? Welche sind unnötig?
3. Informiert euch über das Versicherungsangebot für junge Leute.

Personenversicherungen
Bei Arbeitsunfällen erhält man eine Rente von der Berufsgenossenschaft und bei sonstigen Unfällen von der Sozialversicherung. Bei Berufsanfängern besteht aber manchmal nur ein geringer oder noch gar kein Versicherungsanspruch. Durch eine Unfallversicherung oder eine Berufsunfähigkeitsversicherung kann dieses Risiko abgedeckt werden.

Wird die Arbeitsfähigkeit durch einen Unfall eingeschränkt, so zahlt eine

- **Unfallversicherung** einen festgelegten Kapitalbetrag an den Versicherungsnehmer.
- **Berufsunfähigkeitsversicherung** eine festgelegte monatliche Rente an den Versicherungsnehmer. Diese Rente wird auch im Krankheitsfall gezahlt.

Eine **Risikolebensversicherung** zahlt im Todesfall einen festgelegten Kapitalbetrag an die Hinterbliebenen.

Eine **Kapitallebensversicherung** ist zu 90 % nur ein langfristiger Sparvertrag mit einem schlechten Zinssatz.

Schadenversicherungen
Eine **Kfz-Haftpflichtversicherung** muss jeder Kraftfahrzeugbesitzer – vom Mofa bis zum Lkw – abschließen, er kann jedoch zwischen verschiedenen Versicherungsgesellschaften wählen. Es gibt Beitragsunterschiede bis zu 30 %; eine Kündigung ist jährlich möglich.

Eine **Hausratversicherung** ersetzt Schäden durch Feuer, Einbruch und Leitungswasser. Zum Teil ist auch ein Schutz gegen Sturmschäden enthalten, in diesem Fall sind die Beiträge jedoch höher.

Zur Festlegung der notwendigen Versicherungssumme wird der Wert des Hausrates ermittelt, z. B. 30 000,00 €. Wird eine geringere Versicherungssumme abgeschlossen, wird im Schadensfall nur ein Teil ersetzt.

Beispiel: Ein Fernseher für 600,00 € wird gestohlen. Die Versicherungssumme beträgt 15 000,00 €, der wirkliche Wert des Hausrates beträgt aber 30 000,00 €. Der Hausrat ist also 50 % unterversichert. Für den gestohlenen Fernseher werden nur 300,00 € erstattet.

1. Erkundet und vergleicht die Bedingungen bei einer Kapitallebensversicherung und einem langfristigen Sparvertrag.
2. Erkundet das Angebot an Kfz-Versicherungen.
3. Findet heraus, warum die Versicherung in den beiden Fällen nicht zahlt.

1. Fall:
Ein Ehepaar verreist im Winter drei Monate nach Mallorca. Aus Ersparnisgründen stellen sie vor ihrer Abfahrt Strom, Wasser und Heizung ab. In den folgenden Wochen friert die Wasserleitung ein und platzt. Nachbarn stellen einen erheblichen Wasserschaden in ihrer Wohnung fest.

2. Fall:
Die Haustür ist bei Meiers selten verschlossen, meist ist irgendeiner in der Nähe. Am Mittwochnachmittag wird der wertvolle Teppich – unbemerkt – aus der Wohnung getragen.

Private Haftpflichtversicherung

Die private Haftplichtversicherung ist eine der wichtigsten Versicherungen. Sie versichert gegen Schäden, die man anderen zufügt. Die Kosten für eine zerbrochene Glasscheibe sind evtl. für den Einzelnen kein Problem. Wird jedoch durch einen Radfahrer oder einen Fußgänger ein Unfall verursacht, so können die Folgekosten die finanziellen Möglichkeiten bei Weitem übersteigen; hier hilft eine Versicherung.

Vor dem Abschluss einer privaten Haftpflichtversicherung sollten die Versicherungsbedingungen genau geprüft werden:

- **Wer ist mitversichert?**
  Während der schulischen Ausbildung, des Wehr- oder Zivildienstes ist man über die Eltern versichert, es wird keine eigene Versicherung benötigt.
- **Welche Risiken sind abgedeckt?**
  In welchen Fällen wird nicht gezahlt, welche Haftpflichtansprüche sind ausgeschlossen?
- **Sind weitere Haftpflichtversicherungen für spezielle Risiken notwendig**, z. B. für Tierhalter, Haus- und Grundbesitzer, Bootshaftpflichtversicherung?
- **Wie hoch ist der Beitrag und wie lang ist die Laufzeit?**
  Verschiedene Anbieter vergleichen und genau prüfen, ob lange Laufzeiten wirklich sinnvoll sind.

Beachte vor dem Vertragsabschluss:

- Prüfen, ob man die Versicherung wirklich braucht.
- Evtl. sinnvolle Versicherungen für junge Erwachsene: Haftpflicht-, Unfall- oder Berufsunfähigkeits- oder Risikolebensversicherung, Hausratversicherung.

  Wenig sinnvolle Versicherungen für junge Erwachsene: Insassenunfall-, Kapitallebens-, Krankenzusatz-, Rechtsschutzversicherung, Versicherungskombinationen.
- Bei verschiedenen Versicherungen Angebote einholen und diese vergleichen. Bei den Versicherungen bestehen große Beitragsunterschiede – bis 300 % – bei gleichem Versicherungsschutz. Die billigste Versicherung ist die beste. Nur bei Krankenversicherungen unterscheiden sich die Leistungen.
- Versicherungen erst nach einigen Tagen Bedenkzeit abschließen, nicht sofort beim Hausbesuch eines Versicherungsvertreters. Die Vertreter werden für den Versicherungsabschluss bezahlt.
- 10-Jahres-Verträge sind oft nicht günstiger als 1-Jahres-Verträge. Versicherungen mit kurzer Laufzeit wählen.
- Überflüssige und zu teure Versicherungen kündigen.
- Bei Unklarheiten oder Problemen die Verbraucherberatungsstelle anrufen.

Versicherungsfälle – Wie würdest du entscheiden?

1. Lies die folgenden Fallbeispiele.
2. Wer trägt die Unfallkosten:
   a) eine gesetzliche oder freiwillige Versicherung?
   b) die Familie?
3. Welche Folgen haben die Unfälle für die Familien?

1. Fall:
Martin besucht die 10. Klasse einer Hauptschule. Mit Freunden geht er am Freitag in die Diskothek. Er trinkt zwei Bier, mehr trinkt er nie, denn er will ja noch mit seinem Moped nach Hause fahren. Auf sein Moped ist Martin besonders stolz, er kann damit schneller fahren als alle anderen. Dass sein Moped „frisiert" ist, wissen natürlich alle. Auf dem Heimweg will Martin einmal wieder der Schnellste sein. Er sieht nicht, dass die Ampel auf Rot springt, als er über die Kreuzung rast. Es kracht. Martin wird mit seinem Moped durch die Luft geschleudert. Ein Rettungswagen bringt ihn in die Unfallklinik. Hier stellt man u. a. eine schwere Kopfverletzung fest. Wie dieser Unfall ausgeht, was er für Martins Zukunft und seine Eltern bedeutet, weiß im Moment keiner.

2. Fall:
Udo hat wie gewöhnlich kein Schulbrot mitgenommen. In der ersten großen Pause geht er mit seinem Freund zum Bäcker, um Kuchen zu kaufen. Dies ist gar nicht so leicht, denn sie müssen sich an dem Lehrer, der Pausenaufsicht hat, vorbeimogeln. Die Schulordnung besagt: „Das Verlassen des Schulhofs ist während der Pausen verboten". Udo und sein Freund rennen über die Straße, sie wollen rechtzeitig zum Unterrichtsbeginn zurück sein. Bremsen quietschen und dann kracht es. Udo blickt sich erschrocken um. Ein Autofahrer hat scharf gebremst und das Steuer zur Seite gerissen, um sie nicht anzufahren. Die Polizei wird gerufen. Sie stellt erheblichen Sachschaden an dem Auto fest. Der Fahrer war zum Glück angeschnallt.

3. Fall:
Franz D. ist zehn Jahre auf dem Bau tätig. Er ist seit drei Jahren verheiratet. Seine Frau kümmert sich um die Kinder, die zwei Jahre bzw. acht Monate alt sind. Sie hat keine Berufsausbildung. Franz hat keine freiwillige Lebens- oder Berufsunfähigkeitsversicherung abgeschlossen, warum auch? Das Einkommen reicht auch so kaum zum Leben, Schulden haben sie allerdings nicht, darauf ist Franz besonders stolz. Sein einziges Hobby ist sein Auto, es wird gepflegt und poliert, es sieht wie neu aus.

Vor einem halben Jahr passierte es dann. Nach einem Ausflug fuhr Franz mit überhöhter Geschwindigkeit durch die Innenstadt. Kinder liefen ihm vor den Wagen. Geistesgegenwärtig riss Franz das Steuer herum, prallte dann aber gegen einen Baum. Nun, nach einem halben Jahr, ist er aus dem Krankenhaus entlassen worden. Das rechte Bein musste amputiert werden, Franz ist arbeitsunfähig. Wie soll es weitergehen?

„Ein Unglück kommt selten allein ...“

Welche Versicherung zahlt?

8 Wohnungssuche und Wohnungseinrichtung

8.1 Informationen zur Wohnungssuche

1. Lies die Mietgesuche.
   Welche Zeitungsanzeige könnten Sabine und Claudia aufgegeben haben? Vgl. S. 171.
2. Lies die Mietangebote.
   Welche Wohnung könnte für Sabine und Claudia geeignet sein? Vgl. S. 171.
3. Welche Angaben müssen in einer Immobilienanzeige enthalten sein, damit der Leser über das Angebot ausreichend informiert ist?
4. Welche Anzeigen enthalten keine ausreichenden Informationen?
5. Entwirf ein Mietgesuch für Sabine und Claudia für eine Zeitungsanzeige.
   Die 2-Zimmer-Wohnung soll in einer Nebenstraße im Stadtzentrum liegen. Die Miete darf pro Monat höchstens 300,00 € einschließlich Nebenkosten betragen. Der Umzug soll in den Sommerferien erfolgen.

IMMOBILIENMARKT

Mietgesuche

Eine verzweifelte Familie hat einen Hund und eine Katze und findet keine Wohnung, 3½–4-Zimmer-Whg., 475,– € warm, ges., Tel. ...

2-Zim.-Whg. m. Bad u. Balkon im Norden v. sehr ruh., alleinst., berufst. Dame dring. ges., Tel. ...

Kinderloses Ehepaar sucht 3-Zi.-Whg. zum 1.8., Tel. ...

Fam. m. 2 Kind. sucht in ECK od. näherer Umgebg. 4-Zi.-Whg. od. Haus m. kl. Garten zu mieten, Chiffre ...

3- bis 4-Zim.-Altb.-Whg. im Zentrum gesucht. Sbd. ab 16 Uhr, Tel. ...

500,– Belohnung! Jg. Ehep. su. zum 1.10. 2½–3-Zi.-Whg. oder Halbhs. mit Balkon od. Garten, bis 250,– warm (Stadtrand/Land), Chiffre ...

Suche für meine Tochter 1–2-Zim.-Whg. bis 300,– € warm, z. 1.8. od. später, Chiffre ...

Jg. Fam. sucht kl. Haus od. Whg. ca. 80 m², mit Garten, bis 450,– €, bis 15 km Umkreis, Tel. ...

Handwerker sucht Hauswartwhg., neben- od. hauptberuflich, Tel. ...

Jg. Paar su. 2–3-Zi.-Whg. z. 1.7., bis 350,– € warm, Tel. ...

Vermietungen

2-Zim.-Whg., Kü., Bad, WC, Diele, 64 m², 350,– € + NK/MSH z. 1.7. frei **Eichinger Whg.-Vm., Tel. ...**

3-Zim.-Whg., Vollbad, Hzg., 90 m², 1. Etg., Balkon, Nh. Bahnhofstr. 430,– € u. Hzg., zu verm., Chiffre ...

STADTNAH – IM GRÜNEN, 5 km z. Bahnhof, exkl. mod. 3-Zim.-Whg., Einzelhs., mit gemütl. kl. Garten, ruh. Bestlage, 75 m², ab 1.8. zu verm., 500,– € + NK, Chiffre ...

City, 3-Zi.-Whg., 89 m², 425,– € warm, Garage 50,–, Tel. ...

Top-Lage
Nachmieter f. mod. sonn. 2-Zi.-Whg., 70 m², große Einbaukü., Bad, WC, Fernhzg., Teppichbod., Fahrstuhl, Möllingstr. 2, 6. OG, schöne Aussicht, 450,– € + NK, ab 19 Uhr, Tel. ...

4½-Zi.-Komf.-Whg., gr. Balkon, in ruh. schöner Lage zu verm., Chiffre ...

3-Zi.-Whg. mit Du., 350,– € kalt + NK, Zentr., Chiffre ...

3-Zim.-Whg., 66 m², Kü., Bad, Zhzg., geg. nebenberufl. Hausw'dienstleistung verbill. an Ehep. sof. zu verm., Tel. ...

1-Zimmer-Wohnung, ca. 38 m², zum 1.7. zu vermieten. Miete: 278,60 € zuzüglich Heiz- u. Nebenkosten.
Anfragen ab Montag, Tel. ...

Zi. in WG für Mädchen frei, ab Montag, Tel. ...

2-Zi.-Whg., m. sonn. Balk., Bad, ruh. Geg., II. Etg., zu verm., Tel. ...

Nachmieter z. 1.8. ges., 395,– €, 3-Zi.-Whg., 63 m², Tel. ...

Abkürzungen – Beispiele: Whg. – Wohnung / Zi. – Zimmer / Etg. – Etage / Balk. – Balkon / WG – Wohngemeinschaft / exkl. – exklusive / Hzg. – Heizung / KM – Kaltmiete / NK – Nebenkosten / Kaut. – Kaution

Kommunikationsbereich

Individualbereich

Haustechnischer Bereich

Wohnbedürfnisse ermitteln

Wohnen ist ein Grundbedürfnis des Menschen. Kinder bauen sich eine Höhle unter dem Tisch oder wünschen sich ein Zelt im Freien. Junge Menschen drängen aus der komfortablen Wohnung der Eltern in die meist einfachere eigene „Bude". In Wohngemeinschaften ist es neben der Gemeinsamkeit wichtig, dass jeder einen Raum hat, in den er sich zurückziehen kann.

Wohnen befriedigt zunächst das Grundbedürfnis des Menschen nach Schutz und Geborgenheit vor äußeren Gefahren, Störungen und Witterungseinflüssen. Darüber hinaus muss die Wohnung folgende Bedürfnisse befriedigen:

- Gemeinschaftsaktionen, Einladungen, Geselligkeit,
- sich erholen und sich zurückziehen können,
- Selbstverwirklichung und individuelle Entfaltung,
- Versorgung der Haushaltsangehörigen.

Aus diesen Wohnbedürfnissen werden folgende Funktionsbereiche einer Wohnung abgeleitet:

Kommunikationsbereich
Hier werden Unterhaltungen miteinander geführt, z. B. Planung von gemeinsamen Unternehmungen, die gemeinsamen Mahlzeiten werden eingenommen, Gäste werden empfangen usw. Hierzu gehören u.a. der Wohn- und Essbereich.

Individualbereich
Der Einzelne möchte sich zurückziehen, erholen und seinen eigenen Interessen nachgehen, z. B. schlafen, Hobbys und ungestört Arbeiten ausführen. Hierzu gehören u.a. der Schlaf-, Spiel- und Arbeitsbereich.

Haustechnischer Bereich
Arbeiten für die Versorgung der Haushaltsangehörigen wie Waschen, Nahrungszubereitung und Hauspflegearbeiten werden in diesen Bereichen ausgeführt. Hierzu gehören Küche, Bad, WC, Abstellraum und Hausarbeitsbereich.

Claudia und Sabine haben einen Ausbildungsplatz im Zentrum der Nachbarstadt gefunden. Nun suchen sie dort eine gemeinsame Wohnung. Die Eltern wollen ihnen jeweils einen Mietzuschuss von 150,00 € zahlen. Vor der Wohnungssuche ermitteln Sabine und Claudia ihre Wohnbedürfnisse.

Beantworte die folgenden Fragen für Claudia und Sabine.

Sabine und Claudia auf Wohnungssuche

Lage der Wohnung innerhalb der Ortschaft/ Stadt
Soll die Wohnung im Orts-/Stadtzentrum oder am Orts-/Stadtrand liegen?

Entscheidungskriterien für die Lage der Wohnung sind u.a.

- störende Einflüsse, z.B. Lärm durch Straßenverkehr, Geruchsbelästigung durch Industrie,
- Anbindung an das Verkehrsnetz, Nebenkosten durch Fahrgelder,
- Entfernung zum Arbeitsplatz, zu Schulen, Einkaufsmöglichkeiten, Dienstleistungsangeboten, kulturellen Angeboten.

Lage der Wohnung innerhalb des Hauses
Wird eine Wohnung im Erdgeschoss benötigt? Dies ist notwendig, falls eine Person gehbehindert ist.

Welche Himmelsrichtung sollen die Räume haben? Lichteinfall und Wärme werden durch die Himmelsrichtung bestimmt. Wünschenswert wäre: Küche nach Norden, Wohnzimmer nach Süden, Schlafzimmer nach Osten.

Wohnungsgröße
Wie viele Räume werden benötigt bzw. wie groß sollen die Räume sein?

Welche Wohnungsgröße ist erforderlich?

Entspricht der Wohnwert den Kosten und den zur Verfügung stehenden Mitteln?
Wie viel Geld kann monatlich für Miete und Nebenkosten (NK) – Heizung, Strom etc. – eingeplant werden?

Mögliche Wohnungen für Sabine und Claudia?

Beurteilung von Wohnungsgrundrissen

Da Sabine und Claudia bisher keine passende Wohnung gefunden haben, gehen sie zu einem Wohnungsmakler. Er zeigt ihnen den Grundriss einer Etage in einem Mietshaus. Insgesamt sechs Wohnungen befinden sich hier. Die Wohnungen 1, 3 und 5 sind bereits vermietet. Die Wohnungen 2, 4 und 6 stehen noch leer. Claudia und Sabine wollen feststellen, ob eine dieser Wohnungen für sie geeignet sein könnte. Ihre übrigen Wohnbedürfnisse, z. B. Lage der Wohnung innerhalb der Ortschaft, werden mit diesem Angebot weitgehend erfüllt. Auch die erforderliche Miete können sie aufbringen.

1. Übertrage die Tabelle auf S. 173 in dein Heft.
2. Bildet Gruppen.
   Tragt für Sabine und Claudia jeweils Vor- und Nachteile für eine der drei Wohnungen in eine Tabelle ein.
3. Vergleicht anschließend eure Ergebnisse.
   Stellt fest, ob eine der drei Wohnungen in dem Mietshaus den Bedürfnissen von Sabine und Claudia entspricht.

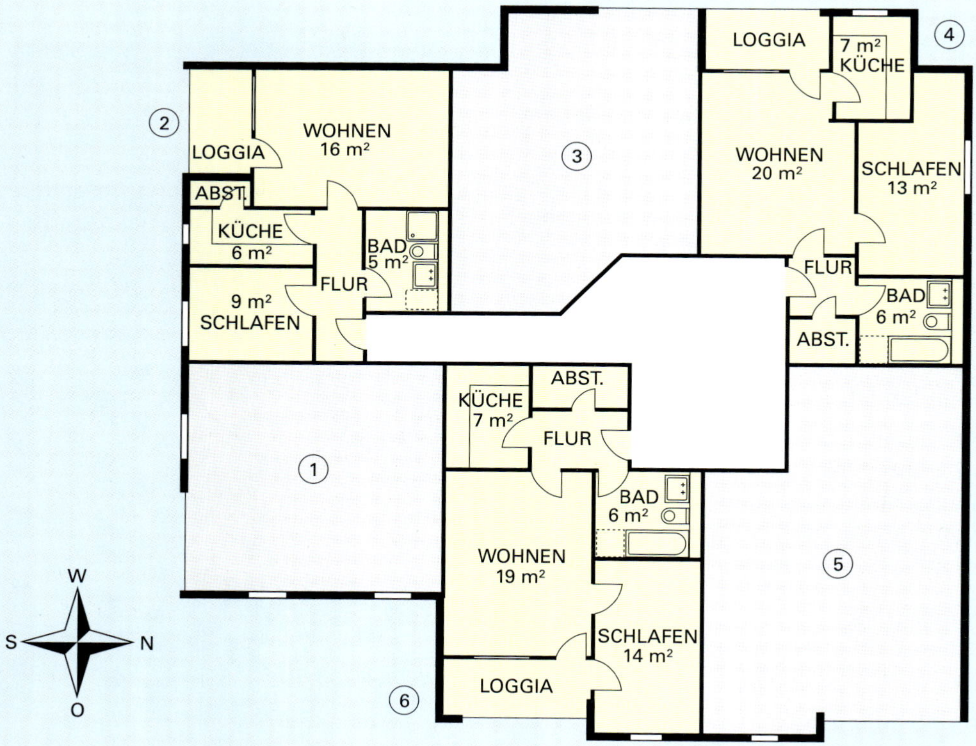

Wohnungsgrundrisse informieren – maßstabgetreu verkleinert – über die Größe und Anzahl der Räume und über die Raumzuordnung. Es ist auch zu erkennen, nach welcher Himmelsrichtung die Räume liegen. Fenster und Türen sind ebenfalls eingezeichnet. Außerdem kann festgestellt werden, in welche Richtung die Türen zu öffnen sind.

Kriterien	Küche	Bad	Raum 1	Raum 2
Himmelsrichtung der Räume	?	?	?	?
Fenster	?	?	?	?
Größe der Räume	?	?	?	?
Lage der Räume zueinander	?	?	?	?
Nutzung der Räume	?	?	?	?
Ausstattung	?	?	?	?
Sonstiges	?	?	?	?

Forderungen an die Raumzuordnung und Raumproportionen – Größen-/Längenverhältnisse

- Das Bad sollte neben den Schlafzimmern liegen, um die erforderlichen Wege zu verkürzen.
- In größeren Wohnungen ist ein zweites WC wünschenswert bzw. sollten Bad/Dusche und WC getrennt sein.
- Küche und Essplatz sollten miteinander verbunden sein, damit bei den Mahlzeiten nicht zu lange Wege zurückzulegen sind. Falls kleinere Kinder im Haushalt leben, sollte der Weg zwischen Küche und Kinderzimmer möglichst kurz sein. Evtl. lässt sich auch eine Spielecke im Essbereich einrichten.
- Ein Abstellraum ist wünschenswert. Je nach der Nutzung (Aufbewahrung von Reinigungsgeräten, Vorräten) sollte er eine zentrale Lage innerhalb der Wohnung haben oder sich möglichst in der Nähe der Küche befinden.
- Das Schlafzimmer sollte getrennt vom Wohnraum liegen. Durchgangszimmer sind ungünstig, da sie nur begrenzt genutzt werden können. Alle Räume sollen also vom Flur bzw. der Diele zu erreichen sein.
- Raumproportionen – Größen-/Längenverhältnisse – sind ebenfalls zu beachten. Lange schmale Räume sind schwer zu nutzen.

Türen und Fenster sollten so angeordnet sein, dass die Stellwände für Schränke usw. bis in die Ecken genutzt werden können.

Eine starre Trennung in Wohn- und Schlafbereich sollte vermieden werden. Die Räume sollen nicht nur für Grundfunktionen, sondern auch für Zusatzfunktionen zur Verfügung stehen.

Deshalb sollten die Räume auch anders oder zusätzlich genutzt werden können, z. B.

- im Schlafzimmer könnte man einen Arbeitsplatz einrichten,
- aus dem Esszimmer ein weiteres Kinderzimmer machen,
- durch eine Schrankwand das Kinderzimmer optisch in zwei Bereiche trennen.

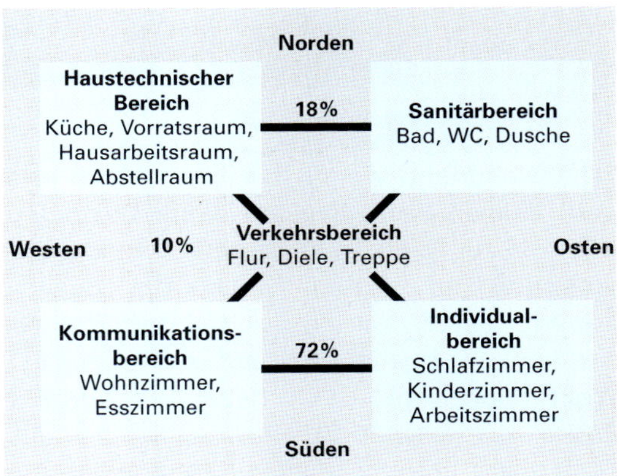

Verteilung der Wohnfläche

Räume werden unterschiedlich genutzt

Lies den Text.

1. Wie werden die verschiedenen Räume bei der Familie Steinmann genutzt?
2. Welche Vorteile bzw. Nachteile haben die verschiedenen Familienmitglieder durch diesen Zimmertausch?
3. Welche weiteren Probleme haben die Steinmanns bei der Wohnungswahl nicht bedacht?
4. Mache weitere Vorschläge für die bessere Nutzung von Räumen, z. B. andere Zimmereinrichtung.
5. Familie Hanse zieht mit ihrer Tochter in eine neue Wohnung, vgl. Grundriss S. 175.

   Zeichne die Grundrisse folgender Räume im Maßstab 1:50 in dein Heft:
   a) Raum A
   Länge 4 m und Breite 2,5 m,
   b) Raum B
   Länge 5 m und Breite 4 m
   (1 m = 2 cm).

   Mache Vorschläge für die Nutzung und Möblierung der Räume.

Frau Steinmann wohnt mit ihrem Mann und dem kleinen Sohn in einer Neubausiedlung bei Köln zur Miete in einer typischen Etagenwohnung im dritten Stock. Als Besuch kommt, meldet sich Patrick aus dem Kinderzimmer: „Guck mal, was ich gebaut habe!" Das Kinderzimmer ist ein heller 18 m^2 großer Raum mit riesiger Spielfläche. Die Familie Steinmann hat eine übliche Etagenwohnung gemietet, aber nicht in üblicher Weise genutzt. Die Eltern schlafen in dem gut 10 m^2 großen „Kinderzimmer".

Die Familie hat den Zimmertausch vor drei Jahren vollzogen, Patrick war 4 Jahre alt. „Das Zimmer war einfach zu klein für ihn", erklärt Frau Steinmann, „nachdem wir Bett und Schrank aufgestellt hatten, blieb überhaupt kein Platz mehr zum Spielen. Und unser Junge bringt oft Freunde mit."

Als die Steinmanns einzogen, haben sie es zunächst „wie alle anderen" gemacht: die Schlafzimmermöbel in dem als „Elternschlafzimmer" ausgewiesenen Raum aufgebaut, dem Sohn das als „Kinderzimmer" bezeichnete Zimmer gegeben.

„Mir ist das heute unverständlich", sagt die Mutter, „aber so ist es halt: Man handelt einfach gedankenlos. Man denkt gar nicht nach über die Wohnbedürfnisse der einzelnen Familienmitglieder. Wenn das Kind dann seine Spielsachen überall hinträgt, dann schimpft man und nennt es unordentlich."

Dass die Schlafzimmer-Schrankwand jetzt in Patricks Zimmer steht, nehmen die Eltern bewusst in Kauf. Es kommt schon einmal vor, dass man sich nachts in das Zimmer des Sohnes schleichen muss, um ein Kleidungsstück zu holen: „Aber wir haben das Für und Wider des Zimmertauschs gegeneinander abgewogen. Entscheidend ist doch, dass ein Kind, das ohne Garten und ohne guten Freispielplatz aufwächst, sich wenigstens innerhalb der Wohnung etwas entfalten kann." Jetzt hat Patrick einen großen Maltisch.

Was er auf dem Boden aufbaut, kann stehen bleiben bis zum nächsten Tag. Ein Kind, das dauernd Spiele abbrechen muss, wird nicht nur ungehalten, es wird darüber hinaus nervös und unkonzentriert.

Probleme ergeben sich jetzt jedoch aus der Tatsache, dass Patrick über dem Schlafzimmer der älteren Mieter in der zweiten Etage spielt.

In der Mittagspause muss die Mutter Patrick in die Küche oder ins Wohnzimmer holen. Frau Steinmann betont, dass sie für ihr Kind keine Ideallösung gefunden hat, sondern nur „die beste unter den möglichen".

Im Falle eines berufsbedingten Umzugs würde sie sich bemühen, eine Parterrewohnung zu finden: „Nicht zuletzt auch deswegen, weil Kinder, die unten wohnen, erwiesenermaßen viel häufiger an die frische Luft gehen."

Ob die Steinmanns ihre Traumwohnung finden?

Durch Lärmbelästigung kommt es oft zu Streitigkeiten in einer Hausgemeinschaft. Diskutiert in der Klasse, ob es sich jeweils um eine zumutbare oder unzumutbare Lärmbelästigung handelt:

a) Patrick spielt in der Mittagspause in seinem Zimmer über dem Schlafzimmer der älteren Mieter in der zweiten Etage.

b) Familie Schulze feiert abends mit Freunden. Laute Musik, Gesang, Tanzgeräusche und Unterhaltung dringen durch die geöffneten Fenster in das Schlafzimmer von Familie Meier. An Schlaf ist nicht zu denken.

c) Familie Meier will das Wohnzimmer verschönern. Nach Dienstschluss beginnen die Arbeiten: Sie klopfen, bohren, sägen, tapezieren, streichen. Vgl. auch S. 192.

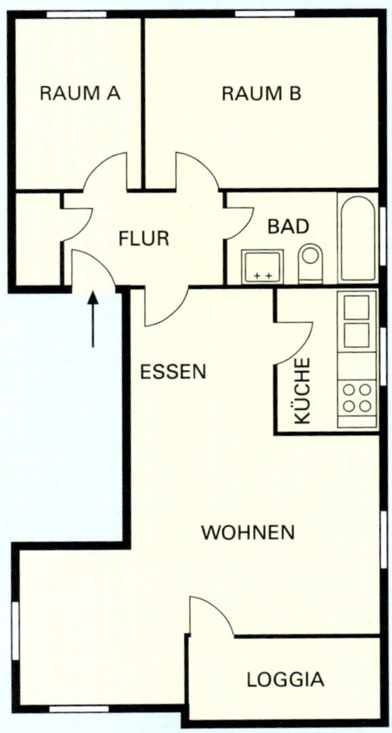

8.2 Die Wohnung einrichten

Einrichtung eines Jugendzimmers

Claudia und Sabine haben ihre Wohnung gefunden.

1. Beurteile die Größe der verschiedenen Räume und die Raumzuordnung.
2. Entwirf ein Schreiben für Claudia und Sabine, in dem sie ihren Wunsch mitteilen, die Wohnung zu mieten.
3. Erstelle eine Tabelle:
   In ihrem Zimmer will Claudia
   - schlafen,
   - Musik hören usw.

   Hierfür benötigt Claudia
   - Bett
   - usw.

Ein Jugendzimmer bzw. ein Zimmer in einer Wohngemeinschaft ist ein Mehrzweckraum. In diesem Raum sollen unterschiedliche Wohnfunktionen möglich sein: z. B. schlafen, Schreibarbeiten erledigen, in der Freizeit einem Hobby nachgehen, Musik hören, lesen, Geselligkeit pflegen, z. B. Feste feiern. Gleichzeitig ist dieser Raum für diese unterschiedlichen Funktionen meistens knapp bemessen. Dieses Problem lässt sich oft nur lösen, wenn Einrichtungsgegenstände mehrere Funktionen erfüllen, z. B. Liege nachts als Schlafgelegenheit und tagsüber als Sitzgelegenheit.

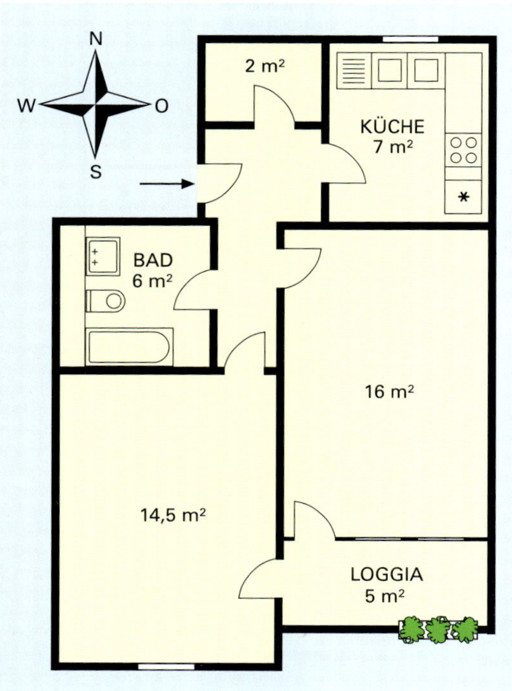

Claudia möchte ihr neues Zimmer möglichst kostengünstig und wohnlich einrichten. Bettcouch, Schrank und Arbeitstisch will sie von zu Hause mitnehmen. Alle zusätzlich benötigten Möbel, Lampen, Vorhänge und Teppichboden usw. will sich Claudia nach und nach ihren eigenen Wünschen entsprechend beschaffen.

Claudia überlegt gemeinsam mit Sabine, wie sie die vorhandenen Möbel in ihrem neuen Zimmer aufstellen kann. Sabine schlägt vor: „Zeichne den Grundriss von deinem Zimmer auf ein Stück Papier, so kannst du später durch Hin- und Herschieben der Möbelsymbole unterschiedliche Möblierungsmöglichkeiten beurteilen."

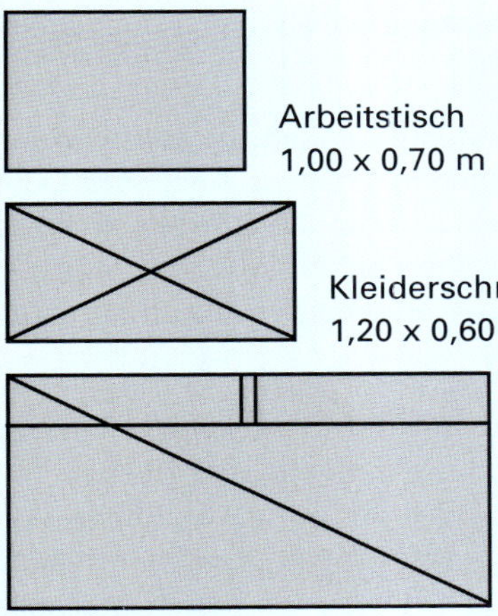

Vorhandene Möbel

Claudias Zimmer hat folgende Maße:
Länge: 4,8 m, Breite: 3 m, Fläche: ca. 14,5 m^2

Die **Breite der Zimmertür** beträgt 70 cm. Links neben der Tür ist ein Abstand von 15 cm zur Wand, die Tür wird nach außen geöffnet.

Die **Breite der Balkontür** beträgt 80 cm. Rechts neben der Tür ist ein Abstand von 80 cm zur Wand, die Tür wird nach innen geöffnet.

Die **Fensterbreite** beträgt 1 m. Das Fenster liegt genau in der Mitte der Wand.

1. Zeichne den Grundriss von Claudias Zimmer in dein Heft.

   Benutze den Maßstab 1:50 (2 cm ≙ 1 m).

2. a) Zeichne die vorhandenen Möbel im Maßstab 1:50 auf ein Blatt Papier. Schneide die Symbole für die Möbel aus.

   b) Versuche durch Hin- und Herschieben eine besonders günstige Anordnung der Möbel in Claudias Zimmer herauszufinden.

   c) Ergänze die Einrichtung in Claudias Zimmer.
   Stelle dir dabei folgende Kontrollfragen:
   - Welche Einrichtungsgegenstände benötigt Claudia evtl. zusätzlich für Schlafen, Arbeit, Freizeit?
   - Bleibt genügend Platz zum Bewegen?
   - Sind die entstehenden Kosten zu bewältigen?

3. Welche Einrichtungsgegenstände – Fensterdekorationen usw. – können selbst gefertigt werden?

4. Beurteile folgendes Möbelangebot:

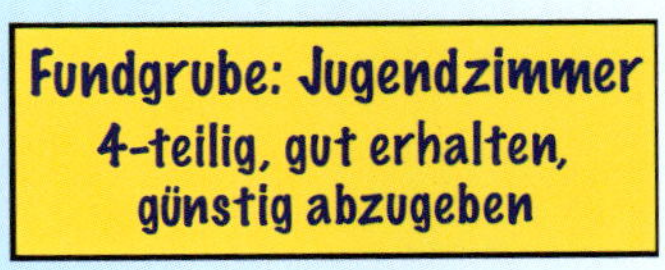

Farben und Muster verändern den Raumeindruck

1. Zeichnet vier Räume, vgl. die Abbildung unten.
2. Wählt Farben und Formen für Decke und Wände, die den Raum
   a) höher,
   b) niedriger erscheinen lassen.
3. Wählt Farben und Formen für Decke und Wände, die den Raum
   a) weiter,
   b) enger erscheinen lassen.
4. Sammelt Bildmaterial von Wohnräumen aus Katalogen. Nennt aufgrund dieser Bilder
   a) kalte Farben, die den Eindruck von Ferne vermitteln,
   b) warme Farben, die Nähe ausdrücken,
   c) harmonische Farben,
   d) Farben, die einen Hell-Dunkel-Kontrast ergeben.
5. Vergleicht und beurteilt eure Raumgestaltungen.
6. Hennings Zimmer liegt in Richtung Osten und ist verhältnismäßig niedrig. Macht Vorschläge für Farben und Formen, die den Raum wärmer und höher wirken lassen.

Bei der Gestaltung von Wänden, Decke und Fußboden muss beachtet werden, dass Farben und Formen – Muster – wichtige Faktoren bei der Wohnraumgestaltung sind.

Farben und Muster können einen Raum optisch verändern, sie heben Flächen hervor oder drängen sie zurück. Der Raum wirkt dann größer, kleiner, schmaler, enger, breiter, höher oder niedriger.

Die Wirkung der Farben ist jedoch gleichzeitig von dem farblichen Umfeld abhängig, z. B. wirkt Gelb auf einem schwarzen Hintergrund kräftiger als auf einem weißen.

Senkrechte Linien lassen einen Raum höher erscheinen, waagerechte Linien machen ihn optisch breiter.

Farben und Muster sollen zu den Einrichtungsgegenständen passen. Auch die Lichtverhältnisse sind zu berücksichtigen. Für sonnige Räume sollten kühle Töne und für dunkle, sonnenarme Räume warme, helle Töne ausgewählt werden.

Jede Farbgebung und Musterung sollte vorsichtig vorgenommen werden. Muster und Farben sind häufig der „Mode“ unterworfen, man „sieht sie sich schnell über“. Grundsätzlich gilt: Für alle Räume, in denen man sich länger aufhält, sollten unaufdringliche Farben und Muster gewählt werden.

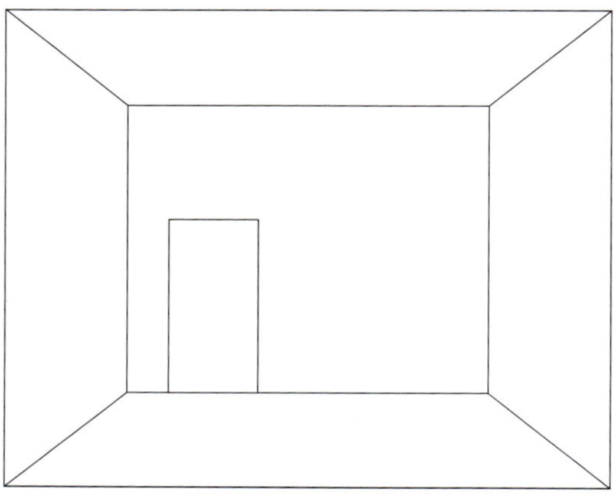

Hohe Räume erscheinen niedriger, wenn
- für die Decke und den Fußboden dunkle bzw. kräftige Farben gewählt werden,
- quer gestreifte oder entsprechend gemusterte Tapeten verwendet werden.

Niedrige Räume erscheinen höher, wenn
- Tapeten mit senkrechten Streifen oder Mustern gewählt werden,
- für die Decke helle Farben genommen werden.

Kleine Räume erscheinen größer, wenn
- ein heller Anstrich oder
- eine Tapete mit kleiner Musterung gewählt wird. Für kleine Räume eignen sich weder Tapeten mit auffälliger Musterung noch dunkle Farbanstriche.

Große Räume wirken kleiner, wenn
- ein dunkler Anstrich oder
- eine Tapete mit großer Musterung ausgesucht wird. Bilder kommen dabei allerdings kaum zur Geltung.

Schmale Räume wirken kürzer, wenn
- die Stirnwand einen dunklen Farbanstrich bzw. eine dunkle oder quer gestreifte Tapete erhält.

Dunkle Räume werden durch leuchtende Farben freundlicher.

Helle Räume mit voller Sonneneinstrahlung können durch kühle Farben einen Ausgleich erhalten.

1. Betrachte die vier Abbildungen.
   a) Beschreibe jeweils die optischen Veränderungen durch Farbe und Muster, z. B.: Der erste Raum wirkt ...
   b) Nenne Räume, für die die jeweilige Raumgestaltung angemessen ist.
2. Erstellt Wandzeitungen zum Thema „Raumgestaltung durch Farbe und Muster".

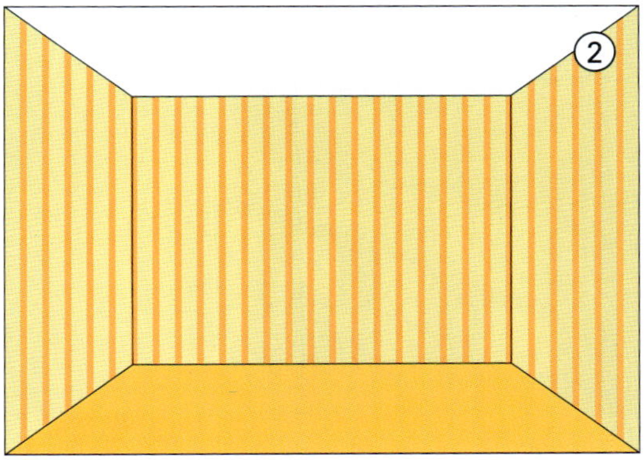

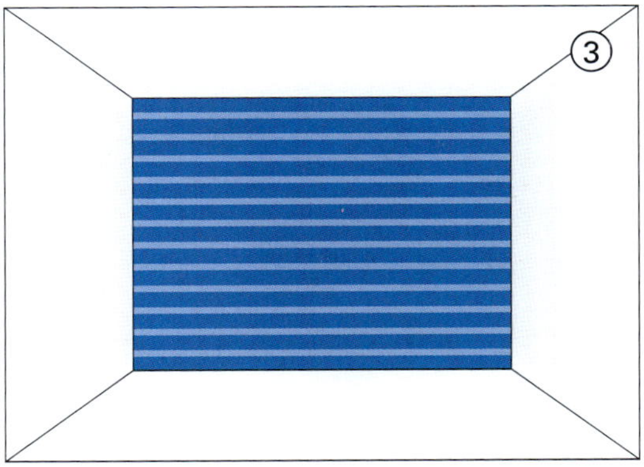

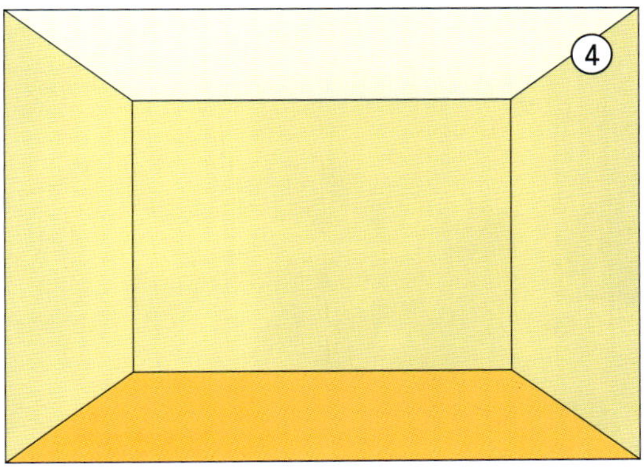

Unser alter Klassenraum

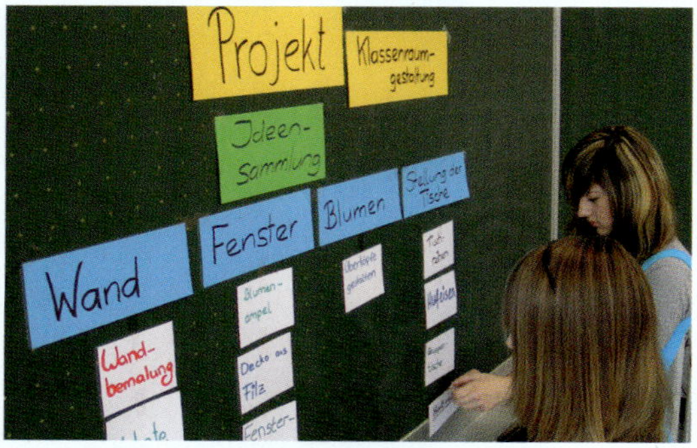

Eine Gruppe bei der Arbeit

Eine Gruppe bei der Arbeit

Unser jetziger Klassenraum

Projekt – Wir gestalten unseren Klassenraum

Unser Klassenraum soll so werden, dass uns das Lernen in der Schule noch mehr Spaß macht.

Ideensammlung
In Gruppen sammeln wir zunächst Ideen, wie wir unseren Klassenraum ansprechend gestalten können, z. B.:
- Blumen auf den Fensterbänken,
- selbst gemalte Bilder an einer Wand,
- farbliche Gestaltung der Wände,
- Umstellen der Tische.

Vorplanung
Jede Gruppe wählt sich nun ein Thema und überlegt, wie sie vorgehen will. Bei dieser Planung müssen auch die entstehenden Kosten und der notwendige Zeitaufwand berücksichtigt werden.

Planung des Vorhabens
In der Klassengemeinschaft stellen nun die einzelnen Gruppen vor, welche Ideen sie umsetzen wollen.

Eine Gruppe berichtet z. B.: Wir wollen Blumentöpfe farblich gestalten und dann aus selbst gesammelten Blumensamen Pflanzen in diesen Töpfen ziehen. Für die Pflege der Pflanzen erstellen wir einen Plan, der allen zeigt, wer jeweils dafür zuständig ist.

Die Pläne der einzelnen Gruppen müssen bei dieser Besprechung aufeinander abgestimmt werden und alle sollen mit dem Vorhaben einverstanden sein.

Durchführung des Vorhabens
Alle Gruppen machen sich nun an die Arbeit und führen gemeinsam die anstehenden Aufgaben durch. Dabei können Fotos oder ein Video gemacht werden, um die Arbeit später anderen Klassen vorzustellen.

Auswertung des Vorhabens
Alle Schülerinnen und Schüler werden nach ihrer Meinung gefragt: Was gefällt dir? Was könnte evtl. noch verbessert werden?

Nun macht das Lernen in unserem Klassenraum noch mehr Spaß.

8.3 Mietvertrag

Der (Die) Vermieter ____

____

wohnhaft in ____

und der (die) Mieter ____

____

schließen folgenden Mietvertrag:

§1 Mieträume

1. Im Hause ____
   (Ort, Straße, Haus-Nr., Etage)
   werden folgende Räume vermietet:
   ___ Zimmer, ___ Küche/Kochnische, ___ Bad/Dusche/WC, ___ Bodenräume/Speicher Nr.: ___,
   ___ Kellerräume Nr.: ___
   ___ Garage/Stellplatz Nr.: ___, ___ Garten, ___ gewerblich genutzte Räume
2. Der Mieter ist berechtigt, Waschküche, Trockenboden/Trockenplatz, ____________________ gemäß der Hausordnung mitzubenutzen.
3. Dem Mieter werden vom Vermieter für die Mietzeit ausgehändigt:
   ___ Haus-, ___ Wohnungs-, ___ Zimmer-, ___ Boden-/Speicher-, ___ Garagenschlüssel

Der Mietvertrag ist bindend für Vermieter und Mieter, deshalb muss der Vertrag genau gelesen werden. Alle Vereinbarungen sollten schriftlich gemacht werden.

Die Miete setzt sich zusammen aus Kaltmiete, Nebenkosten (Betriebskosten und Heizungskosten). Daneben können einmalige Zahlungen für Makler und Mietsicherheit beim Bezug der Wohnung entstehen.

Die **Kaltmiete** wird pro m^2 Wohnfläche berechnet. Sie wird bestimmt durch Lage, Alter des Wohnhauses, Ausstattung und Größe der Wohnung. Der örtliche Mietspiegel bietet eine Vergleichsmöglichkeit, ob die Miethöhe angemessen ist.

Nebenkosten: Hierzu gehören die Gebühren für Müllabfuhr, Straßenreinigung, Wasser, Treppenhausbeleuchtung usw. Sie sind im Mietvertrag geregelt.

Sozialwohnungen (öffentlich geförderter Wohnungsbau): Die Wohnungen wurden mit staatlichen Mitteln gebaut. Die Miethöhe ist gesetzlich geregelt. Zum Bezug einer Sozialwohnung benötigt man einen Wohnberechtigungsschein, den man bei der örtlichen Gemeinde beantragen kann.

9 Pflege von Textilien

Kartentechnik: Ideen, Vorschläge und Kenntnisse sammeln

1. Schreibt Bezeichnungen für Textilien – Kleidung, Heimtextilien – auf Karten.
2. Versucht die Karten mit den Textilbezeichnungen nach Oberbegriffen zu ordnen. Es gibt viele verschiedene Einteilungsmöglichkeiten:
   a) Verwendungszweck,
   b) Waschverfahren,
   c) Materialien,
   d) usw.

Hier lautet die Aufgabe:

Schreibt die Bezeichnungen für unterschiedliche Textilien auf Karten.

Jeder bekommt eine Karte.

Nun könnt ihr allein oder in Gruppen an die Arbeit gehen. Wenn ihr in Gruppen arbeitet, könnt ihr euch abstimmen, damit nicht so viele Textilien doppelt genannt werden.

Nur eine Bezeichnung – ein Stichwort – auf eine Karte schreiben. Sonst gibt es später Probleme beim Sortieren.

Nun werden die Karten einzeln vorgelesen, von euch einer Gruppe zugeordnet und dann mit Kreppband an die vorläufige Stelle auf Packpapier oder an der Tafel befestigt.

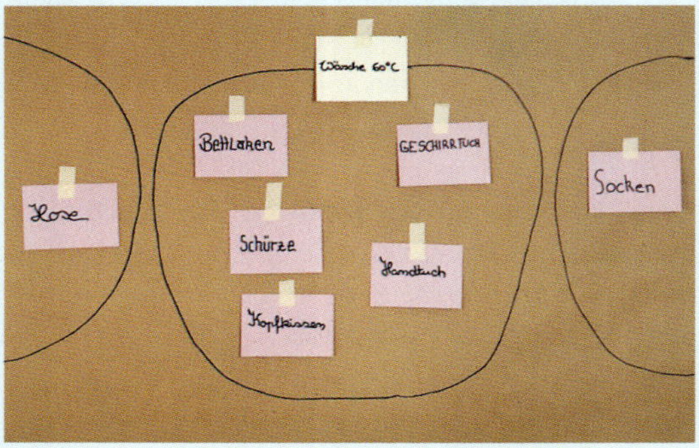

Jetzt werden endgültige Kartengruppen gebildet. Die Kartengruppen werden dann mit einem Stift umkreist und mit passenden Überschriften versehen.

Die Karten können auch noch mit Punkten „bewertet“ werden. Jeder erhält einen Klebepunkt. Die Punkte werden möglichst gleichzeitig auf den Karten befestigt.

Waschmittel und Pflegemittel

1. Erkunde, welche Waschmittel bzw. Pflegemittel für Textilien angeboten werden.
2. Ermittle, welche Stoffe in diesen Wasch- bzw. Pflegemitteln enthalten sind und welche Aufgaben sie erfüllen.

Das Umweltbundesamt rät: „Umweltprofis waschen mit Verstand."

Die Bundesrepublik Deutschland hat mit den höchsten Verbrauch an Wasch- und Reinigungsmitteln pro Kopf in Europa. Dies sollte uns nachdenklich stimmen. Durch überlegteres Waschen können wir unseren Geldbeutel und die Umwelt schonen:

Verzichten Sie auf die Vorwäsche.
Bei normal verschmutzter Wäsche kann man auf die Vorwäsche verzichten. Für den Hauptwaschgang sind dann nur 75 bis 80 % der für beide Waschgänge erforderlichen Waschmittelmenge notwendig.

Nutzen Sie das Fassungsvermögen Ihrer Waschmaschine immer voll aus.
Jede nicht ausgenutzte Waschtrommel bedeutet Wasserverschwendung, Energieverschwendung und Waschmittelverschwendung. Dies gilt auch dann, wenn Sie im „Sparprogramm" waschen.

Beachten Sie die auf der Packung aufgedruckten Dosierungsempfehlungen.
Um die richtige Waschmittelmenge zu bestimmen, müssen Sie zwei Dinge wissen: den Härtegrad Ihres Wassers und den Verschmutzungsgrad Ihrer Wäsche. Den Härtegrad erfahren Sie bei Ihrem Wasserwerk. Bei geringer Verschmutzung der Wäsche können Sie auch weniger Waschmittel einsetzen. Wird jedoch zu wenig Waschmittel verwendet, so verkalken die Heizstäbe, und die Wäsche wird nicht sauber.

Auf **Weichspüler** verzichten. Sie belasten die Umwelt. Außerdem setzen sie die Saugfähigkeit der Textilien herab und führen evtl. zu Hautproblemen.

Waschen Sie auch Ihre Kochwäsche im 60 °C-Waschprogramm.
Im Vergleich zum 95 °C-Waschprogramm sparen Sie auf diese Weise 40 % Energie. Dabei ist trotzdem ein hygienisch sauberes Waschen gewährleistet. Lediglich in Sonderfällen, z. B. Kranken- und Säuglingswäsche, ist ein 95 °C-Waschprogramm sinnvoll.

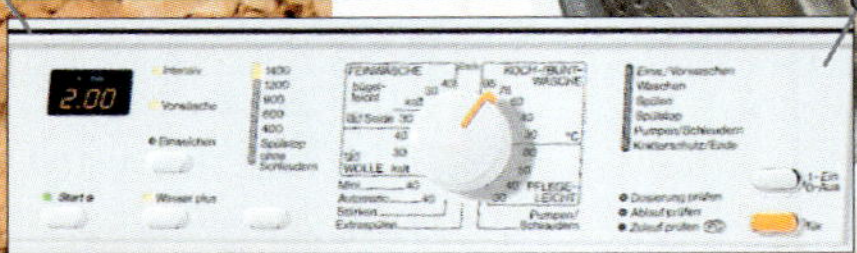

So dosieren Sie richtig

85 ml = 67,5 g = 1 (Messbecher)
36 (Messbecher) = 36 Wäschen
Bei mittlerer Wasserhärte und normalem Verschmutzungsgrad

Wasserhärte ▼ / Verschmutzungsgrad ▶	leicht	normal	stark
1 weich (< 8,4 °dH)	**45 ml** 1/2	**65 ml** 3/4	**110 ml** 1 1/4
2 mittel (8,4–14 °dH)	**45 ml** 1/2	**85 ml** 1	**130 ml** 1 1/2
3 + 4 hart/sehr hart (> 14 °dH)	**45 ml** 1/2	**110 ml** 1 1/4	**150 ml** 1 3/4

Beachten Sie die Dosierungsmarke Ihres Messbechers.
Ein voller Messbecher ist fast immer ein Fehler, da die Dosiermarke meist deutlich unterhalb der Oberkante des Bechers liegt. Auf diese Weise kann erheblich mehr Waschmittel als notwendig in die Umwelt gebracht werden.

Den **Härtebereich** Ihres Wassers erfahren Sie bei Ihrem zuständigen Wasserwerk.
Bei mittlerer Wasserhärte und normalem Verschmutzungsgrad reicht diese Packung Waschmittel für 36 Wäschen im Hauptwaschgang bei einer Beladung von 4,5 kg.

Internationale Pflegekennzeichnung

1. Erläutere die Pflegesymbole.
   Wie werden die Textilien
   a) gewaschen? b) gebügelt?
2. Welche Textilien werden zusammen gewaschen?
3. Erstellt Wandzeitungen: „Umweltfreundliche Textilpflege".

Beim Waschen, Bügeln, Reinigen und Trocknen von Textilien sollte man die internationale Pflegekennzeichnung beachten.

Diese Kennzeichnung ist nicht vorgeschrieben, in den meisten Textilien befindet sich jedoch ein Etikett mit den empfohlenen Pflegesymbolen. Die Beachtung der Pflegesymbole – z. B. auf einem Etikett befindet sich das Symbol „Nicht waschen" – hilft, später höhere Reinigungskosten zu vermeiden usw.

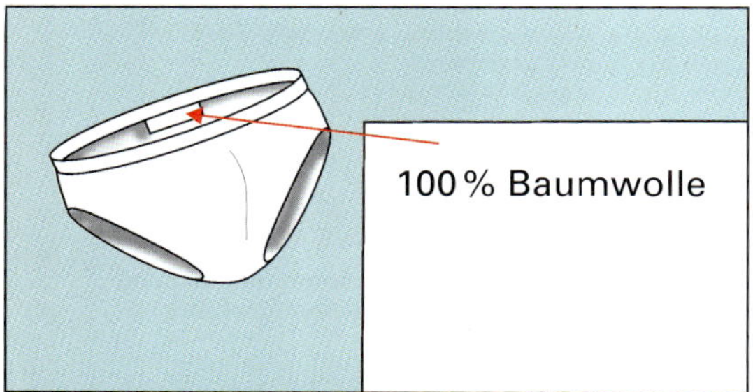

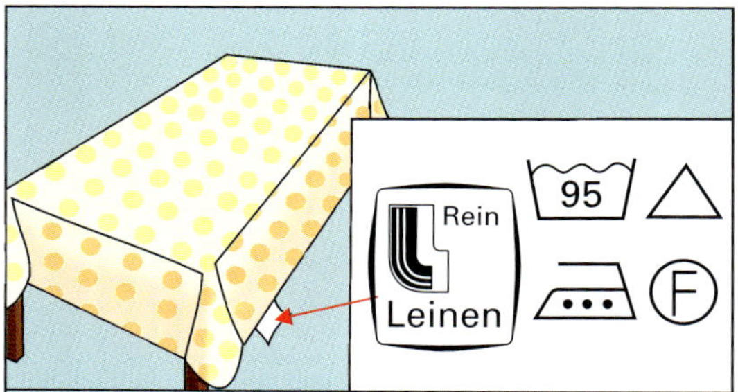

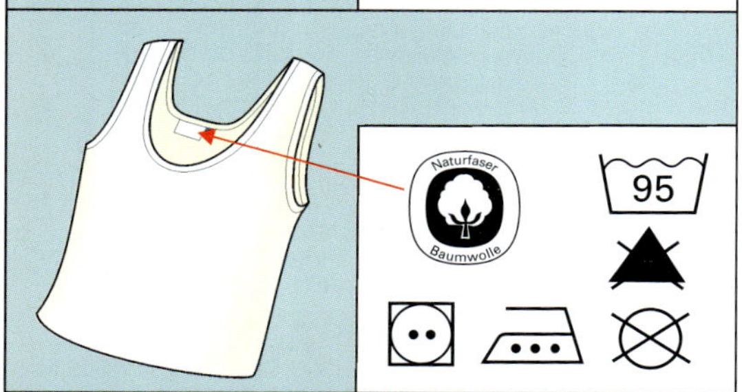

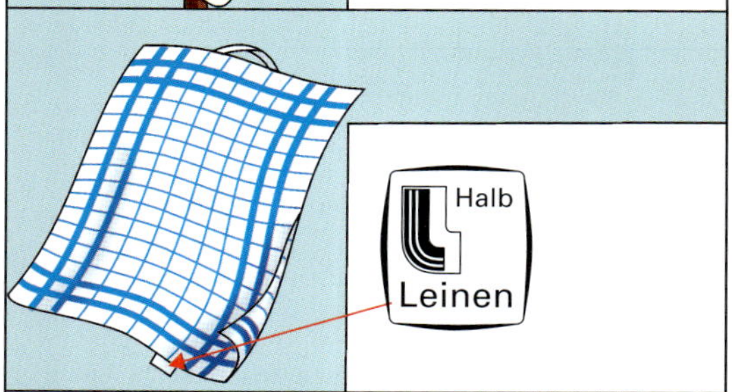

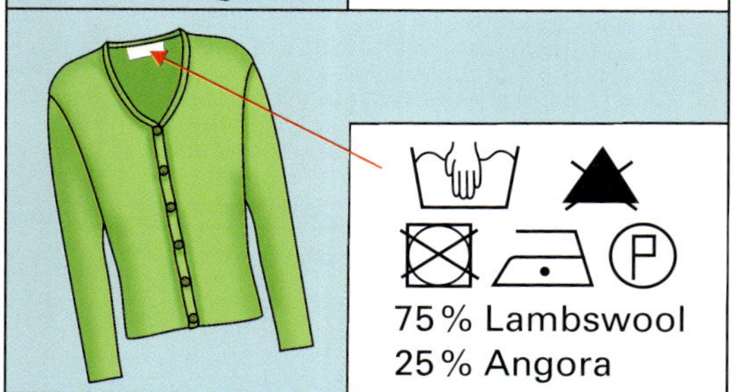

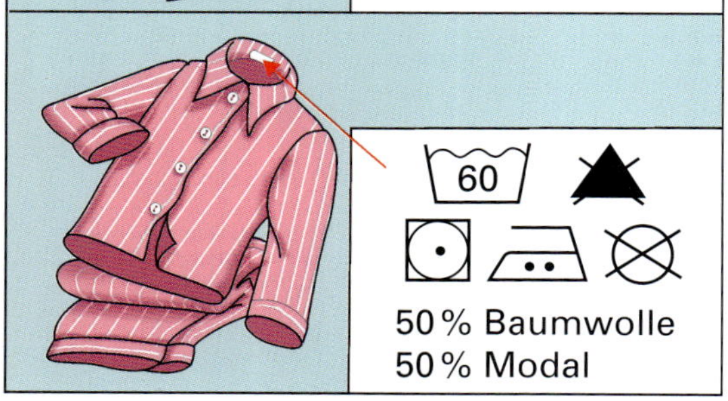

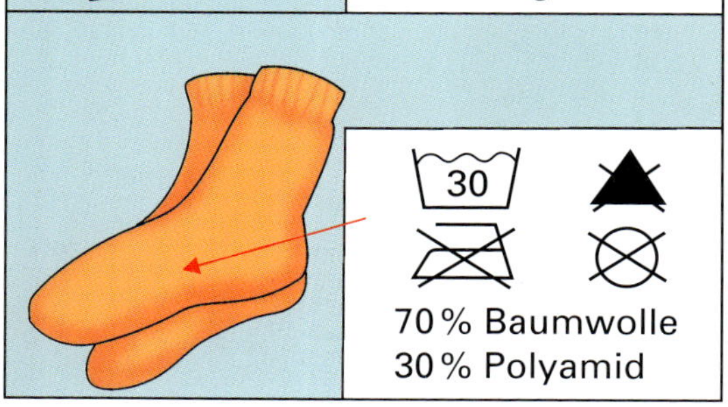

WASCHEN (Waschbottich)	95	60	60	40	40	40	30	30	30		
	Normal-waschgang	Normal-waschgang	Schon-waschgang	Normal-waschgang	Schon-waschgang	Spezial-schon-waschgang	Normal-waschgang	Schon-waschgang	Spezial-schon-waschgang	Handwäsche	nicht waschen

Die **Zahlen** im Waschbottich entsprechen den **maximalen Waschtemperaturen,** die nicht überschritten werden dürfen. – Der **Balken** unterhalb des Waschbottichs verlangt nach einer (mechanisch) **milderen Behandlung** (z.B. Schongang). – Er kennzeichnet Waschzyklen, die sich z.B. speziell für pflegeleichte und mechanisch empfindliche Artikel eignen.
Der **doppelte Balken** kennzeichnet Waschzyklen mit weiter minimierter Mechanik, z.B. für Wolle.

BLEICHEN (Dreieck)			
	Chlor- und Sauerstoffbleiche zulässig	nur Sauerstoffbleiche zulässig / keine Chlorbleiche	nicht bleichen

TROCKNEN IM TUMBLER (Wäschetrockner)			
	Trocknen im Tumbler möglich normale Temperatur, normaler Trockenzyklus	Trocknen im Tumbler möglich niedrige Temperatur, normaler Trockenzyklus	nicht im Tumbler Trocknen

Die **Punkte** kennzeichnen die Trocknungsstufe im Tumbler (Wäschetrockner)

BÜGELN (Bügeleisen)				
	heiss bügeln (200 °C)	mässig heiss bügeln (150 °C)	nicht heiss bügeln (110 °C) Vorsicht beim Bügeln mit Dampf	nicht bügeln

Die **Punkte** kennzeichnen die Temperaturbereiche der Reglerbügeleisen.

PROF. TEXTIL-REINIGUNG (Reinigungstrommel)	P	P	F	F	
	professionelle Textilreinigung normales Verfahren	professionelle Textilreinigung Schonverfahren	professionelle Textilreinigung normales Verfahren	professionelle Textilreinigung Schonverfahren	nicht chemisch reinigen

Die **Buchstaben** sind für den professionellen Textilpfleger bestimmt. Sie geben einen Hinweis auf die in Frage kommenden **Lösemittel**.
Der **Balken** unterhalb des Kreises verlangt bei der Reinigung nach einer **Beschränkung** der mechanischen Beanspruchung, der Feuchtigkeitszugabe und/oder der Temperatur.

	W	W	W	
	Nassreinigung Normales Verfahren	Nassreinigung Schonverfahren	Nassreinigung Spezial-Schonverfahren	nicht nass reinigen

Dieses Symbol bezeichnet Artikel, die im **Nassreinigungsverfahren** behandelt werden können. Es wird in der zweiten Zeile **unter dem Symbol für die Chemischreinigung** angebracht.
Die **Balken** unterhalb des Kreises verlangen bei der Nassreinigung nach einer **Beschränkung** der mechanischen Beanspruchung (siehe Waschen). Der **doppelte Balken** kennzeichnet ein noch **milderes Verfahren**.

- Die internationale Pflegekennzeichnung ermöglicht die Auswahl geeigneter Waschverfahren und angemessener Bügeltemperaturen.
- Die Pflegekennzeichen sollten auch beim Einkauf von Textilien beachtet werden, so können hohe Reinigungskosten und Umweltbelastung vermieden werden.

Waschen von Textilien

Für das Waschen werden in unterschiedlicher Menge benötigt:

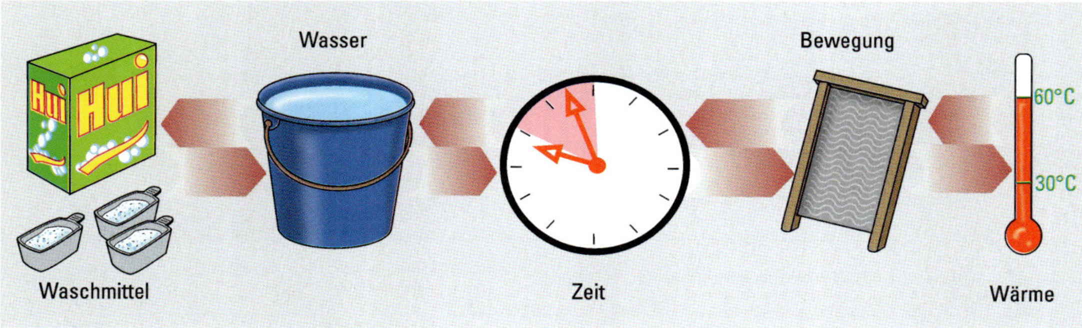

Bei der **Waschmittelauswahl** Rohstoffart, Farbe und Verschmutzungsgrad der Textilien berücksichtigen.

Zu viel Waschmittel belastet die Umwelt, es entstehen unnötige Kosten.

Bei zu wenig Waschmittel verkalken die Heizstäbe, die Wäsche wird nicht sauber. Schmutz setzt sich in klebrigen Klümpchen – „Fettläusen" – auf der Wäsche ab.

- Für die richtige Waschmitteldosierung die Wasserhärte beim örtlichen Wasserwerk erfragen.

Waschprogramme in der Maschine

95	**Kochwäsche:** kochfeste weiße und farbige Textilien aus Baumwolle, Leinen usw.
60 40 60 40	**Buntwäsche:** Temperatur je nach Farbechtheit **Pflegeleichte Wäsche:** bügelfreie Baumwolle, synthetische Fasern in Mischung mit Baumwolle oder Leinen **Synthetische Fasern:** Polyamid (z. B. Nylon), Polyacryl (z. B. Dralon) usw.
30	**Feinwäsche:** pflegeleichte Textilien aus Dralon usw., Gardinen, maschinengeeignete Wolle usw.

Waschen mit der Maschine

Die Textilien werden nach Handwäsche und maschinenfest sortiert. Handwäsche möglichst vermeiden, man benötigt dafür mehr Waschmittel und Wasser.

Wäsche sortieren: nach Rohstoffart, Ausrüstung – z. B. pflegeleicht –, Farbe und Verschmutzungsgrad.

Außerdem sind gleichzeitig folgende Arbeiten zu erledigen:

- Taschen entleeren,
- Ärmel usw. entrollen, Knöpfe öffnen,
- Reißverschlüsse schließen,
- stark verschmutzte Stellen evtl. mit Waschmittel einreiben,
- Kleidungsstücke wenden.

Nun muss das Waschprogramm ausgewählt werden. Bei den verschiedenen Waschprogrammen werden unterschiedliche Temperaturen und verschiedene mechanische Beanspruchungen eingesetzt. Pflegeleichte Textilien gehören in den Schongang. Hier ist die Bewegung gemindert und es wird mehr Wasser eingesetzt. Nicht mehr als 1 kg Wäsche sollte man bei diesem Programm in die Waschmaschine (Fassungsvermögen 4 bis 5 kg) laden, z. B. ergeben fünf bis sechs Oberhemden eine Füllung. Sonst die Maschine vollfüllen: So werden Strom, Wasser und Waschmittel gespart. Zwei Waschgänge im Sparprogramm sind teurer als ein Waschgang im Normalprogramm.

Handwäsche

Die meisten Textilien können heute in der Waschmaschine gewaschen werden, die Handwäsche ist relativ selten geworden. Besonders bei einigen Wollsachen ist jedoch das Pflegesymbol „Handwäsche" zu finden. Diese Textilien sind empfindlich gegen zu viel „Bewegung", oft wirken auch zu hohe Temperaturen schädigend.

Auch bei selbst gestrickten Kleidungsstücken sollte möglichst bereits beim Einkauf des Materials auf den Hinweis „filzt nicht" oder „waschmaschinenfest" geachtet werden, da der Wasserbedarf bei der Handwäsche sehr hoch ist.

Bei der Handwäsche sind folgende Arbeitsregeln zu beachten:

- Kleidungsstücke nach Farbe und Material sortieren. Besonders bei neuen Kleidungsstücken darauf achten, ob das Material farbecht ist. Textilien, die Farbe abgeben, müssen getrennt gewaschen werden.
- Bei empfindlicher Maschenware, z.B. einem Pullover, der mit der Hand gewaschen werden muss, können sich Ärmellänge, Breite und Länge beim Waschen verändern. Diese Textilien sollten nach dem Waschen wieder in Form gezogen werden.
- Waschflotte nach der Gebrauchsanweisung auf der Spezialwaschmittelpackung herstellen. Auf der Packung kann z.B. folgender Hinweis stehen:

> **!** Ca. eine halbe Verschlusskappe auf 4 Liter Wasser, kalt bis handwarm, zügig durchwaschen, gründlich spülen.

- Kleidungsstücke in reichlich Waschflotte geben: 1 kg Wäsche in 20 l kaltes bis handwarmes Wasser – Flottenverhältnis 1:20. Kleidungsstücke im Wasser gut durchdrücken, nicht zu stark reiben, das Material wird sonst beschädigt.
- Kleidungsstücke gründlich spülen, bis das Spülwasser klar bleibt. In das letzte Spülwasser evtl. etwas Essig geben, die Farbe bleibt so besser erhalten. Kleidungsstücke gut ausdrücken, nicht auswringen.
- Maschenware zum Trocknen zunächst in Handtücher einrollen, ausdrücken oder in einem Kissenbezug in der Waschmaschine leicht anschleudern. Kleidungsstücke anschließend im Liegen, z.B. über dem Badewannenrand, trocknen. Hierdurch bleibt die Form des Kleidungsstückes besser erhalten, durch das Gewicht des Wassers würde es sonst in die Länge gezogen.

Jan möchte seinen Pullover waschen.
Mache Vorschläge:
Wie soll Jan dabei vorgehen?

Wolle, verfilzt durch falsches Waschen

Wolle, richtig gewaschen

Informationen auf Waschmittelpackungen

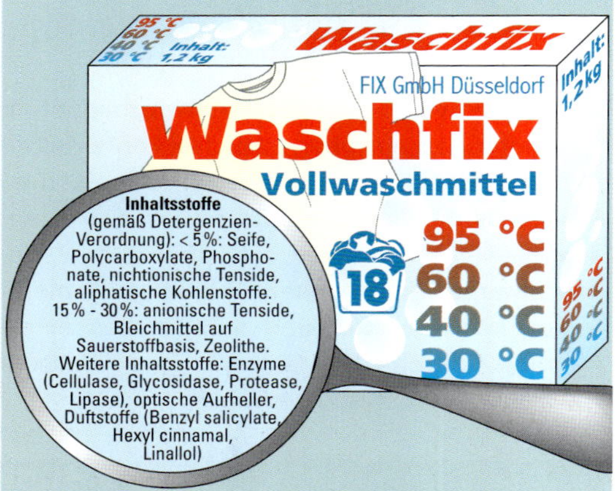

Ergiebigkeit: Bei mittlerer Wasserhärte (2) und mittlerem Verschmutzungsgrad reicht die Packung Waschfix für 18 Wäschen im Hauptwaschgang bei normaler Beladung von 4,5 kg Trockenwäsche.

Dosierungsempfehlung für Waschfix
bei mittlerem Verschmutzungsgrad:

Wasserhärtebereich 1	65 ml
Wasserhärtebereich 2	85 ml
Wasserhärtebereich 3 + 4	110 ml

Beim Leitungswasser werden vier Härtebereiche unterschieden:

- 1 weich
- 2 mittel
- 3 hart
- 4 sehr hart

Das zuständige Wasserwerk gibt Auskunft über den Härtebereich des örtlichen Leitungswassers.

Je härter das Wasser, umso mehr Waschmittel wird benötigt.

Tenside (anionische, nichtionische)	lösen zusammen mit anderen Wirkstoffen den Schmutz von den Fasern und binden ihn in der Waschlauge, besonders öl- und fetthaltige Verschmutzungen.
Perborat	entfernt bleichbare Flecken, z. B. Obst, Tee.
Enzyme	unterstützen die Entfernung eiweißhaltiger Flecken.
Aliphatische Kohlenwasserstoffe	lösen öl- und fetthaltige Verschmutzungen.
Polycarboxylate, Phosponate, Zeolith A u. a.	enthärten das Wasser und schützen Wäsche und Waschmaschine vor schädlicher Kalkablagerung.
Silikate	verhindern die Korrosion der Waschmaschine.
Natriumcarbonat	enthärtet das Wasser, verbessert die Pulverqualität.
Optische Aufheller	erhalten die Brillanz der Wäsche, Weißkraftverstärker.
Duftstoffe	geben der Wäsche einen angenehmen, frischen Duft.
Stabilisierungsstoffe	sichern die Wirksamkeit einzelner Inhaltsstoffe.

Versuche – Waschmittel

Nachweis von optischen Aufhellern

Betrachte unter der Quarzlampe

a) das trockene Waschmittel,

b) Stoffproben, die mit dem Waschmittel gewaschen wurden.

Netzwirkung

Fülle ein Becherglas mit Wasser und ein zweites mit Waschmittellösung. Lege jeweils vorsichtig zwei 1 bis 2 cm lange Baumwollfäden auf die Wasseroberfläche.

Beobachte: Sinken die Fäden schnell, so ist die Flüssigkeitsaufnahme groß.

Oberflächenspannung

Drücke einige Wollfäden kräftig in trockenes Holzkohlepulver.
Fülle ein Becherglas mit Wasser und ein zweites mit Waschmittellösung. Lege jeweils angeschmutzte Wollfäden vorsichtig auf die Wasseroberfläche. Bewege die Wollfäden behutsam mit einem Glasstab. Beobachte.

Emulgierung von Öl

Gib in ein Reagenzglas Wasser und in ein zweites Waschmittellösung. Gib jeweils einige Tropfen blau gefärbtes Öl hinzu. Schüttle die Proben kräftig. Beobachte.

Versuch – Wasserhärtebestimmung

Gib Leitungswasser in ein Glasgefäß. Halte ein Teststäbchen etwa eine Sekunde in das Leitungswasser (nicht unter fließendes Wasser halten).
Nach einer Minute kann der Härtebereich des Wassers abgelesen werden.

Die Teststäbchen können z. B. vier Härtebereiche anzeigen. Die Testzonen reichen hier von Grün bis Rotviolett.

Härtebereich 1: keine bzw. eine rotviolette Testzone.

Härtebereich 2: zwei rotviolette Testzonen
usw.

1. Ermittle die Wasserhärte an deinem Wohnort.
2. Vollwaschmittel enthalten optische Aufheller.
   Für welche Textilien werden diese Waschmittel verwendet?
3. Informiert euch über das Waschmittelangebot, auch über das Baukastensystem.

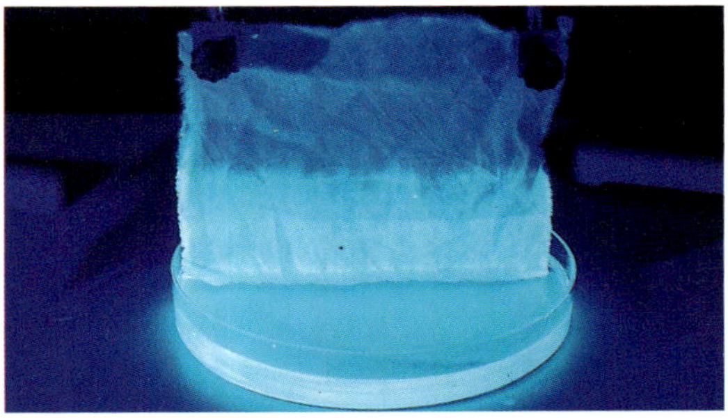

Optischer Aufheller im ultravioletten Licht

Oberflächenspannung ohne und mit Waschmittelzusatz

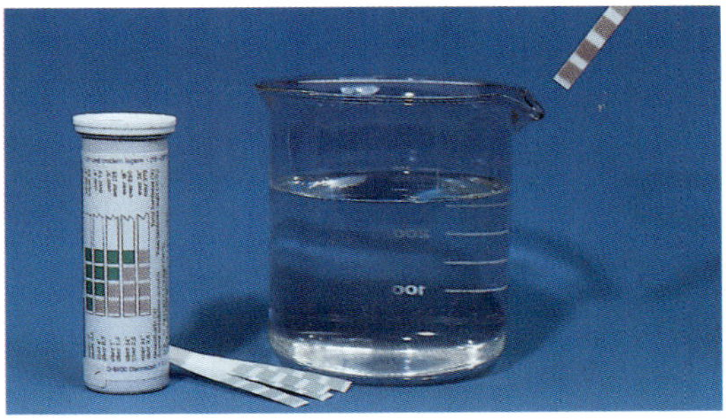

Wasserhärtebestimmung

10 Gesundheitsgerechte Freizeitgestaltung

10.1 Stressbewältigung

1. Beschreibe Stress-Situationen, denen du ausgesetzt bist, und wie du dich dabei fühlst. Z. B. Schreiben eines Vokabeltests: Du hast nicht gelernt, du kannst die Aufgabe nicht lösen.
2. Betrachtet in Gruppen die abgebildeten Fotos. Welche Freizeitbeschäftigungen
   a) dienen der Erholung,
   b) ermöglichen keine Erholung?
   Begründet eure Entscheidungen.

Starke körperliche und seelische Belastung bezeichnen wir als Stress.

Etwa 40% der Bevölkerung sind der Meinung, dass sie unter Stress leiden.

Stress/Eustress kann unter bestimmten Umständen für den Körper nützlich sein. Disstress macht krank, Eustress regt die Körperfunktionen an und steigert so die Leistungsbereitschaft.

Wenn wir von Stress reden, meinen wir Disstress, der durch ständige Überbeanspruchung und Leistungsdruck hervorgerufen wird, z. B. Lärm, Dauerkonflikte, Belastungen am Arbeitsplatz und in der Schule, eingeengte Wohnverhältnisse usw. Durch Disstress können Krankheiten entstehen, z. B. Bluthochdruck, Herzinfarkt, Magen- und Darmerkrankungen, Stoffwechselerkrankungen und seelische Erkrankungen.

Zur Stressbewältigung muss man versuchen, Eustress aufzubauen und Disstress abzubauen.

Eustressaufbau

- Tätigkeiten ausüben, die einem Spaß machen, z. B. Hobbys.
- Gemeinsame Unternehmungen mit Freunden planen, z. B. Sport, Ausflüge, Spiele.
- Anderen und sich selbst Erfolgserlebnisse bereiten, z. B. anerkennende Worte und kleine Geschenke.

Disstressabbau

- Ärger sofort abbauen, z. B. über die Ursache des Ärgers reden – die angestaute Energie wird so verbraucht.
- Gefühle ausleben, z. B. weinen, lachen, singen, körperlich aktiv sein.
- Entspannung und Meditation führen zu einer gelasseneren Lebensweise.

Körperliche Betätigung und Sport dienen dem Aufbau von Eustress. Hierdurch wird der Körper gesund erhalten und die Abwehrkräfte gegenüber Krankheiten werden erhöht. Ein angemessenes körperliches Training steigert die Leistungsfähigkeit von Muskulatur, Herz-Kreislauf-System und Atmung, außerdem wird überschüssige Energie abgebaut.

Eine ständige Überbeanspruchung durch körperliches Training kann jedoch Disstress bedeuten.

Jeder sollte regelmäßig eine Sportart betreiben, die ihm Freude bereitet. Gesundheitsfördernd sind z. B. Dauerlauf, Schwimmen, Radfahren, Skilanglauf, Bergwandern, Tanz und Gymnastik, da bei diesen Sportarten viele Muskelgruppen des Körpers bewegt werden.

Körperliche und geistige Betätigungen verlangen als Ausgleich Entspannungs- und Ruhepausen, in denen wir uns wieder erholen, neue Energie- und Kraftreserven bilden. Schlaf dient so z. B. der Erholung – dem Abbau von Disstress. Während des Schlafs werden Muskelanspannung und Herzfrequenz gesenkt, die Blutgefäße erweitern sich und der Blutdruck sinkt.

Entscheidend für die Erholung ist ein möglichst ungestörter Schlaf. Regelmäßige Einschlafzeiten sowie die Vermeidung von schwer verdaulichen Speisen und anregenden Getränken erhöhen die Tiefschlafzeiten.

Sport im Freien

Entspannendes Atmen

In Stress-Situationen ist die Atmung oft schnell und unregelmäßig. Durch eine verbesserte Atmung wird dem Körper mehr Sauerstoff zugeführt. Das hilft, Stress und Anspannung zu vertreiben.

Atemübung

Lege dich auf einer Decke auf den Rücken. Beine und Füße sind entspannt, die Hände liegen locker auf dem Bauch, Hals und Schultern sind gelöst. Schließe deine Augen.

Lenke deine Aufmerksamkeit auf den Bauch. Atme aus. Atme durch die Nase langsam wieder ein und spüre, wie sich die Bauchdecke dabei hebt. Atme wieder aus; die Bauchdecke senkt sich. Mache nach dem Ausatmen eine kurze Pause. Spüre, wie der Atem danach fast von selbst in deine Lunge strömt.

Mache noch einige dieser langsamen und beruhigenden Atemzüge.

Öffne dann die Augen, nimm die Arme nach oben, dehne und strecke dich und atme dabei nochmals tief ein.

1. Führt die Atemübung aus. Berichtet über eure Erfahrungen dabei.
2. Informiert euch, z. B. im Internet oder bei Krankenkassen, über weitere Entspannungstechniken.
3. Auch körperliche Betätigung dient der Stressbewältigung. Beschreibt, wie ihr euch bei Bewegung und Sport erholen könnt.

1. Lest und diskutiert die Pressemeldung „Fast taub durch Discolärm".
2. Nenne weitere Beispiele, bei denen du Geräusche als unangenehm bzw. störend empfunden hast.
3. Miss mit einem Schallpegelmessgerät die Schallstärke
   a) verschiedener Haushaltsgeräte,
   b) eines Walkmans.
4. Beurteile die jeweilige Schallstärke hinsichtlich evtl. gesundheitlicher Schädigungen.

Fast taub durch Discolärm

Leiser auch bei Kopfhörern! Gehörschäden bei Jugendlichen nehmen zu. Das haben kürzlich Reihenuntersuchungen ergeben. Danach leiden zahlreiche 14- und 15-Jährige unter verminderter Hörfähigkeit, wie sie bisher in diesem Maße nur bei Industriearbeitern nach mindestens zehnjähriger Arbeit an besonders lärmintensiven Arbeitsplätzen festgestellt wurde.

Fachleute warnen daher vor häufigen Discobesuchen. Als gefährlich hat sich aber auch eine Dauerberieselung aus den Kopfhörern vom mp3-Player herausgestellt.

Hörschädigung durch Lärm

Lärm und Lärmvermeidung

Unangenehme und störende Geräusche bezeichnet man als Lärm.

Die Lärmempfindlichkeit ist bei allen Menschen unterschiedlich. Ältere Menschen sind lärmempfindlicher als Jugendliche. Etwa die Hälfte der Bundesbürger fühlt sich zeitweilig durch Lärm belästigt.

Lärm und menschliches Wohlbefinden

Lärm beeinträchtigt die Leistungsfähigkeit. Folgen der Lärmeinwirkung können Schlafstörungen und Konzentrationsstörungen sein.

Der Körper reagiert auf Lärm mit typischen Stressreaktionen:

- Hormonausschüttung,
- Verengung der Blutgefäße, Steigerung des Herzschlags und Anstieg des Blutdrucks.

Stress-Situationen machen krank, vgl. S. 190.

Maßnahmen zum Lärmschutz

- Radio, Fernsehgeräte usw. auf Zimmerlautstärke einstellen.
- Walkman seltener benutzen bzw. auf geringe Lautstärke achten.
- Beim Kauf von Haushaltsgeräten die Lärmentwicklung beim Einsatz berücksichtigen. Lärmarme Geräte, z. B. Staubsauger, sind teilweise mit dem Umweltzeichen versehen.
- Lautstarke Rasenmäher, über 60 dB (A), nur werktags zwischen 7 und 19 Uhr benutzen.
- Beim Discobesuch zwischendurch einmal nach draußen gehen.
- Dauer und Häufigkeit von Discobesuchen sind auch entscheidend für eventuelle Hörschädigungen.
- Lärmschwerhörigkeit kann weder durch Medikamente noch durch andere Maßnahmen vermindert werden.

Gesundheitsvorbeugung – Bekämpfung der Lärmentstehung ist jedoch möglich.

Fernsehen, DVDs und Computerspiele – Leben aus zweiter Hand?

1. Lies das Fallbeispiel.
2. Nenne Ursachen für die Fernsehgewohnheiten der Familie Schulze.
3. Wie wirken sich diese
   a) auf die Gesundheit,
   b) auf das Familienleben aus?
4. Schreibt Rollenspiele zum Thema „Ein Abend bei Familie Schulze ohne Fernseher".
   a) Womit beschäftigen sich die Familienmitglieder?
   b) Welche Schwierigkeiten gibt es?
   c) Welche positiven Erfahrungen gibt es?

Fallbeispiel
Familie Schulze sitzt beim Abendbrot. Der Fernseher steht so, dass Herr Schulze hinsehen kann. Es herrscht Schweigen. Die Kinder sind im Gegensatz zu sonst sehr schweigsam. Sie haben beim Essen ruhig zu sein und dürfen ihren Vater nicht stören. Freunde sprechen Herrn Schulze darauf an, dass aus seiner Wohnung ständig der Fernseher zu hören ist. „Das fällt mir nicht mehr auf", sagt er. Dabei hat man den Eindruck, dass Herr Schulze die Sendungen, die beim Abendbrot laufen, nur sehr unbeteiligt verfolgt. Auch das bestätigt er: „Es läuft so vorüber. Wenn mich einer fragt, was ich gesehen habe, bringe ich alles durcheinander."

Und auf die Frage, warum es so still bei Tisch sei, antwortet er: „Das habe ich von zu Hause – man verschluckt sich leicht, wenn man isst und dabei spricht."

Nach dem Abendessen dürfen die Kinder meist noch fernsehen. Auch darüber entscheidet der Vater. Frau Schulzes Einwand, die Kinder würden danach so schlecht einschlafen, übergeht er. Erlaubt wird das Fernsehen aber nur, wenn die Kinder ganz ruhig sind. „Sonst fliegt ihr sofort raus", droht er. Am nächsten Morgen wollen die Kinder dann wieder einmal nicht aufstehen und in der Schule können sie sich nicht konzentrieren. Den gemeinsamen Fernsehabend benutzt Sabine, um bedrückende Probleme anzusprechen – Probleme, bei denen sie befürchtet, dass zu anderer Zeit Strafe folgen würde. Sabine: „Wenn ich mal was ausgefressen habe, dann erzähle ich das, wenn mein Vater fernsieht. Dann ist er meist ganz friedlich und schimpft nicht sofort los. Dann habe ich keine Angst vor ihm, ich kann ihm fast alles sagen."

„Fernsehen und DVDs beruhigen", erzählt Herr Schulze. Er wüsste gar nicht, was er ohne Fernseher machen würde. „Nach einem Tag in der Firma bin ich abends fix und fertig. Ich habe einfach keine Lust mehr zu irgendetwas."

Eines Tages: Der Fernseher geht kaputt! Familie Schulze steht nun vor der Wahl, einen neuen Fernseher zu kaufen oder zunächst darauf zu verzichten. Herr Schulze meint: „Es ist überhaupt nicht vertretbar, Kinder ohne Fernseher aufwachsen zu lassen. Es gibt so viele gute Beiträge."

Trotzdem kauft Familie Schulze vorerst keinen neuen Fernseher. Sabine berichtet später: „In den ersten Monaten wussten wir abends oft nicht, was wir tun sollten." (Nach J. U. Rogge: Heidi, Pacman und die Video Zombies).

Rollenspiel: Konflikte austragen

Ihr sollt die unten aufgeführten Konfliktsituationen in Rollenspielen darstellen.

1. Lest die Situationskarten.
2. Sammelt in Gruppen Argumente für die Spieler:
   a) für die Eltern,
   b) für die Jugendlichen.
3. Einigt euch, wer die verschiedenen Rollen spielt.
4. Führt die Rollenspiele durch.
5. Wertet das Spielgeschehen aus. Führt die Rollenspiele evtl. nochmals mit neuen Aussagen durch.
6. Beschreibt weitere Konfliktsituationen, die ihr erlebt habt.

Situationen

Petra hat mehrere schlechte Arbeiten in der Schule geschrieben, ihr Fernseher wird von den Eltern weggesperrt.

Jochen hat Stress mit seinen Eltern, da der Fernseher in seinem Zimmer ständig läuft.

Manfred ist es peinlich, dass er keinen eigenen Fernseher hat. Er möchte nicht, dass seine Mitschüler das erfahren.

Claudia wünscht sich einen Computer, damit sie durch Lernprogramme ihre Leistungen in der Schule verbessern kann. Ihre Eltern meinen, sie würde dann nur noch in ihrem Zimmer hocken.

Durch den steigenden Medienkonsum, z. B. Fernsehen, DVDs, Computerspiele, sinken die Bereitschaft und die Fähigkeit zum Gespräch miteinander.

- Man erlebt die Wirklichkeit aus zweiter Hand. Medienkonsum ist kein Ersatz für
  - Erlebnisse, unmittelbare Erfahrungen, die man selber macht,
  - Begegnungen mit anderen Menschen,
  - die Natur, die man erlebt.
- Das „Erlebte" kann sich negativ auf das Verhalten auswirken. Die „erlebte" Gewalttätigkeit kann Aggressionen auslösen.
- Übertriebener Medienkonsum kann zu gesundheitlichen Störungen führen, z. B.
  - Konzentrationsschwäche,
  - Kopfschmerzen,
  - Angstzustände, Schlafstörungen.
- Bei einem alternativen Freizeitangebot sinkt meist das Interesse am Medienkonsum.

Auf der anderen Seite kann das gemeinsame Anschauen ausgewählter Programme zu Gesprächen anregen. Auf diese Weise kann das Gesehene dann zugleich verarbeitet werden.

1. Nach einiger Zeit kauft Familie Schulze einen neuen Fernseher. Erarbeitet Tipps für die Gestaltung des „Familienfernsehprogramms".
2. Ermittle aus Programmzeitungen Sendungen, die
   a) sehenswert und interessant sind,
   b) Gewalttätigkeit zeigen.
   Begründe deine Auswahl.
3. Startet eine Umfrage unter euren Mitschülerinnen und Mitschülern:
   - Wie viel Stunden seht ihr täglich fern?
   - Welche Sendungen, DVDs
     a) bevorzugt ihr,
     b) meidet ihr?
   - Was tut ihr am liebsten in der Feizeit?
   - usw.

Stellt die Ergebnisse der Umfrage auf Plakaten dar.

10.2 Gemeinsame Freizeitgestaltung

Entscheidungsprozess – Familienurlaub

Problemphase
Christina ist 15 Jahre alt, ihr Bruder Jan wird bald 17 Jahre. Christina und Jan möchten während des Urlaubs ihren eigenen Interessen nachgehen. Herr und Frau K. meinen, dies wäre auch während eines gemeinsamen Familienurlaubs möglich.

Führt für die Familie Keller im Rollenspiel einen Entscheidungsprozess durch:
Können während eines gemeinsamen Urlaubs die unterschiedlichen Urlaubsbedürfnisse, vgl. Abbildung, der Familienmitglieder weitgehend berücksichtigt werden?

Planungsphase
Was möchten die verschiedenen Familienmitglieder am liebsten während des Urlaubs tun? Reiten oder Museumsbesuch, Wandern oder?

Informationsphase
Besorgt euch Prospekte von Urlaubsorten, Freizeiteinrichtungen und ermittelt:

- Welche Freizeitaktivitäten sind dort möglich?
- Was könnte man hier gemeinsam bzw. allein unternehmen?
- Welche Kosten entstehen?
- Welche Urlaubsziele eignen sich?

Beurteilungsphase
- Was spricht für bzw. gegen einen gemeinsamen Familienurlaub?
- Können die unterschiedlichen Bedürfnisse der verschiedenen Familienmitglieder weitgehend während eines gemeinsamen Urlaubs erfüllt werden?
- usw.

Entscheidungsphase ...

1. Erstellt Collagen:
   „So stelle ich mir meine Freizeit vor.“
2. Ermittelt durch eine Umfrage die zehn beliebtesten Urlaubsorte.

HOBBY

Zum Steckenpferd ich heiter rat'
Und wünsch, dass Glück der Reiter hat.
Der eine hören nur vom Sport will,
Der andere liebt ein nettes Wortspiel.
Ein Dritter schätzt der Karten Gunst,
Ein Vierter schwärmt für Gartenkunst.
Ein Fünfter sich mit starkem Rauch beizt,
Den Sechsten nur zu fülln den Bauch reizt.
Ein Siebter – dass ich kostbar spaße –
Trägt all sein Geld zur Postsparkasse.
Der Achte Wein, Weib und Gesang liebt,
Der Neunte Marken nächtelang siebt.
Der Zehnte jagen, fischen will,
Der Elft' schaut Telewischn viel.
Der Zwölft', als Leser, mir als Held gelt',
Der mehr vom Geiste als vom Geld hält!
Eugen Roth

Wir gestalten eine Menükarte am PC

Faltlinie →

Menükarte

Osterdinner mit der
Klasse 8 a
in Bochum
am Freitag, dem 2. April 20..
in der Friedrichschule

Rückseite | **Vorderseite**

Für festliche Menüs wird meist eine aufklappbare Menükarte gestaltet. Auf der Vorderseite der Menükarte werden

- der Anlass des Menüs sowie
- Termin und Ort genannt.

Für die Gestaltung der Vorderseite eignen sich außerdem Abbildungen, die einen Bezug zum Anlass des Menüs haben sollten.

Wenn man die Karte aufschlägt, steht auf der rechten Innenseite die Speisenfolge. Auf der linken Innenseite können zur Menüfolge passende Getränke angegeben werden.

Ein Menü besteht aus mindestens drei Gängen – einer Vorspeise, einem Hauptgang und einer Nachspeise. Festliche Menüs können sechs und mehr Gänge haben. Die verschiedenen Gänge werden in folgender Reihenfolge genannt:

- kalte Vorspeise
- Suppe
- warme Vorspeise
- Hauptgericht mit Sättigungsbeilage, Gemüse oder Salat
- Nachspeise und/oder Käse

Das hier vorgeschlagene Menü besteht aus vier Gängen.

Je übersichtlicher eine Menükarte gestaltet ist, umso leichter ist sie zu lesen.

Gestaltung der Vorderseite der Menükarte
Wenn ihr keine Software für Grußkarten und Einladungen habt, könnt ihr euch leicht behelfen:

- ▶ Word-Dokument aufrufen
- ▶ Querformat einrichten, damit die Menükarte später geklappt werden kann. Das geht so: Datei – Seite einrichten... – Orientierung – Querformat – OK
- ▶ Tabelle – Zellen einfügen – Spalten 2 – Zeilen 1 – OK

Die linke Spalte des Dokuments für die Rückseite wird nicht benutzt.

In der rechten Spalte könnt ihr jetzt die Vorderseite gestalten.

Dazu sucht ihr euch erst einmal eine schöne Schrift und eine gut lesbare Schriftgröße aus. Wenn ihr einen Farbdrucker habt, könnt ihr die Schrift nun auch farbig gestalten.

Ostermenü

Salat mit Schafskäse

****

Klare Gemüsesuppe

****

Eier in Senfsoße
neue Kartoffeln
Salatherzen

****

Fruchtbecher

Faltlinie →

Innere linke Seite | **Innere rechte Seite**

Eine Abbildung – ein Foto oder eine Zeichnung – solltet ihr schon unter „Eigene Dateien" abgelegt haben, denn diese müsst ihr gleich einfügen. Man kann auch ein Clip-Art-Bild nehmen oder selbst etwas zeichnen, ein Bild einscannen oder ...

So geht es weiter:

- das Wort „Menükarte" in die rechte Spalte schreiben
- mit ENTER die Zeile vergrößern
- Einfügen – Pull-down-Menü Grafik – Aus Datei ... – Eigene Bilder (Bild aussuchen) – Einfügen – OK
- restlichen Text schreiben
- Bearbeiten – Alles markieren – Zentriert
- so lange Text und Bild mit ENTER hoch- und runterschieben, bis die Gestaltung der Vorderseite stimmt

Damit ist die Vorderseite der Menükarte fertig. Aber die Tabellenlinien stören:

- Format – Rahmen und Schattierungen ... – Rahmen – ohne – OK. Die Linien der Tabelle sind verschwunden.

Die Vorderseite könnt ihr jetzt drucken.

Tipp: Wenn ihr keinen Farbdrucker habt, legt farbiges Schreibpapier oder Tonpapier in den Drucker. Auf farbigem Papier muss aber die Schrift ganz besonders deutlich sein!

Gestaltung der inneren rechten Seite der Menükarte

Ihr öffnet ein zweites Word-Dokument und geht genauso vor wie bei der Vorderseite. Übersichtlich werden die verschiedenen Gänge, wenn ihr sie mit einer Sternchenleiste oder einer anderen Ornamentleiste voneinander trennt.

Sonst gilt das Gleiche wie bei der Gestaltung der Vorderseite. Aber halt, noch nicht drucken!

Jetzt wird es knifflig. Je nachdem welchen Drucker ihr habt, müsst ihr die Seite verkehrt herum in den Drucker legen oder so herum, wie die Seite aus dem Drucker herausgekommen ist. Am besten probiert ihr das aus und notiert es euch.

Wenn die Menükarte allen gefällt und die letzten Tippfehler beseitigt sind, druckt ihr die benötigte Anzahl an Menükarten aus.

Tischdekorationen

1. Mache Vorschläge für eine passende Tischdekoration für
   a) eine Nikolausfeier,
   b) eine Faschingsfeier,
   c) eure Klassenfete.

2. Entwerft Tischkarten für
   a) eine Taufe,
   b) eine Hochzeitsfeier,
   c) eure Klassenfete.

3. Sammelt und erprobt Möglichkeiten für das Falten von Servietten.

4. Deckt einen Tisch für folgendes Menü:
   Spaghetti mit Hackfleischsoße
   Grüner Salat – Kopfsalat
   Obstsalat, Mineralwasser

Tischdekorationen werden dem Anlass entsprechend ausgewählt.

- **Tischkarten** informieren den Gast über eine bestimmte Sitzordnung.
- **Menükarten** informieren bei einem festlichen Menü über eine umfangreichere Speisenfolge.
- **Kerzenleuchter** geben eine stimmungsvolle Atmosphäre. Die Kerzen dürfen nicht zu lang sein, die Flamme blendet sonst und stört die Unterhaltung.
- **Blumen**, z. B. als Gesteck, Blumenband oder kleiner Strauß auf dem Tisch, eignen sich gut zur Dekoration.
- **Tischdecke** und -bänder sind farblich auf das Geschirr abgestimmt, z. B. Geschirr mit Muster auf einfarbiger Decke und umgekehrt.
- Die **Servietten** sollten farblich zum Geschirr passen.

Servietten falten: Spitz

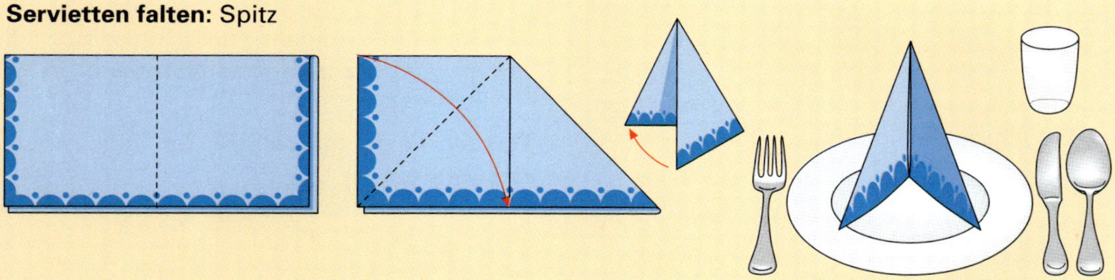

Serviette einmal aufklappen, offene Kante zeigt nach vorn.

Linke und rechte Serviettenecke zur Mitte der offenen Kante falten.

Das entstandene Dreieck in der Mitte zusammenfalten, aufstellen.

Servietten falten: Mütze

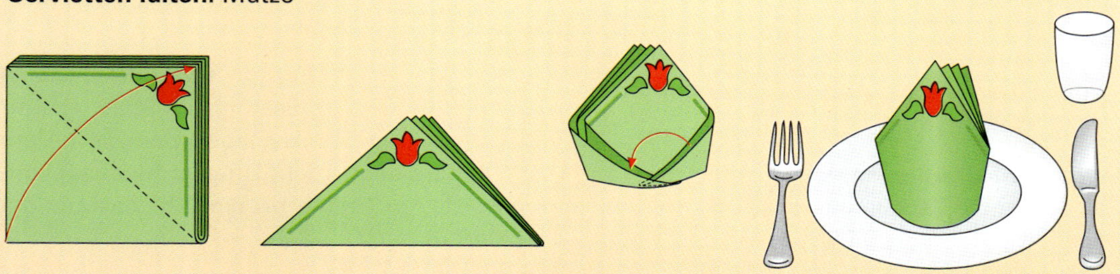

Ausgangsstellung

Untere geschlossene Ecke nach oben falten.

Beide Ecken hinten zusammenstecken.

Wir erstellen ein Blumengesteck

Blumengestecke können als Tischdekoration oder Raumdekoration gestaltet werden.

Benötigte Materialien:

- Blumen, Grün, Zweige
- Steckschale
- Steckhilfsmittel, z. B. mit Wasser getränktes Steckmoos oder Steckigel

Arbeitsschritte

- Zuerst Steckhilfsmittel befestigen.
- Dann das Steckhilfsmittel mit kurzem Grün abdecken, damit es nicht mehr zu sehen ist.
- Es folgen kurzstielige Blüten, die über dem Grün angeordnet werden.
- Danach halbhohe hellere Blüten in lockerer Anordnung befestigen.
- Zuletzt werden längere kleine Blüten eingesteckt, sie wirken besonders leicht.
- Die Blüten sollen in unterschiedlicher Höhe ungleichmäßig – asymmetrisch – angeordnet sein. Das Gesteck wirkt dadurch leichter.
- Das fertige Gesteck sollte mindestens die zweifache bis dreifache Höhe der Steckschale haben.
- Das Tischgesteck für eine Festtafel sollte möglichst flach und wenig ausladend sein, damit die Gäste sich sehen und miteinander reden können.

Blumengesteck

Unterhaltungsprogramm

1. Stellt
   a) ein Musikprogramm,
   b) Gesellschaftsspiele
   für euer Klassenfest zusammen.
2. Erstellt eine Wandzeitung, in der ihr euch euren Gästen vorstellt.
3. Erarbeitet eine Rallye für euren nächsten Wandertag.

Zusammenstellung eines Unterhaltungsprogramms

- Der Festanlass ist zunächst bestimmend für das Unterhaltungsprogramm.
- In diesem Rahmen wird dann das Interesse der Teilnehmer/Gäste berücksichtigt, z. B. Musik, Bewegung, Spiel, Unterhaltung.
- Das Wetter ist entscheidend dafür, ob das Fest im Haus und/oder im Freien stattfinden kann, dies ist ebenfalls mitbestimmend für die Art des Unterhaltungsprogramms.
- Schließlich werden bei der Zusammenstellung Arbeitsaufwand und Kosten berücksichtigt.

Unterhaltungsprogramm
Wandzeitung: Alle Teilnehmer des Festes stellen sich den Gästen vor, indem sie ihre Namen auf eine Wandzeitung schreiben und sich selbst dazuzeichnen.

Ballonreise: 4 Spieler sitzen bzw. stehen in der Mitte, die anderen Teilnehmer hören zu und ermuntern evtl. die Spieler.
Die Spieler stellen vier Persönlichkeiten dar, die in einem Heißluftballon sitzen.
Der Ballon ist überladen. Sie können nur starten, wenn einer von ihnen vorher den Ballon verlässt.
Jeder Mitspieler muss versuchen, die anderen durch Worte davon zu überzeugen, dass gerade er in dem Ballon bleiben darf.

Weitere Möglichkeiten?

Eine kalte Vorspeise – ein Gang

Eine warme Vorspeise – ein Gang

Ein Dessert – ein Gang

1. Nenne mögliche Anlässe für ein festliches Menü.
2. Ihr plant ein festliches Menü.
   a) Stellt die Speisenfolge für 12 Personen mit 4 Gängen zusammen.
   b) Beschreibt das Anrichten und Garnieren der Speisen.
   c) Erstellt
      – eine Einkaufsliste,
      – einen Arbeitsplan
      für die Zubereitung des festlichen Menüs.

Festliches Menü

Ein Menü ist eine Speisenfolge von mindestens drei aufeinanderfolgenden Gängen, die in einer festgesetzten Reihenfolge verzehrt werden. Erst ab drei Gängen ist eine Mahlzeit ein Menü.

Ein festliches Menü besteht aus mehr als drei Gängen. Ein Gang ist dabei allein kein sättigendes Gericht.

Der Hauptgang ist im Menü der beherrschende Gang, die anderen Gänge werden nach ihm ausgerichtet.

Ein Gang kann kalt oder warm serviert werden. Kalte Gänge werden nur am Anfang als Vorspeise oder am Ende als Nachspeise serviert.

Zahl und Art der Gänge eines Menüs – Speisenfolge

- **Grundmenü:** Vorspeise
  Hauptgang
  Dessert
- **Festliches Menü mit vier Gängen**

kalte Vorspeise
Suppe
Hauptgang
Dessert

oder

kalte Vorspeise
warme Vorspeise
Hauptgang
Dessert

oder

Suppe
warme Vorspeise
Hauptgang
Dessert

Erweiterungsmöglichkeiten des Grundmenüs sind also im Wesentlichen:
eine **kalte Vorspeise**, die vor der Suppe gereicht wird, und eine **warme Vorspeise** und/oder ein **Fischgericht**, die nach der Suppe serviert werden.

Kaltes Büfett

Zusammenstellung eines Büfetts
Je nach Tageszeit und Anlass können unterschiedliche Büfetts aufgebaut werden. Man unterscheidet kalte, warme und gemischte Büfetts, z.B. Salat-, Frühstücks-, Dessertbüfetts.

Aufbau eines kalten Büfetts
- Einen länglichen Tisch z.B. an die Wand stellen. Er ist so von drei Seiten zugänglich. Der Gast sollte von links nach rechts daran vorbeigehen können.
- Links auf dem Tisch steht der Tellerstapel. Ist der Platz zu knapp, so können Teller, Gläser und Besteck auch auf einem Nebentisch angeordnet werden.
- Speisen, Salate, kalte Platten, Fleisch, Fisch usw. stehen rechts neben den Tellern. Die entsprechenden Vorlegebestecke liegen neben den Schüsseln bzw. auf den Platten.
- Speisen sollen für die Gäste leicht erreichbar sein, daher die hinten stehenden Speisen evtl. erhöht anordnen.
- Verschiedene Brotsorten, das sortierte Besteck und die Servietten liegen rechts daneben.
- Nachspeisen, Käse, Kuchen und Obst stehen ganz rechts.
- Getränke und Gläser können auch auf einem Servierwagen oder einem Nebentisch stehen.
- Das gebrauchte Geschirr wird auf einem Seitentisch abgestellt.

Vorteile eines kalten Büfetts
- Die Speisen und Getränke können in Ruhe vorbereitet werden. Die Gastgeber können sich den Gästen widmen, sie müssen sich nicht um das Servieren und Abservieren bemühen.
- Jeder Gast kann die Speisen nach seinem Geschmack und Appetit wählen.
- Eine größere Anzahl von Gästen kann auch in einer kleinen Wohnung bewirtet werden. Die Zahl der Festteilnehmer ist nicht festgelegt.

1. Sammelt Rezepte für ein kaltes Büfett.

2. Ein kaltes Büfett für 20 Personen soll erstellt werden.
   a) Stellt eine Speisenfolge zusammen.
   b) Überlegt, welche Menge von den verschiedenen Speisen zubereitet werden sollen. Berücksichtigt die Mengenangaben auf S. 204.
   c) Erstellt eine Einkaufsliste und einen Arbeitsplan für das kalte Büfett.
   d) Berechnet die Kosten für das kalte Büfett.

3. Macht Vorschläge für das Anrichten und Garnieren einer kalten Bratenplatte.

4. Erkundet Angebot und Kosten für kalte Büfetts von einem Party-Service.

5. In einem Prospekt ist dies Foto eines kalten Büfetts zu finden. Beschreibe
   a) Speisenauswahl,
   b) Anordnung der Speisen.
   Mache Verbesserungsvorschläge.

Speisen anrichten und garnieren

Anrichten ist das Einfüllen oder Auflegen von fertigen Speisen in Anrichtegeschirr, z. B. Platten und Schüsseln.

Kartoffelschüssel mit Löffel

Garnieren einer Suppe

Garnieren einer roten Grütze

- Das Anrichtegeschirr muss sauber und unbeschädigt sein.
- Schüsseln, Schalen usw. nur drei Viertel voll – zwei Finger unter dem Rand – füllen. Rand mit einem sauberen Tuch reinigen.
- Auch bei Platten den Rand frei lassen. Die Ränder müssen sauber sein. Die Speisen wirken so appetitlicher.
- Heiße Speisen in vorgewärmtem Geschirr anrichten.
- Feste Speisen in Schüsseln oder auf Platten geben.
- Flüssige Speisen in Schüsseln geben oder mit einem Gießtopf in Einzelportionen ausfüllen.
- **Vorlegebesteck** bei Schüsseln u. Ä. danebenlegen, bei Platten darauflegen. Beispiele: Gemüselöffel, Kartoffellöffel, Salatbesteck, Suppenkelle, Soßenlöffel, Fleischgabel.
- Garnieren ist ein Verzieren von fertig angerichteten Speisen.
- **Garnieren – allgemein:** Speisen so garnieren, dass die Garnierung farblich und geschmacklich dazu passt: z. B. Petersilie, Tomatenachtel, Zwiebelringe, Zitronenscheiben, Kräuter.
- Die Garnierungen sollen essbar sein.
- Nicht zu üppig garnieren, die Speisen sollen noch zu sehen sein.
- Möglichst eine Randgarnierung oder Mittelgarnierung auswählen.

Fleischplatte mit Fleischgabel und Löffel

Servieren

- Grundsätzlich sollten alle Essensteilnehmer möglichst gleichzeitig bedient werden.
- Hektik und Lärm sind beim Servieren zu vermeiden.

Von welcher Seite wird der Gast bedient?

Von der rechten Seite des Gastes:

- Alle Speisen auf Tellern – Tellerservice – werden von rechts eingesetzt und von rechts auch wieder ausgehoben.
- Leere Teller für den nächsten Menügang werden ebenfalls von rechts eingesetzt.
- Da die Gläser rechts stehen, werden auch die Getränke von rechts eingegossen. Der Flaschenhals befindet sich dabei 1 bis 2 cm über dem Glas.
- Ausnahmen gibt es, wenn das Einsetzen von rechts z. B. aus räumlichen Gründen nicht möglich ist.

Von der linken Seite des Gastes:

- Wenn sich der Gast selbst aus den Schüsseln usw. bedient – Plattenservice – werden die Speisen von links angereicht. So kann sich der Gast mit der rechten Hand die Speisen auffüllen. Der Gast nimmt sich nun mit dem Vorlegebesteck die gewünschte Menge auf den Teller.
- Gedeckteile für z. B. Salat, Kompott, Brot sowie Resteteller, die ihren Platz auf der linken Seite des Gastes haben, werden auch von links eingesetzt und abgeräumt.

Bewegungsrichtung beim Servieren:

- Grundsätzlich vorwärts gehen.
- Beim Einsetzen von Tellern – von rechts – geht man im Uhrzeigersinn um den Tisch.
- Werden die Speisen von links angeboten, bedient sich der Gast also selbst, geht die servierende Person jeweils nach rechts weiter – also gegen den Uhrzeigersinn.
- Abserviert wird, wenn alle Gäste einen Gang bzw. das Menü beendet haben. Dies ist daran zu erkennen, dass die Bestecke parallel mit den Griffen nach rechts auf den Tellern liegen.

Einsetzen des Tellers von rechts

Bewegungsrichtung beim Einsetzen

Anreichen der Speisen von links

Einschenken von Getränken

Ausheben eines Tellers von rechts

Projekt – Wir frühstücken gemeinsam

Für ein gemeinsames Frühstück muss vieles im Voraus geklärt werden:

- Wann und wo soll das gemeinsame Frühstück stattfinden?
- Wen wollen wir einladen? Z. B. alle Lehrer, die in unserer Klasse unterrichten, oder die Schüler, die im nächsten Jahr mit dem Fach Haushalt und Ernährung beginnen?

Informationsphase
Damit unser gemeinsames Frühstück allen Beteiligten viel Spaß bereitet, sollen dabei der äußere Rahmen und auch die Lebensmittelauswahl stimmen.

Mit folgenden Themen müssen wir uns zunächst noch einmal genauer beschäftigen:

- Welche Verhaltensregeln wollen wir bei der Frühstückseinnahme beachten?
- Welche Lebensmittel und in welchen Mengen wollen wir für ein gesundes und umweltfreundliches Frühstück empfehlen?

In Gruppen werden wir nun diese Themen bearbeiten.

Präsentationsphase
Die Ergebnisse der Gruppenarbeit können wir z. B. auf Plakaten dokumentieren.

Nun wissen wir ganz genau,

- wer was macht,
- wie wir essen sollen,
- was wir essen sollen.

Durchführungsphase
Ob wir die aufgestellten Regeln nun auch bei der Mahlzeiteneinnahme beachten, werden wir bei dem gemeinsamen Frühstück überprüfen.

- Werden die aufgestellten Verhaltensregeln von allen beachtet?
- Sind die eingekauften Lebensmittelmengen ausreichend oder aber zu groß?

Kontrollphase
Wir fragen uns:

- Haben alle ihre Aufgaben umsichtig ausgeführt?
- Was hat uns besonders gut gefallen?
- Was können wir noch besser machen?

Projekt – Wir erstellen einen Freizeitführer für unsere Gemeinde

1. Führt eine Umfrage durch: Welche Freizeitangebote/ Einrichtungen sind euch wichtig?
2. Stellt fest, welche Anbieter von Freizeitangeboten es in eurer Gemeinde gibt, z. B. Vereine, Verbände.
3. Erkundet
   a) das jeweilige Freizeitangebot der verschiedenen Anbieter,
   b) die Zielgruppe,
   c) die Rechte und Pflichten der Mitglieder,
   d) den Beitrag – die Kosten.
4. Ermittelt angemessene Freizeitangebote
   a) für die ganze Familie,
   b) speziell für Jugendliche.
5. Erstellt in Gruppen einen Freizeitführer für eure Gemeinde.

Die Freizeit sollte so gestaltet werden, dass sie Spaß macht und einen Ausgleich zur Arbeitswelt/zum Unterricht ermöglicht. Die Arbeit in Schule und Beruf ist häufig nicht so stark körperlich belastend, dafür jedoch psychisch anstrengend, d.h., es besteht Bewegungsmangel, gleichzeitig wird eine hohe Konzentration gefordert. Hieraus entstehen gesundheitliche Risiken, die durch eine angemessene Freizeitgestaltung gemindert bzw. ausgeglichen werden können.

Freizeitfunktionen

Wiederherstellung und Erhaltung der Gesundheit: z.B. Sport, Spaziergang, Entspannung

Unterhaltung, Vergnügen: z.B. Lesen, Treffen mit Freunden, Tanzen

Selbstverwirklichung: z.B. Hobbys – Basteln, Gestalten, Mitglied in einer Jugendgruppe

Negative Auswirkungen haben folgende Situationen in der Freizeit: Bewegungsmangel, übermäßiger Fernsehkonsum, Lärm, Stress durch lange Autofahrten, Langeweile, geringe Abwechslung.

Welche Möglichkeiten für die Freizeitgestaltung möchten Sie in Ihrer Nähe haben?

Nennen Sie die Angebote/Einrichtungen, die für Sie am wichtigsten sind.

Schwimmbad, Badesee	58 %
Naherholungsgebiet	53 %
Restaurants	52 %
Schöne Geschäfte	41 %
Kneipen, Bistros, Cafés	37 %
Kinos	34 %
Freizeitpark	32 %
Flohmarkt	26 %
Theater	23 %
Zoo, Tierpark	23 %
Sportverein	22 %
Sportveranstaltungen	21 %
Bücherei, Bibliothek	20 %
Konzerte	19 %
Diskotheken	19 %
Spielplatz	13 %
Museum	13 %
Weiterbildungsangebot	12 %
Kunstausstellung	12 %
Oper	9 %

(Freizeit-Forschungsinstitut)

1 Suppen

Salzige Suppen

Gemüsesuppe

1 mittelgroße Möhre
125 g Sellerie
1 Stange Porree
1 Kohlrabi
1 Zwiebel

1 l heißes Wasser
1 TL gekörnte Gemüsebrühe
Salz
Pfeffer

1 EL gehackter Dill

310 kJ
2 g E
1 g F
7 g KH

Abwandlungen

- Anstelle der genannten Gemüsesorten kann ein Paket tiefgekühltes Suppengemüse verwendet werden.
- Auch andere Gemüsesorten der jeweiligen Jahreszeit können ausgewählt werden, z. B. Blumenkohl, Spargel, Schwarzwurzeln, Brokkoli, Erbsen, Bohnen.
- Gemüse kann zunächst auch in 40 g Margarine angedünstet werden. Danach 1 l heißes Wasser und gekörnte Brühe hinzufügen.

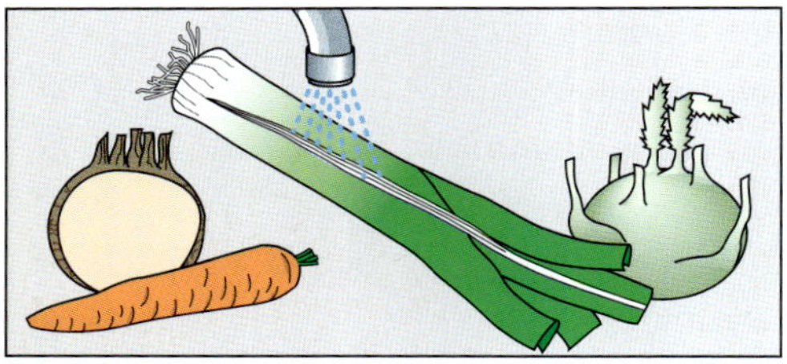

Möhre, Sellerie, Porree und Kohlrabi waschen.

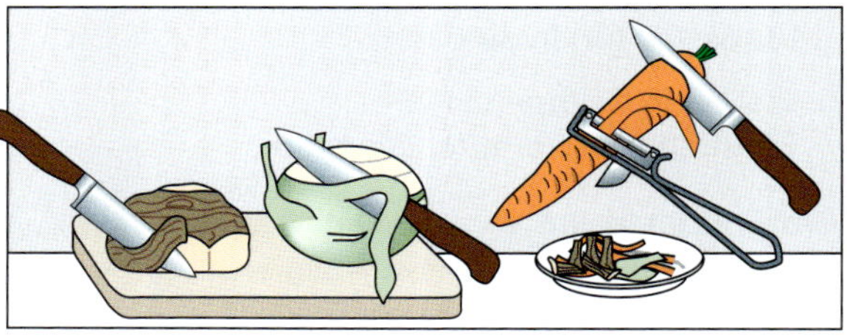

Sellerie, Kohlrabi und Möhre putzen und schälen.

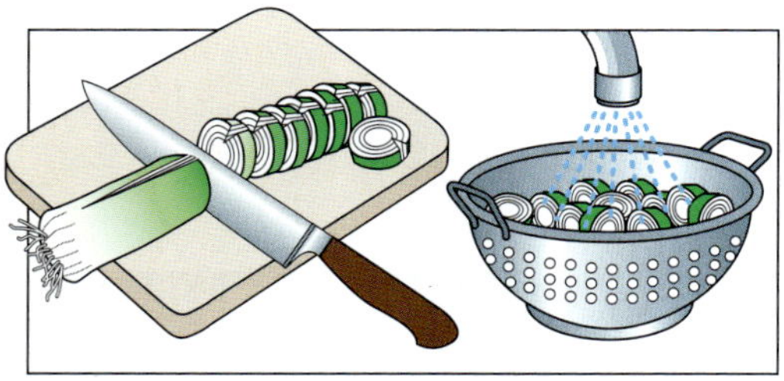

Porree putzen, in Streifen schneiden, noch einmal kurz waschen.

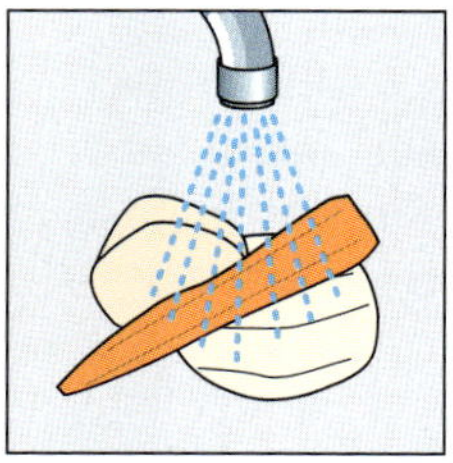

Gemüse nochmals waschen.

Zwiebel schälen und halbieren, würfeln.

Sellerie in Scheiben schneiden, würfeln.

Kohlrabi halbieren, in Scheiben schneiden, würfeln.

Möhre halbieren, in Streifen schneiden, würfeln.

1 l Wasser und 1 TL Brühe im Topf zum Kochen bringen.

Gemüse in die kochende Brühe geben, aufkochen.

Herunterschalten und 15 Minuten kochen.

Dill waschen, hacken.

Suppe mit Salz und Pfeffer abschmecken, mit Dill anrichten.

Zwiebelsuppe

375 g Zwiebeln
30 g Margarine
3/4 l Wasser
2 TL gekörnte Brühe
Salz, Pfeffer, Basilikum

Verfeinerung
Geröstete Brotwürfel
3 Scheiben Toastbrot
1 EL Butter

40 g geriebener Gouda

620 kJ	9 g F
4 g E	12 g KH

Zwiebeln schälen, halbieren, in Scheiben schneiden.

Margarine erhitzen, Zwiebeln glasig dünsten.

Wasser, Brühe hinzufügen, 15 Minuten gar ziehen lassen.

Suppe mit Salz, Pfeffer und Basilikum würzen.

Feuerfeste Tassen zu 2/3 mit Suppe füllen. Geröstete Brotwürfel und Käse darauf geben.

Überbacken: 3 Minuten im Grill oder im Backofen bei 250 °C.

Obstsuppe/Obstkaltschale

Apfelsuppe

500 g Äpfel
2 EL Zitronensaft
½ l Wasser
3 Nelken
1 Zimtstange
50 g Zucker

1 EL Stärke, 6 EL kaltes Wasser
2 EL Zitronensaft (etwa ½ Zitrone)

510 kJ
1 g E
30 g KH

Die Hälfte der Äpfel schälen, vierteln, entkernen, in Stücke schneiden. Mit Zitronensaft beträufeln.

Wasser mit Nelken, Zimtstange und Zucker 5 Minuten kochen.

Gewürze aus der Flüssigkeit nehmen. Äpfel 5 Minuten kochen.

1 EL Stärke mit 6 EL kaltem Wasser anrühren.
Angerührte Stärke unter Rühren zur Apfelsuppe geben, kurz aufkochen.

Die restlichen Äpfel schälen, reiben und zur kalten Apfelsuppe geben.

Apfelsuppe mit Zitronensaft und Zucker abschmecken. Nicht mehr kochen.

Erdbeerkaltschale

400 g Erdbeeren	waschen, putzen, in kleine Stücke schneiden.
½ l Buttermilch 2 EL Honig Zitronensaft	Erdbeerstücke mit mischen. Mit und abschmecken.

395 kJ
6 g E
1 g F
12 g KH

2 Soßen

Kräutersoße

1/4 l Wasser, 1/4 l Milch
40 g Margarine
40 g Mehl
1 TL gekörnte Brühe
3 EL Kräuter:
z. B. Dill,
Schnittlauch
Salz, Pfeffer
Zitronensaft

660 kJ
3 g E
11 g F
11 g KH

Abwandlungen

- **Helle Soße:** ohne Kräuter
- **Currysoße:** anstatt Kräutern 1 EL Curry und Zitronensaft, Cocktailfrüchte
- **Käsesoße:** anstatt Kräutern 100 g geriebener Käse oder Frischkäse
- **Kapernsoße:** anstatt Kräutern 1 EL Kapern
- **Senfsoße:** anstatt Kräutern 2 EL mittelscharfer Senf
- **Tomatensoße:** anstatt Kräutern 3 EL Tomatenmark

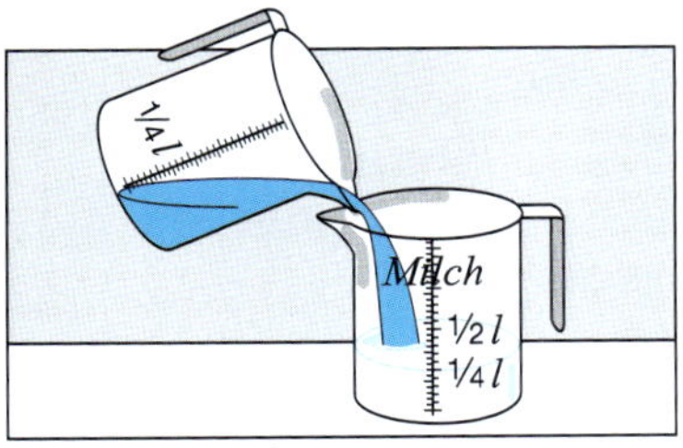

1/4 l Milch und 1/4 l Wasser in Messbechern abmessen, mischen.

Margarine erhitzen.

Mehl auf einmal dazugeben, anschwitzen.

Flüssigkeit (Wasser und Milch) langsam unter Rühren dazugeben.

Brühe hinzufügen. Aufkochen lassen.

Kräuter waschen und hacken.

Kräuter in die Soße geben, nicht mehr kochen.

Soße mit Salz, Pfeffer, Zitronensaft abschmecken.

Soße anrichten.

Hackfleischsoße

2 kleine Zwiebeln

250 g Rinderhack
2 EL Tomatenmark
1 EL Mehl

1/8 l heißes Wasser
Salz, Pfeffer, Paprika
evtl. Kräuter, z. B. Oregano

670 kJ

15 g E

8 g F

6 g KH

Zwiebeln schälen, würfeln.

Rinderhack in der Pfanne anbraten, Rinderhack dabei zerteilen, ständig rühren.

Zwiebelwürfel und Tomatenmark dazugeben, mitbraten.

Mehl darüberstreuen, unter Rühren durchschwitzen lassen.

1/8 l heißes Wasser unter Rühren dazugeben. Soße aufkochen lassen. Herunterschalten.

Mit Paprika, Salz und Pfeffer abschmecken. Evtl. Kräuter zugeben: Thymian, Oregano, Basilikum.

!

- Im Rinderhack ist genügend Fett enthalten, es kann im Allgemeinen ohne Fett angebraten werden. Falls erwünscht, in **1 EL Öl** anbraten.
- Anstelle von reinem Rinderhack können auch **halb Schweinehack und halb Rinderhack** verwendet werden. Höherer Energiegehalt!
- Anstelle von Tomatenmark und Wasser können auch **200 g Schältomaten** aus der Dose verwendet werden.
- **Soße Bolognese:** **Hackfleisch mit einem Bund Suppengrün**.
- **Hackfleischsoße eignet sich für:** Teigwaren, Eierpfannkuchen.

3 Kartoffeln, Reis, Teigwaren

Pellkartoffeln

1 kg Kartoffeln

1 kg Kartoffeln waschen.

Kartoffeln in einen Topf legen, 1/4 l Wasser dazugeben, 20 bis 25 Minuten garen.

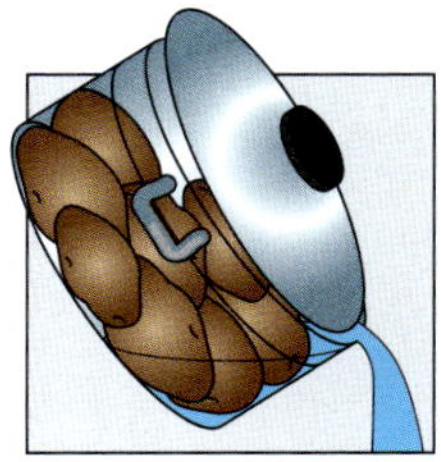

Wasser abgießen, Kartoffeln abschrecken.

Kartoffeln pellen.

Salzkartoffeln

1 kg Kartoffeln

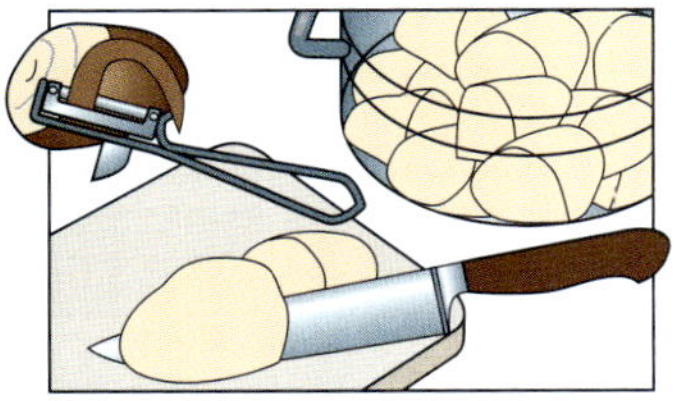

1 kg Kartoffeln waschen, schälen, waschen, halbieren oder vierteln.

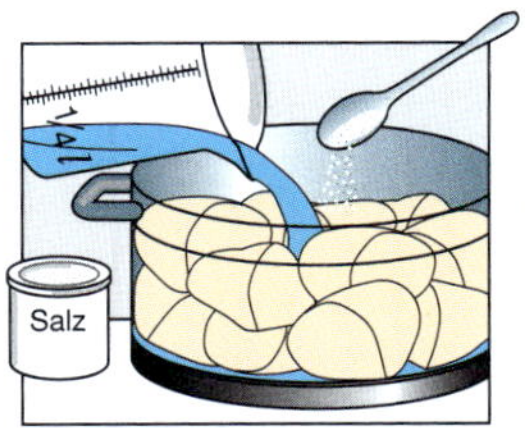

Kartoffeln, 1/4 l Wasser und 1/2 TL Salz in einen Topf geben.

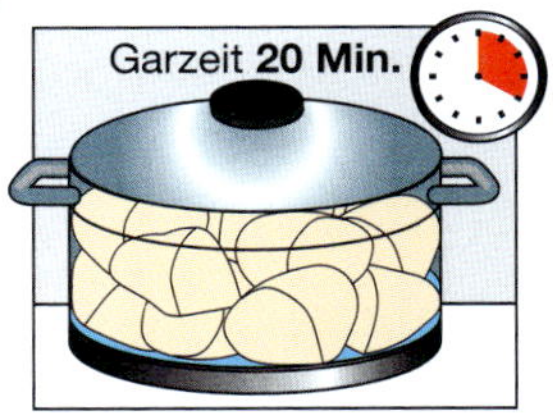

20 Minuten garen.

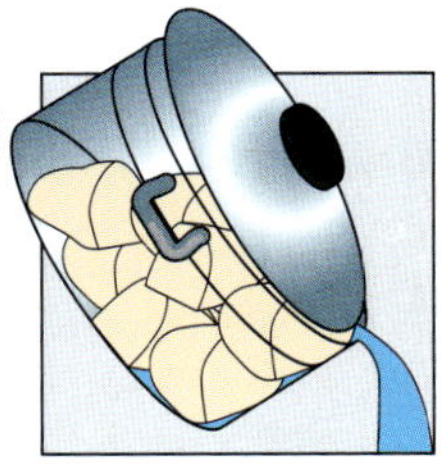

Wasser abgießen, Kartoffeln kurz abdampfen lassen.

Kartoffelbrei

1 kg Kartoffeln
1/4 l Milch
20 g Butter
Muskatnuss

900 kJ	5 g E	6 g F	33 g KH

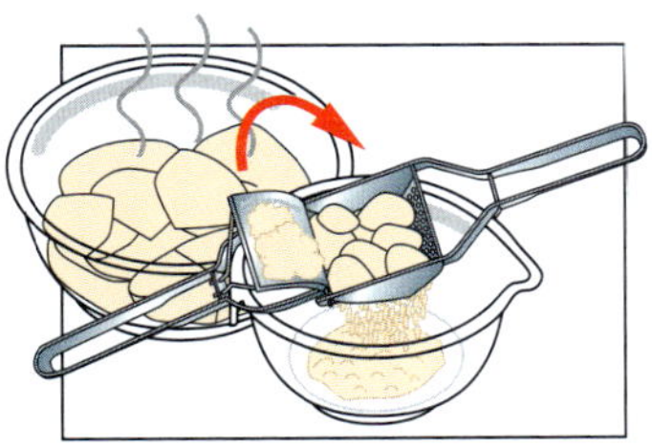

1 kg Salzkartoffeln kochen, sofort durch eine Kartoffelpresse drücken.

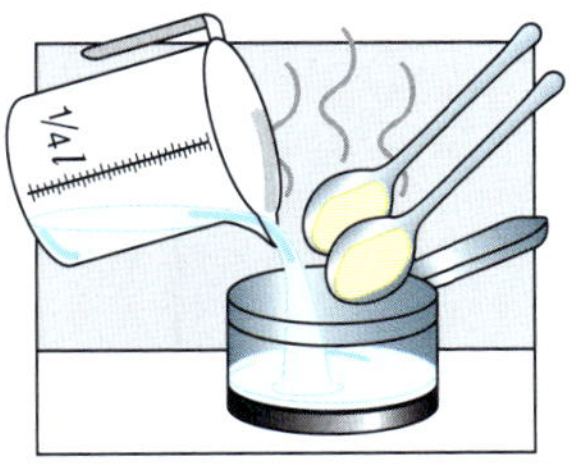

1/4 l Milch mit 20 g Butter erhitzen,

zu den gepressten Kartoffeln geben, schaumig rühren.

Kartoffelbrei mit Salz und Muskat abschmecken.

Bratkartoffeln

1 kg Kartoffeln,
Pellkartoffeln zubereiten, vgl. S. 211

2 Zwiebeln
100 g durchwachsener Speck
1 EL Butterschmalz
Salz, Pfeffer

1490 kJ | 8 g E | 18 g F | 40 g KH

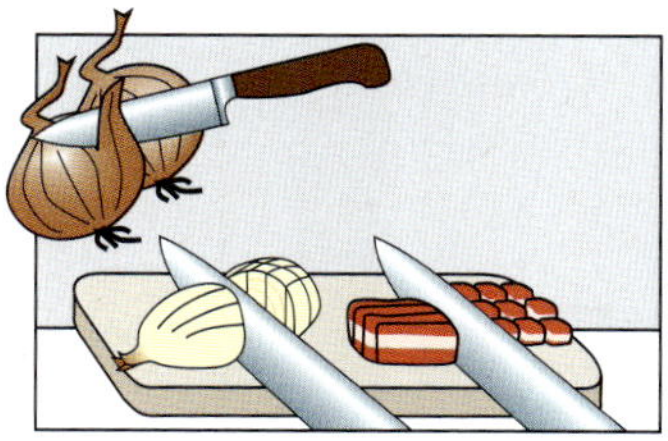
Zwiebeln schälen, würfeln. Speck würfeln.

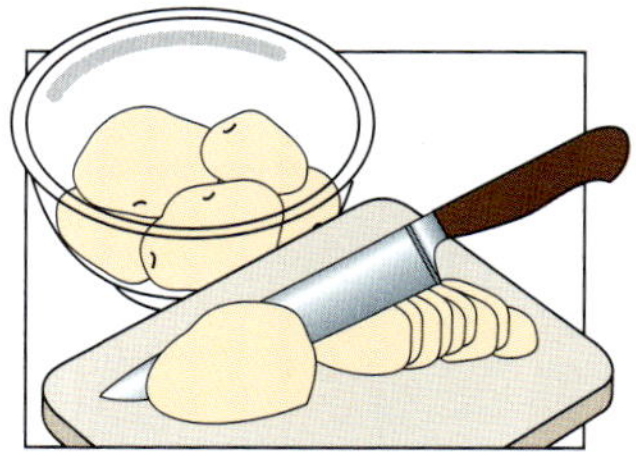
Abgekühlte Kartoffeln in Scheiben schneiden.

Butterschmalz erhitzen, Speckwürfel darin ausbraten.

Kartoffelscheiben und Zwiebelwürfel hineingeben, mit Salz und Pfeffer bestreuen. 10 Minuten braun braten.

Bratkartoffeln können auch auf dem Blech im Backofen zubereitet werden.

Brühreis/Reisrand

1/2 l Wasser, 1 TL gekörnte Brühe
250 g Langkornreis

975 kJ | 1 g F | 4 g E | 45 g KH

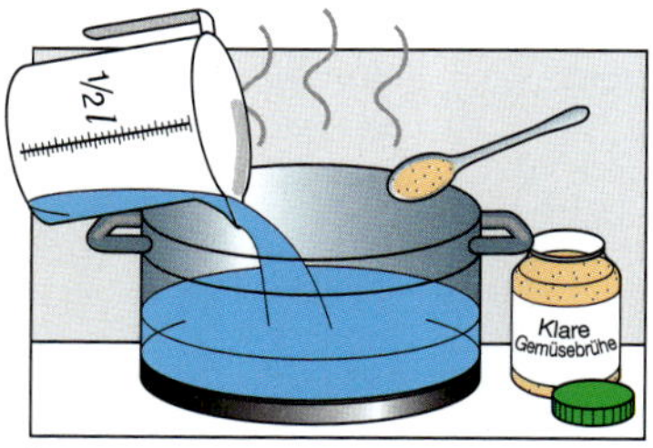

1/2 l Wasser mit Brühe in einen Topf geben, aufkochen lassen.

Reis in die kochende Flüssigkeit geben. Herunterschalten.

Reis im geschlossenen Topf gar ziehen lassen. Nicht umrühren.

Eine Ringform mit Öl auspinseln,

den Reis einfüllen, etwas festdrücken.

Backen: 5 Minuten mittlere Schiene.
E-Herd: 125 bis 150 °C,
Gasherd: Regler 3.

Reisrand auf eine runde Platte stürzen, Ringform abheben.

Risotto

1 Zwiebel
20 g Margarine
250 g Langkornreis
1/2 l heißes Wasser
1 TL gekörnte Brühe

Verfeinerung
Risotto mit
20 bis 30 g Parmesan
bestreuen.

1 155 kJ | 5 g F | 5 g E | 50 g KH

Zwiebel schälen, würfeln.

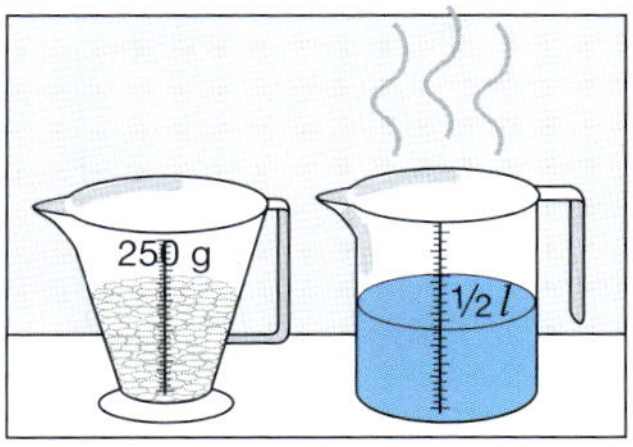

Reis und Wasser abmessen.

Margarine erhitzen,
Zwiebel hinzufügen.

Reis hinzugeben,
alles hellgelb rösten.
Vorsichtig: spritzt!

Heißes Wasser mit 1 TL Brühe
dazugeben, aufkochen.
Herunterschalten.

Reis im geschlossenen Topf
gar ziehen lassen.
Nicht umrühren.

Risotto – Abwandlungen
- **Curryreis:** 1 EL Curry in das heiße Fett geben.
- **Paprikareis:** In die kochende Flüssigkeit 2 EL Paprika, edelsüß, geben.
- **Gemüsereis:** 300 g gegarte Erbsen unterheben bzw. mitgaren.
- **Schinkenreis:** 100 g gekochten Schinken und 150 g Ananas würfeln, unterheben.
- **Tomatenreis:** In die kochende Flüssigkeit 2 bis 3 EL Tomatenmark geben.

Pilaw

30 g Butter – im Topf zerlassen.
250 g Langkornreis – hineingeben, 2 bis 3 Minuten umrühren, bis alle Reiskörner gleichmäßig mit Butter überzogen sind. Reis nicht bräunen.

1 l Hühnerbrühe,
Salz und Pfeffer – dazugeben, Reis unter Rühren zum Kochen bringen. Reis 20 Minuten ausquellen lassen.

1 290 kJ | 6 g E | 7 g F | 50 g KH

Milchreis – Reisbrei

1 l Milch
1 Pr. Salz
1 EL Zucker
250 g Rundkornreis

Zum Bestreuen
4 EL Zucker
1 TL Zimt

1715 kJ	9 g F
14 g E	62 g KH

Zur Milch 1 Pr. Salz und 1 EL Zucker geben. Milch zum Kochen bringen.

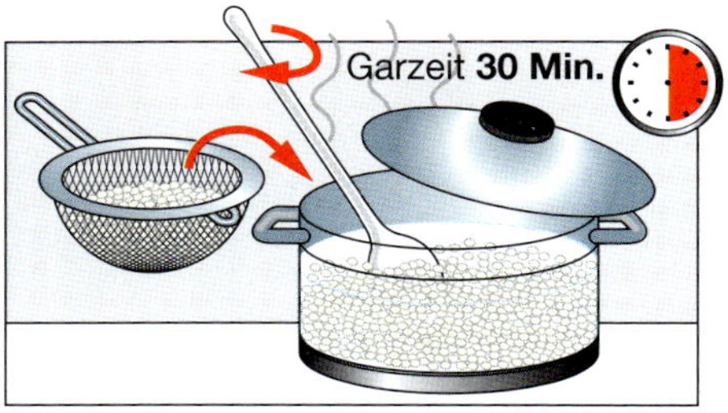

Reis in die Milch geben, quellen lassen, ab und zu umrühren. Reis unter Rühren 30 Minuten gar ziehen lassen.

Zucker und Zimt mischen. Reisbrei damit bestreuen.

Spaghetti

2 l Wasser
1 TL Salz
2 EL Öl
250 g Spaghetti

> Vollkornnudeln sind gesünder, sie enthalten mehr Ballaststoffe, Vitamine und Mineralstoffe. !

1 120 kJ	4 g F
8 g E	45 g KH

In 2 l Wasser 1 TL Salz, 2 EL Öl geben. Wasser zum Kochen bringen.

Spaghetti in das kochende Wasser geben. Herunterschalten, umrühren.

Spaghetti ohne Deckel gar ziehen lassen. Die Nudeln sollen noch Biss haben.

Spaghetti in einen Durchschlag geben, abtropfen lassen.

Spaghetti anrichten.

Spaghetti mit Gabel und Löffel servieren.

Lasagne

40 g Butter, 40 g Mehl, ½ l Milch, 1 TL gekörnte Brühe	Helle Soße herstellen, vgl. S. 209.
2 Zwiebeln, 250 g Rinderhack, 1 EL Mehl, 200 g Schältomaten, Salz, Pfeffer, Oregano	Hackfleischsoße herstellen, vgl. S. 210.
Margarine	Eine Kasserolle, 30 × 20 cm, oder 2 Auflaufformen mit ausfetten.
200 g Lasagneblätter, roh, 100 g geriebenen Gouda	1 Schicht Lasagneblätter in die Form legen, mit je einer Schicht heißer Hackfleischsoße und heller Soße bedecken und mit Käse bestreuen. Dies insgesamt viermal wiederholen: Lasagneblätter, Hackfleischsoße, helle Soße, Käse.
	Überbacken: untere Schiene – 30 Minuten. **E-Herd:** 180 °C, **Gasherd:** Regler 2 bis 3.

2930 kJ | 34 g E | 30 g F | 66 g KH

4 Salate

Salate aus gegarten Zutaten

Kartoffelsalat

755 kJ | 4 g E | 5 g F | 28 g KH

750 g Kartoffeln	als Pellkartoffeln garen, vgl. S. 211. Pellen, in Scheiben schneiden.
⅛ l heiße Brühe	über die Kartoffelscheiben gießen, ziehen lassen.
3 EL Essig	mit
2 EL Öl	und
2 Pr. Salz	verschlagen.
1 Zwiebel	schälen, würfeln, zu der Essig-Öl-Marinade geben.
1 EL gehackte Kräuter	ebenfalls unterrühren.
	Die Essig-Öl-Marinade über die Kartoffelscheiben geben, vermengen, ziehen lassen.
Salz und Pfeffer	zum Abschmecken verwenden.

Reissalat

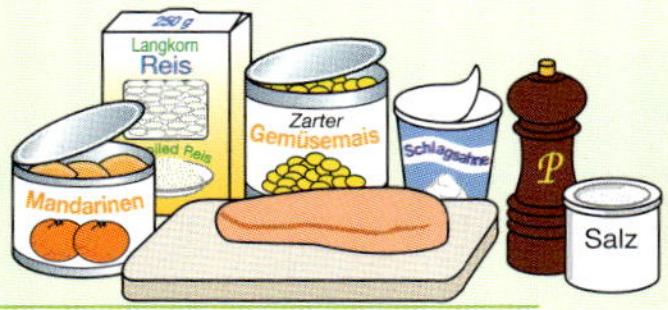

1/4 l Wasser 1 TL gekörnte Brühe 125 g Langkornreis	Brühreis herstellen, vgl. S. 212.
1 kl. Dose Mandarinen	in ein Sieb geben, in ein Gefäß abtropfen lassen.
1 kl. Dose Gemüsemais	in ein Sieb geben, abtropfen lassen.
125 g gekochtes Rindfleisch	in feine Würfel schneiden.
	Mandarinen, Gemüsemais, Rindfleisch und Reis mischen.
200 g Schlagsahne	dazugeben, vermischen. Falls der Salat zu fest ist, etwas Mandarinensaft hinzufügen. Reissalat ziehen lassen.
Salz und Pfeffer	zum Abschmecken verwenden.

2100 kJ
18 g E
25 g F
47 g KH

Nudelsalat

125 g Nudeln, z. B. Zöpfli, 1 l Wasser, 1/2 TL Salz	in garen, vgl. S. 214.
200 g TK-Erbsen	garen, in ein Sieb geben, in ein Gefäß abtropfen lassen.
1 Gewürzgurke	in feine Würfel schneiden.
3 Äpfel	waschen, schälen, würfeln.
250 g gekochten Schinken	würfeln.
	Erbsen, Gewürzgurke, Äpfel, gekochten Schinken und Nudeln mischen.
200 g Schlagsahne	dazugeben, vermischen. Nudelsalat ziehen lassen. Falls der Salat zu fest ist, Flüssigkeit von den Erbsen dazugeben.
Salz und Pfeffer	zum Abschmecken und
Kräuter	zum Anrichten verwenden.

2280 kJ
21 g E
30 g F
41 g KH

Heringssalat

4 Bismarckheringe	in Streifen schneiden.
1 Gewürzgurke	in dünne Scheiben schneiden.
2 Äpfel	waschen, schälen, in Scheiben schneiden.
2 Zwiebeln	schälen, halbieren, in Scheiben schneiden.
1 Becher Crème fraîche	mit
1 TL Meerrettich	mischen. Zu den Zutaten geben, unterheben.
1 Bund Schnittlauch	waschen, zerkleinern, unterheben.

1525 kJ
18 g E
25 g F
13 g KH

Rohkostsalate

Grüner Salat – Kopfsalat (Sahnemarinade)

1 großer Kopfsalat
1/8 l saure Sahne
2 EL Zitronensaft
1 Pr. Zucker
1 Pr. Salz
2 EL Kräuter:
Dill,
Petersilie

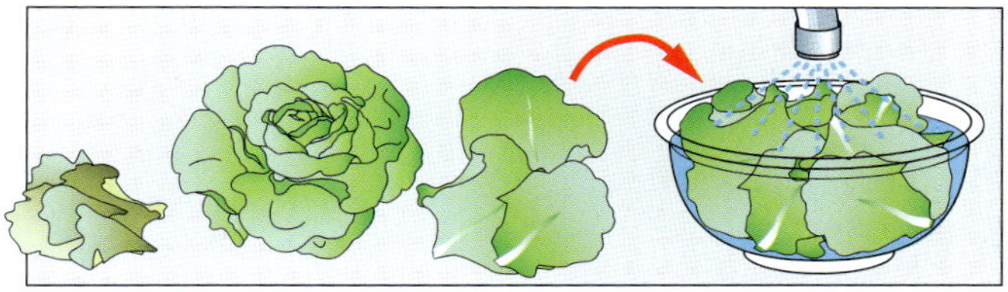

Welke Blätter entfernen. Blätter vom Strunk lösen.

Salat waschen. Blätter zerteilen.

Saure Sahne mit Zitronensaft verrühren.

Zucker und Salz unterrühren.

Kräuter waschen, hacken, zur Marinade geben.

Salat mit der Marinade anrichten.

Wie Kopfsalat – Sahnemarinade – werden hergestellt:

- **Eisbergsalat:** 1 Kopf Eisbergsalat waschen, vierteln, zerpflücken.
- **Chinakohlsalat:** 1 Kopf Chinakohl waschen, halbieren, Strunk herausschneiden, in Streifen schneiden.

Chicoréesalat (Sahnemarinade)

2 Chicorée
1 Apfelsine
1 Apfel

1/8 l Schlagsahne
2 EL Zitronensaft
1 Pr. Salz
1 Pr. Zucker

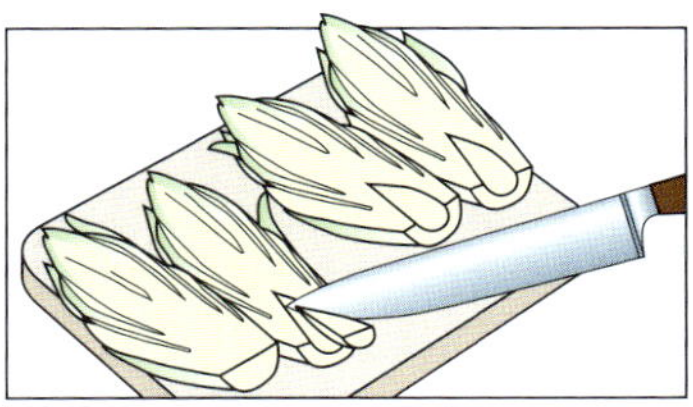

Chicorée waschen, welke Blätter entfernen, halbieren, bitteren Kern spitz herausschneiden.

Chicorée in 1/2 cm breite Streifen schneiden.

Apfelsine und Apfel schälen, putzen, in Streifen schneiden.

Sahne, Zitronensaft, Salz und Zucker verschlagen.

Sahnemarinade über Chicorée, Apfelsine und Apfel geben, gut vermischen.

Tomatensalat (Ölmarinade)

500 g Tomaten
1 Zwiebel

2 EL Essig
2 EL Salatöl
2 EL Wasser
1 Pr. Zucker, 2 Pr. Salz
2 Pr. Pfeffer

2 EL Schnittlauch

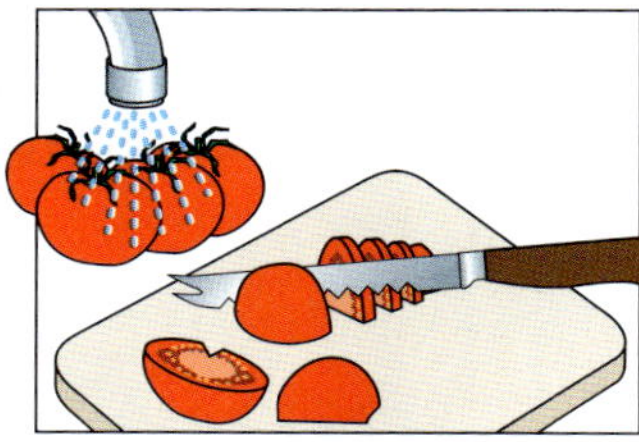
Tomaten waschen, halbieren, Stielansatz herausschneiden. In Scheiben schneiden.

Zwiebel schälen, würfeln, über die Tomaten streuen.

Essig, Öl und Wasser verschlagen.

Zucker, Salz und Pfeffer unterrühren.

Schnittlauch waschen, schneiden, zur Marinade geben.

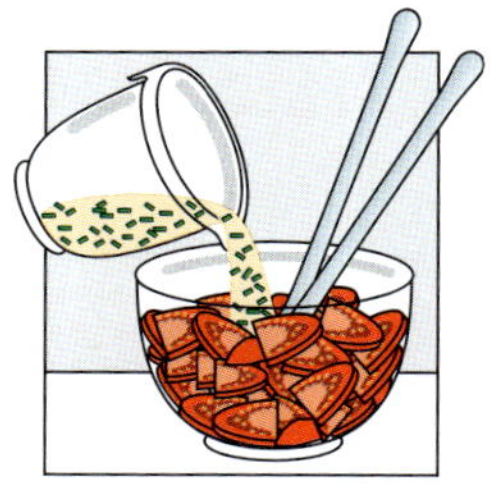
Marinade über die Tomaten geben.

Wie Tomatensalat – Ölmarinade – werden hergestellt:

- **Bohnensalat:** 500 g gegarte grüne Schnitt- oder Brechbohnen mit Bohnenkraut, Dill.
- **Tomaten-Paprika-Salat:** 250 g Paprikaschoten, 300 g Tomaten.
- **Weißkrautsalat:** 500 g Weißkraut in feine Streifen schneiden, mit etwas Salz und Zucker bestreuen; stampfen, bis sich Flüssigkeit bildet.

Gurkensalat (Ölmarinade)

1 Salatgurke	waschen, in Scheiben hobeln.
2 EL Essig 2 EL Salatöl	und verschlagen.
½ **Bund Kräuter:** Dill, Schnittlauch, Borretsch	waschen, hacken und unter die Marinade geben.
	Ölmarinade erst kurz vor dem Servieren über die Gurken geben und vermischen.

230 kJ

6 g F

2 g KH

Gemüsesticks

700 g Gemüse, z. B. Möhren, Kohlrabi	und
Paprikaschoten	waschen, putzen und in Sticks schneiden.

Quarkdip für Gemüsesticks

200 g Magerquark, 1 Becher Crème fraîche	und
3 EL Buttermilch	in eine Schüssel geben und glatt verrühren.
1 Bund gemischte Kräuter	waschen, trocken tupfen, putzen und fein hacken. Kräuter unter den Dip rühren.
	Dip mit
Salz und Pfeffer	abschmecken.

700 kJ | 8 g E | 13 g F | 4 g KH

Thunfischdip für Gemüsesticks

1 Tomate	mit kochendem Wasser kurz überbrühen. Die Haut von der Tomate abziehen, die Tomate halbieren, entkernen und fein würfeln.
1 kleine Zwiebel	schälen und fein würfeln.
10 Basilikumblätter	waschen, trocken tupfen und in Streifen schneiden.
1 Dose Thunfisch (185 g)	öffnen, Thunfisch abtropfen lassen und mit der Gabel zerdrücken. Thunfisch mit
150 g Frischkäse	verrühren. Tomate, Zwiebeln und Basilikumblätter unterrühren.
	Dip mit
Salz und Pfeffer	abschmecken.

655 kJ | 15 g E | 9 g F | 3 g KH

Schafskäsedip für Gemüsesticks

1 Ei	hart kochen, abschrecken und pellen.
200 g Feta	mit der Gabel zerdrücken und mit
100 g saurer Sahne	verrühren. Das Ei hacken und unterrühren.
1 Bund Schnittlauch	waschen, trocken tupfen, zerschneiden und unterrühren.
	Dip mit
Zitronensaft, Salz und Pfeffer	abschmecken.

5 Gemüse

Diese Gemüsesorten werden gedünstet:

Gemüse, gedünstet

Paprika-Tomaten-Gemüse

2 Zwiebeln
500 g grüne Paprikaschoten
300 g Tomaten
25 g Butter

2 TL gekörnte Gemüsebrühe
1 EL Crème fraîche
Pfeffer, Paprika
1 Päckchen Tiefkühlkräuter

505 kJ	10 g F
1 g E	9 g KH

Zwiebeln schälen, fein würfeln.

Paprikaschoten waschen, halbieren, entkernen, würfeln.

Tomaten waschen, halbieren, Stielansatz entfernen, achteln.

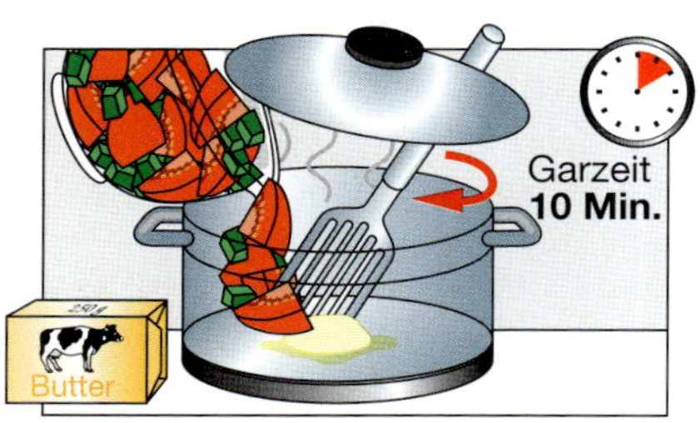

Butter im Topf erhitzen, Gemüse hinzufügen. 10 Minuten dünsten.

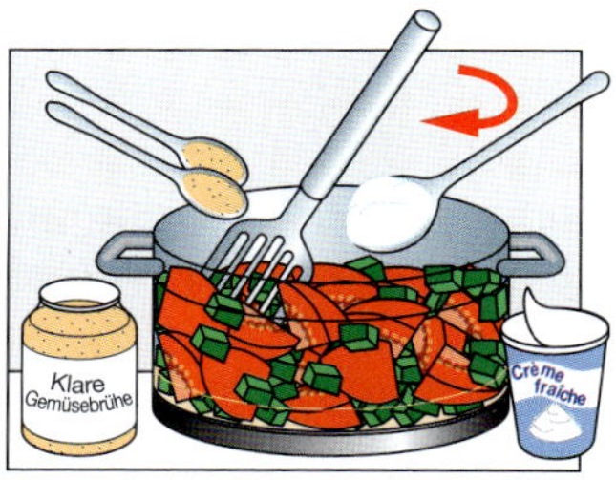

2 TL Gemüsebrühe und 1 EL Crème fraîche unterrühren.

Mit Pfeffer, Paprika und Tiefkühlkräutern abschmecken.

Möhrengemüse (gelbe Rüben, Karotten)

750 g Möhren	waschen, schälen, waschen. Möhren halbieren, auf die Schnittfläche legen, würfeln.
20 g Butter oder Margarine	in einem Topf erhitzen. Möhren dazugeben, andünsten.
1/8 l Wasser	und
1 Pr. Salz, 1 Pr. Zucker	hinzufügen, 15 Minuten garen.

Diese Gemüsesorten werden gekocht:

Gemüse, gekocht

Blumenkohl

1 Blumenkohl
½ l Wasser
Salz, Muskat

210 kJ	4 g E	8 g KH

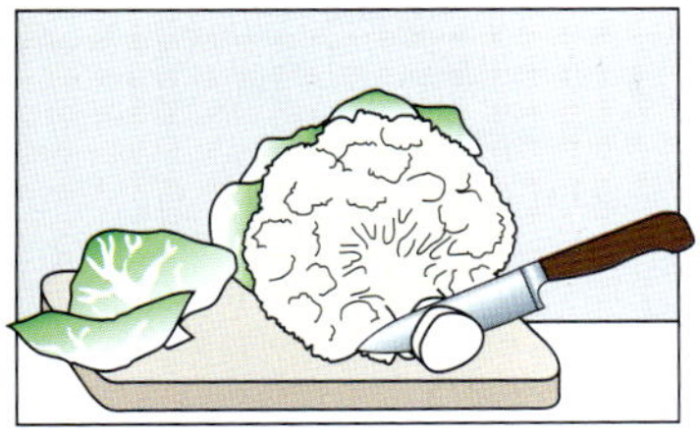

Einen mittelgroßen Blumenkohl putzen.

Blumenkohl umgekehrt 10 Minuten in Salzwasser legen, so lässt sich Ungeziefer, z. B. Raupen, entfernen.

½ l Wasser mit Salz zum Kochen bringen.

Strunk kreuzförmig einschneiden, er wird so schneller weich.

Blumenkohl mit dem Strunk nach unten hineingeben. Nach dem Aufkochen herunterschalten.

Bei schwacher Hitze im geschlossenen Topf garen. Mit Muskat anrichten.

- Gemüsewasser nicht weggießen, es enthält wertvolle Nährstoffe.
- Mit dem Gemüsewasser kann eine helle Soße hergestellt werden, vgl. S. 209.
- Blumenkohl und Brokkoli können auch gedämpft werden, es gehen nicht so viele Nährstoffe verloren, vgl. S. 42.
- Blumenkohl und Brokkoli können auch mit einer Käsesoße – helle Soße, 80 g geriebener Gouda untergerührt – 10 Minuten bei 250 °C im Backofen überbacken werden.

Rosenkohl

1 kg Rosenkohl
30 g Butter
1/8 l Wasser

1 EL Mehl
1/2 Becher Schlagsahne
Muskat, Salz

Rosenkohl waschen, putzen. Strunk kreuzförmig einschneiden.

Butter im Topf erhitzen.

Rosenkohl und 1/8 l Wasser hinzufügen. 15 Minuten garen.

Mit 1 EL Mehl überstäuben. 5 Minuten garen.

1/2 Becher Sahne unterrühren, mit Muskat und Salz abschmecken.

Sauerkraut

2 Zwiebeln	schälen und würfeln.
3 Äpfel	waschen, schälen, entkernen, würfeln.
750 g Sauerkraut	zerpflücken.
30 g Schmalz	erhitzen, die Zwiebelwürfel darin andünsten, Sauerkraut und Apfelwürfel dazugeben.
2 Lorbeerblätter	und
2 Wacholderbeeren	hinzufügen.
1/8 l Wasser	darübergießen. 30 Minuten garen. Evtl.
Zucker	zum Abschmecken verwenden.

785 kJ
1 g E
9 g F
23 g KH

Gemüseplatte und Joghurt hollandaise

1 kg verschiedene Gemüsesorten, z. B. Möhren, Erbsen	und
Blumenkohlröschen,	waschen, putzen und 15 Minuten getrennt garen.
Joghurt hollandaise 2 Eier, 1 Becher Joghurt, 1 Pr. Salz und 1 Pr. Pfeffer	verschlagen. Im Wasserbad erhitzen und aufschlagen, bis eine dickliche Masse entstanden ist. Mit
Zitronensaft, Salz, Pfeffer und Zucker	abschmecken.
	Joghurt hollandaise über das abgekühlte Gemüse auf der Platte geben.

320 kJ
5 g E
5 g F
3 g KH

Gemüsegratin

400 g gekochte Pellkartoffeln
2 Stangen Porree
200 g Champignons
2 rote Paprikaschoten
1 kl. Dose Mais (240 g)

Eiermilch

4 Eier, 200 g Schlagsahne
1 Pr. Salz, 1 Pr. Pfeffer
75 g Gouda

1 Bund Schnittlauch

1835 kJ
38 g E
26 g F
29 g KH

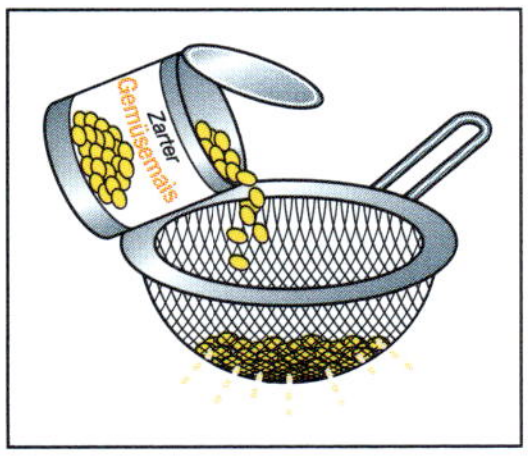

Mais abtropfen lassen.

Porree, Champignons und Paprika waschen.

Gemüse putzen und in Streifen oder Scheiben schneiden.

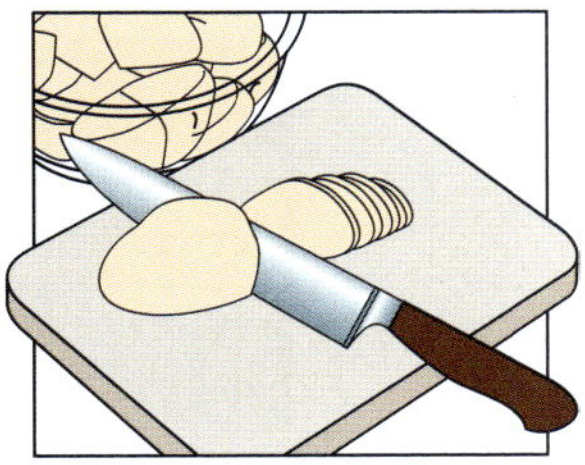

Pellkartoffeln in Scheiben schneiden.

Kartoffeln und Gemüse mischen, in eine oder zwei Gratinformen füllen.

4 Eier, 200 g Sahne, 1 Pr. Salz, 1 Pr. Pfeffer mischen.

75 g Gouda raspeln, zur Eier-Sahne-Mischung geben.

Eier-Sahne-Käse-Mischung über den Auflauf gießen.

Überbacken: untere Schiene – 45 Minuten.
E-Herd: 180 °C, **Gasherd:** Regler 2.
Mit Schnittlauch servieren.

6 Eierspeisen

Eierfrikassee

6 Eier	10 Minuten kochen, abschrecken, pellen.	1 180 kJ
1 kl. Dose Champignons 1 kl. Dose Spargelstücke Wasser	und abgießen, Flüssigkeit auffangen und mit auf ½ l auffüllen.	16 g E
40 g Margarine 40 g Mehl ½ l Gemüsebrühe (s.o.)	in einem Topf erhitzen, auf einmal dazugeben, unter Rühren anschwitzen, unter Rühren dazugeben, aufkochen lassen. Champignons und Spargelstücke in die Soße geben, darin erhitzen.	19 g F 12 g KH
1 EL Crème fraîche	unterrühren.	
Curry, 1 EL Zitronensaft, Salz und Pfeffer	zum Abschmecken verwenden.	
	Zum Schluss die Eier vierteln und ebenfalls in das Frikassee geben, ziehen lassen.	

Tipp: Eierfrikassee kann im Reisrand, vgl. S. 212, serviert werden.

Eier in Senfsoße

6 Eier	10 Minuten kochen, abschrecken, pellen.	1 185 kJ
	Ganze, halbierte oder geviertelte Eier in eine Schüssel geben. Warme Senfsoße, vgl. S. 209, darübergeben.	15 g E 20 g F
	Tipp: Es eignet sich auch Kräutersoße, vgl. S. 209, oder Currysoße, vgl. S. 209.	12 g KH

Gefüllte Eier

4 Eier

80 g Quark
1 TL Senf, je 1 Pr. Salz und Pfeffer
Salatblätter zum Anrichten

halbes Ei	205 kJ	4 g E	6 g F

4 Eier hart kochen, abschrecken, pellen.

Eigelb herausnehmen, mit Quark und Senf verrühren. Mit Salz, Pfeffer abschmecken.

Eigelbmasse in die Eihälften spritzen.

Eierpfannkuchen

250 g Mehl
4 Eier
½ l Milch
1 Pr. Salz

80 g Speiseöl oder Margarine

1 265 kJ	17 g F
7 g E	56 g KH

Mehl und Salz in eine Schüssel geben.

Mit den Eiern und der Milch nach und nach verquirlen.

1 TL Margarine oder Öl in die Pfanne geben, erhitzen.

So viel Teig in die Pfanne geben, dass der Boden gerade bedeckt ist. Backen.

Pfannkuchen mit zwei Bratenwendern wenden, zweite Seite backen.

Noch heiß servieren, z. B. mit Pflaumenkompott, vgl. unten.

Pflaumenkompott

500 g Pflaumen

40 g Zucker

1 185 kJ	20 g F
15 g E	18 g KH

Pflaumen waschen.

Pflaumen halbieren, entsteinen.

Pflaumen gar dünsten. Evtl. mit Zucker abschmecken.

7 Fleischspeisen

Frikadellen (Fleischküchlein)

1 Brötchen (Semmel)
1 Ei
1 Zwiebel
375 g Rinderhack
½ TL Salz, Pfeffer
Öl zum Braten

1 160 kJ
17 g E
18 g F
7 g KH

Brötchen in Wasser einweichen. Ei aufschlagen.

Zwiebel schälen, in eine Rührschüssel reiben.

Gehacktes in die Schüssel dazugeben. Ausgedrücktes Brötchen, Ei, Salz und Pfeffer dazugeben.

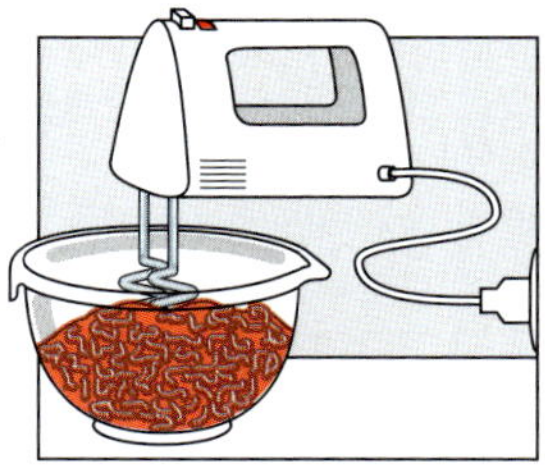

Fleischteig mit dem Handrührgerät (Knethaken) oder einer Gabel gut durchkneten.

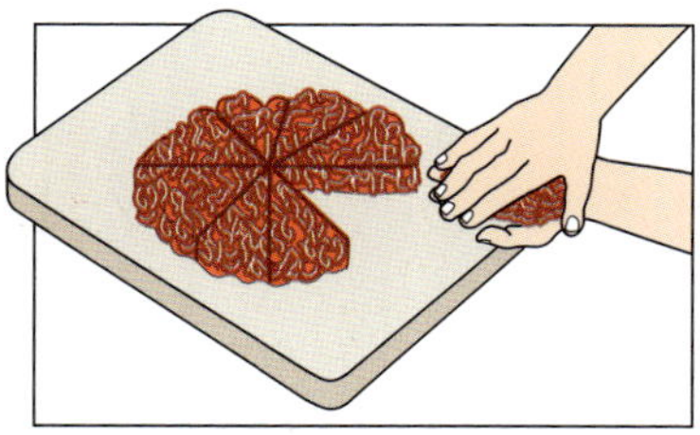

Fleischteig in acht gleich große Teile teilen. Mit nassen Händen acht Frikadellen formen, flach drücken.

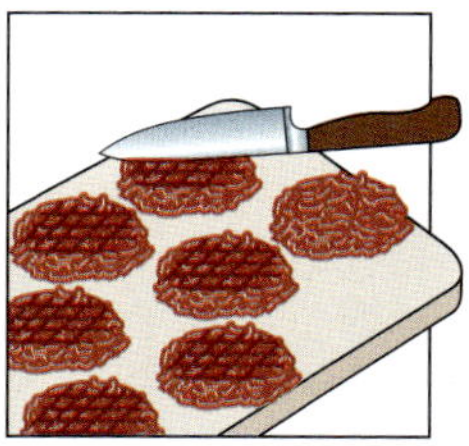

Frikadellen mit dem Messerrücken einkerben.

1 EL Öl in der Pfanne erhitzen, die Frikadellen in das heiße Fett geben und von jeder Seite 3 bis 4 Minuten braten.

!

- Die Semmel kann durch 2 EL Semmelmehl und 4 EL Wasser ersetzt werden.
- Rinderhack kann zur Hälfte durch Schweinehack ersetzt werden.
- **Anrichten von Fleisch:** aufgeschnittenen Braten oder Kurzgebratenes auf einer vorgewärmten Platte, Gulasch in einer vorgewärmten Schüssel, Rouladen und gefülltes Gemüse auf einer vorgewärmten Platte, dazu Soße in einer Soßenschüssel.
- **Garnieren von Fleisch:** Zwiebelringe, Tomaten, Pilze oder Obst, gedünstet, oder etwas heiße Soße.

Königsberger Klopse

1 Semmel
1 Ei
1 Zwiebel
375 g Rinderhack
½ TL Salz, Pfeffer

} **Fleischteig herstellen,** vgl. S. 226.

¾ l Wasser
1 Lorbeerblatt
½ TL Salz

40 g Margarine
40 g Mehl
2 EL Zitronensaft
1 EL Crème fraîche
Salz, Pfeffer
evtl. Kapern

1635 kJ

18 g E

26 g F

14 g KH

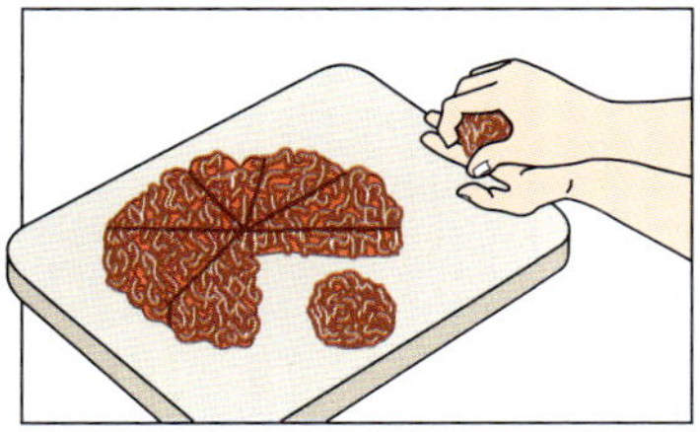

Fleischteig herstellen.
Acht Klopse – Klöße – formen.

Wasser mit Salz und Lorbeerblatt zum Kochen bringen.

Klopse 15 Minuten in dem Wasser gar ziehen lassen.

Klopse herausnehmen, warm stellen.

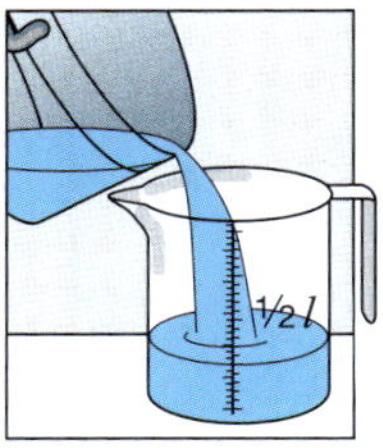

½ l Kloßbrühe abmessen.

Margarine im Topf erhitzen.

Mehl auf einmal dazugeben, anschwitzen.

Kloßbrühe langsam unter Rühren dazugeben.

Soße mit Zitronensaft abschmecken, mit Crème fraîche verfeinern.

Klopse in der Soße mit Salat und Kartoffeln servieren.

Szegediner Gulasch

375 g Schweinefleisch
3 Zwiebeln
2 Äpfel

20 g Schmalz
500 g Sauerkraut
1/8 l heißes Wasser

1/8 l saure Sahne
Salz, Pfeffer und Paprika

1065 kJ

24 g E

12 g F

9 g KH

Fleisch waschen, abtupfen, würfeln.

Zwiebeln schälen, halbieren, würfeln.

2 Äpfel waschen, schälen, entkernen, würfeln, abdecken.

Schmalz im Topf erhitzen. Fleischwürfel hinzufügen, von allen Seiten kurz anbraten.

Zwiebelwürfel dazugeben, kurz mitbraten.

Sauerkraut zerpflücken, obenauf legen. 1/8 l heißes Wasser hinzufügen.

Äpfel hinzufügen.

40 Minuten garen.

Saure Sahne unterrühren. Mit Salz, Pfeffer und Paprika abschmecken.

8 Eintopfgerichte

Bamigoreng

400 g Schweinefleisch	in feine Streifen schneiden.
4 kleine Zwiebeln	schälen, würfeln.
400 g Möhren, 1 Stange Porree, 250 g Chinakohl	waschen, putzen, fein zerkleinern.
1 EL Öl	erhitzen, Fleisch anbraten. Gemüse und
1/4 l Wasser	dazugeben. 15 Minuten dünsten.
2 l Wasser, 1/2 TL Salz	zum Kochen bringen.
200 g Fadennudeln	darin 10 Minuten gar ziehen lassen. Fadennudeln abgießen, unter das Fleisch und Gemüse heben. Mit
Sojasoße, Salz, Pfeffer	abschmecken.

Chili con Carne

1 Gemüsezwiebel	schälen, halbieren, würfeln.
50 g durchw. Speck	würfeln.
2 rote Paprikaschoten	waschen, putzen, würfeln.
	Speck anbraten, Zwiebeln glasig dünsten.
350 g Rinderhack	und
70 g Tomatenmark	dazugeben, mitbraten. Paprikawürfel,
1 gr. Dose rote Bohnen	und
1 gr. Dose Schältomaten	hinzufügen, alles 5 Minuten garen. Mit
Salz, Pfeffer, Paprika, Chilipulver	abschmecken und mit
gehackter Petersilie	servieren.

Chopsuey

400 g Hähnchenbrustfilet	in Streifen schneiden.
3 EL süße Sojasoße, 1 Pr. Salz, 2 EL Wasser	und
2 TL Stärke	verrühren. Fleisch darin 10 Minuten marinieren.
250 g Staudensellerie, 250 g Möhren	waschen, putzen, in Scheiben schneiden.
1 EL Öl	erhitzen, das abgetropfte Fleisch darin anbraten. Gemüse dazugeben, mitdünsten. Marinade und
1/8 l Wasser	dazugeben. 15 Minuten garen. Mit
Sojasoße	abschmecken.
200 g Brühreis	getrennt zubereiten, vgl. S. 212. Fleisch-Gemüse-Mischung mit Reis servieren.

9 Fischspeisen

Gebratenes Fischfilet

750 g Rotbarschfilet
1 Zitrone
Salz
3 EL Mehl
50 g Öl zum Braten

1480 kJ
34 g E
20 g F
6 g KH

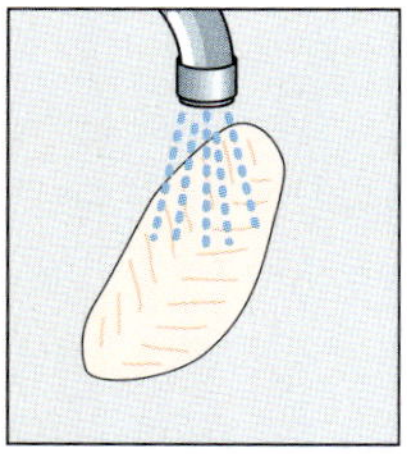

Fischfilet säubern.

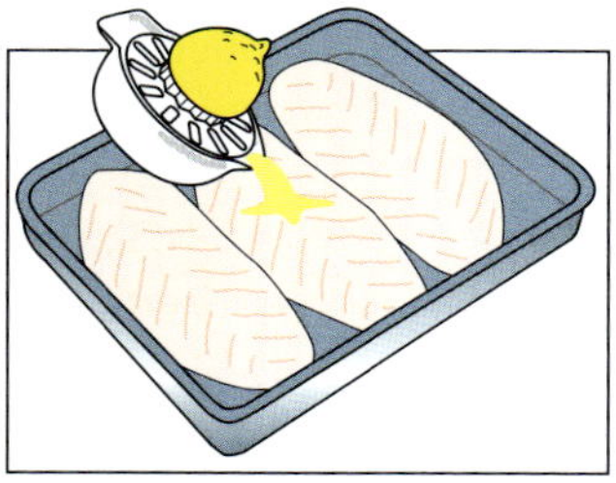

Fischfilet säuern.

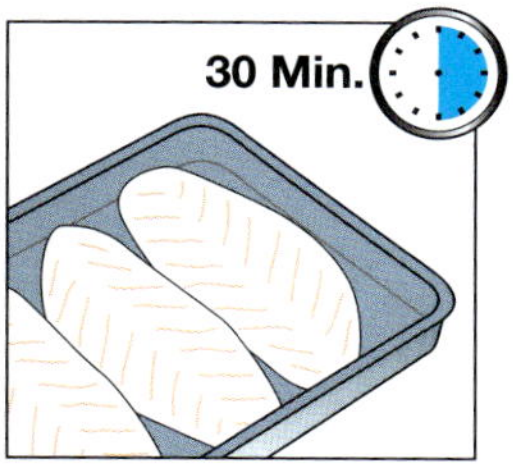

30 Minuten stehen lassen.

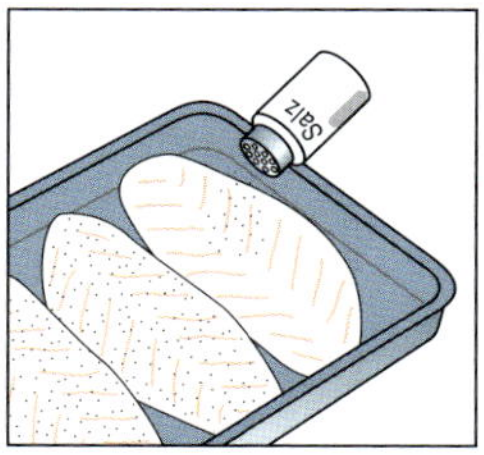

Fischfilet salzen.

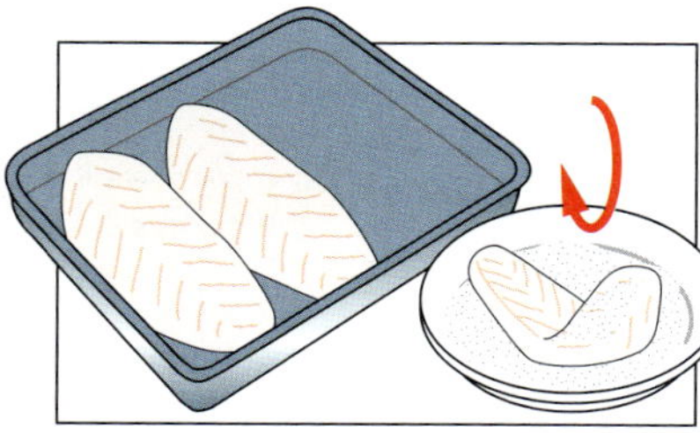

Fischfilet in Mehl wenden.

Öl in der Pfanne erhitzen.

Fischfilet von beiden Seiten je 5 Minuten goldbraun braten.

Fischstäbchen, selbst hergestellt

1075 kJ
22 g E
13 g F
11 g KH

400 g Seelachsfilet	säubern. Fischfilet in 5 cm lange und 2 cm breite Stäbchen zerschneiden. Fischstäbchen säuern und salzen.
Mehl, verschlagenem Ei, Semmelmehl	Je einen Teller mit … bereitstellen. Fischstäbchen in Mehl, Ei und Semmelmehl panieren, vgl. S. 34.
4 EL Öl	in einer Pfanne erhitzen, Fischstäbchen von beiden Seiten goldbraun und knusprig braten.

Tipp: Fischstäbchen mit Kartoffelsalat, vgl. S. 215, und grünem Salat, vgl. S. 217, servieren.

Fischfilet mit Apfel-Curry

750 g Rotbarschfilet, 1 Zitrone
300 g Äpfel
1 Becher Crème fraîche
½ TL Salz, 1 TL Zucker, 2 TL Curry

1640 kJ | 23 g F | 35 g E | 11 g KH

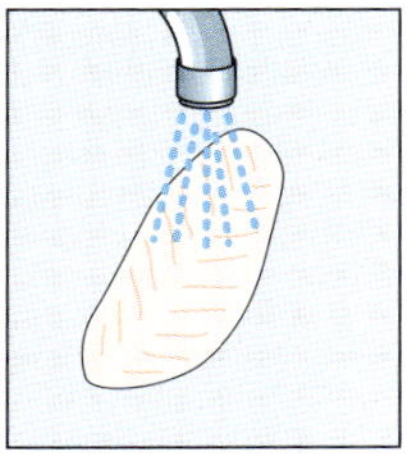

Fischfilet säubern.

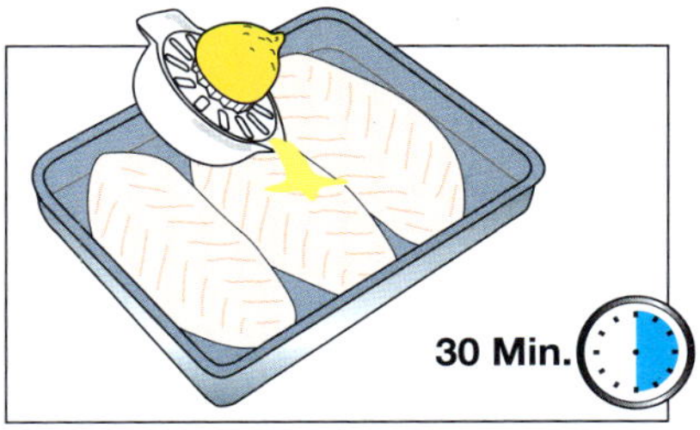

Fischfilet säuern, 30 Minuten stehen lassen.

Äpfel waschen, schälen, entkernen, würfeln.

Crème fraîche mit Salz, Zucker und Curry mischen.

Apfelwürfel unterheben.
Fischfilet in eine gefettete Auflaufform geben.
Apfel-Curry-Mischung daraufstreichen.

Auflaufform:
untere Schiene – 30 Minuten.
E-Herd: 200 °C,
Gasherd: Regler 3.

Zanderfilet

1110 kJ | 35 g E | 11 g F | 7 g KH

750 g Zanderfilet	säubern, säuern.
60 g Gouda	raspeln.
40 g Schalotten	putzen, fein zerkleinern.
1 Bund Petersilie	waschen, putzen, hacken.
	Eine Auflaufform mit
Butter	ausfetten und mit den Schalotten ausstreuen. Fischfiletstücke nebeneinander in die Form legen, mit
Zitronensaft	beträufeln und mit Petersilie bestreuen.
200 g saure Sahne	über das Fischfilet geben. Geraspelten Gouda,
Semmelmehl, Pfeffer und Salz	darüberstreuen.
	Backen: untere Schiene – 30 Minuten. **E-Herd:** 200 °C, **Gasherd:** Regler 3.

Wraps

Fladen (4 Stück)

200 g Mehl	mit
½ TL Salz	in einer Rührschüssel mischen.
2 EL weiches Butterschmalz	dazugeben.
	Mit dem Knethaken unter Zugabe von
5 bis 6 EL Wasser	verkneten.
	Teig eine halbe Stunde ruhen lassen.
	Den Teig in vier Teile teilen. Je einen Teil auf einer bemehlten Fläche möglichst dünn zu einem Fladen ausrollen. Durchmesser: 20 bis 25 cm.
	Fladen in einer beschichteten Pfanne ohne Fett von jeder Seite 1 bis 2 Minuten backen. Falls sich der Fladen aufbläht, den Fladen flach drücken.

Thunfischfüllung

2 Dosen Thunfisch (300 g)	öffnen, ausfüllen, abtropfen lassen und mit einer Gabel zerdrücken.
1 Salatgurke	waschen, schälen, fein würfeln.
1 Bund Petersilie	waschen, putzen, hacken.
	Salatgurke und Petersilie unter die Thunfischmasse mengen.
	Thunfischmasse mit
3 EL Schlagsahne	und
Salz, Pfeffer	abschmecken.

1 500 kJ

25 g E

25 g F

40 g KH

Wrap anrichten:

Pergamentpapier
8 große Salatblätter

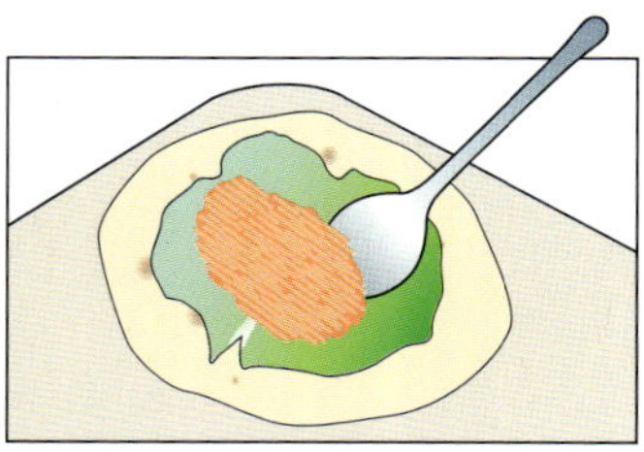

Fladen mit Salatblatt auf Pergamentpapier legen. Füllung auf das Salatblatt geben.

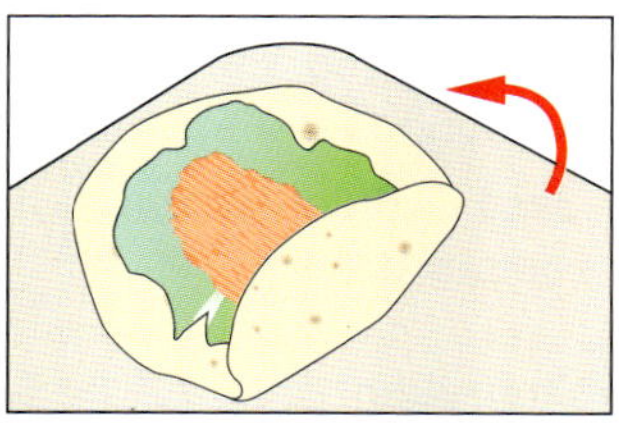

Zweites Salatblatt auf Füllung legen. Die rechte Seite nach oben schlagen.

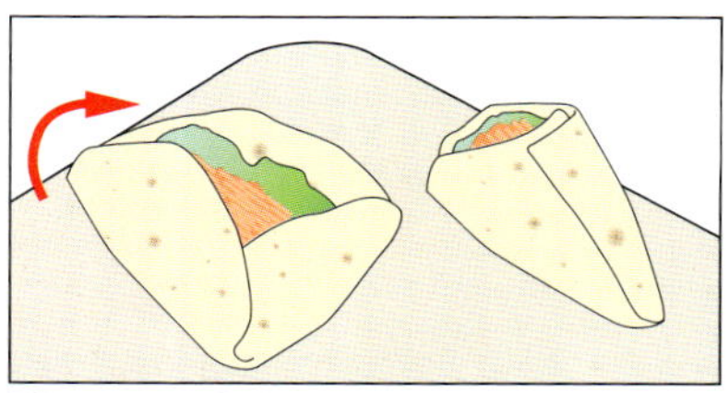

Die untere Seite nach oben hin aufrollen.

10 Süßspeisen

Obstsalat, Winter

Zutaten	Zubereitung
2 EL Zitronensaft	mit
1 EL Honig	mischen.
2 Apfelsinen	schälen, teilen, in Stücke schneiden.
2 Äpfel	waschen, schälen, entkernen, in dünne Streifen schneiden.
2 Bananen	schälen, in dünne Scheiben schneiden.
40 g gehackte Haselnüsse	über das Obst geben. Gesüßten Zitronensaft über das Obst geben, mischen.

890 kJ

9 g E

8 g F

30 g KH

Obstsalat, Sommer

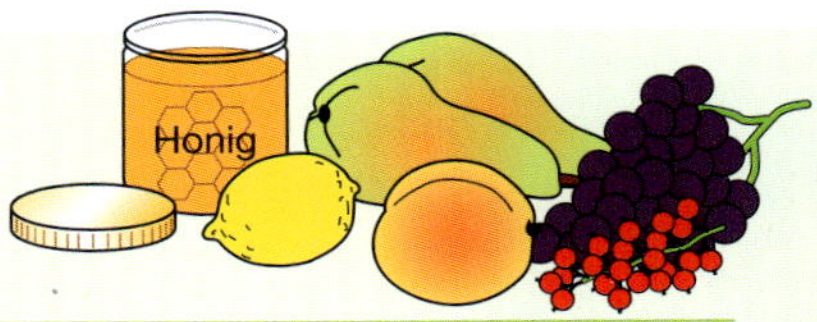

Zutaten	Zubereitung
2 EL Zitronensaft	mit
1 EL Honig	mischen.
1 Pfirsich	waschen, schälen, entsteinen, würfeln.
2 Birnen	waschen, schälen, entkernen, würfeln.
250 g Weintrauben	waschen, halbieren, entkernen.
125 g rote Johannisbeeren	waschen, entstielen.
	Zitronensaft über das Obst geben. Obst vorsichtig mit dem gesüßten Zitronensaft mischen.

400 kJ

1 g E

20 g KH

Schwarzwaldbecher

Zutaten	Zubereitung
250 g Quark	mit
4 EL Milch,	
2 EL Zucker	glatt rühren.
250 g entsteinte Sauerkirschen	abtropfen lassen.
50 g Schokolade	reiben.
	In Glasschälchen abwechselnd Quark, Kirschen, geriebene Schokolade und als Letztes eine Schicht Quark geben.
4 Kirschen	zum Garnieren des Quarks verwenden.

830 kJ

10 g E

5 g F

29 g KH

Vanillecreme, einfach

1/2 l Milch
1/2 Vanilleschote
40 g Stärke
30 g Zucker
1 Pr. Salz

Verfeinerung
1 Eigelb
1 Eischnee

720 kJ
6 g E
6 g F
22 g KH

8 EL Milch in einem Schüttelbecher abmessen.

Restliche Milch in einen Topf geben. Vanilleschote aufschneiden, auskratzen. Mark und Schote in die Milch geben.

Stärke zu der kalten Milch im Schüttelbecher geben, verrühren oder durchschütteln.

Ein Ei trennen, Eigelb zu der angerührten Stärke geben, verrühren, Eiklar in eine Rührschüssel geben.

Milch mit dem Zucker und 1 Pr. Salz zum Kochen bringen.

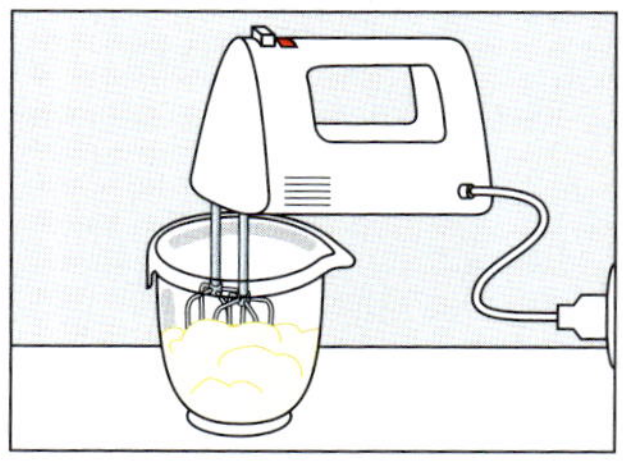

In der Zwischenzeit Eiklar zu Eischnee schlagen.

Kocht die Milch, Vanilleschote herausnehmen. Die angerührte Stärke in die Milch einrühren, aufkochen lassen.

Topf von der Platte nehmen, den Eischnee vorsichtig unterheben.

Die Vanillecreme in mit kaltem Wasser ausgespülte Formen geben. Kalt stellen.

Creme stürzen. Evtl. mit Schokoladensoße servieren.

Schokoladencreme, einfach

½ l Milch	abmessen, 8 EL Milch abnehmen. Die restliche Milch in einen Topf geben, mit
20 g Zucker, 1. Pr. Salz	zum Kochen bringen.
40 g Stärke, 20 g Zucker	und
2 EL Kakao	mit der abgenommenen Milch verrühren. In die kochende Milch einrühren. Schokoladencreme aufkochen lassen, in ausgespülte Formen geben, kalt stellen. Stürzen.

750 kJ | 6 g E | 6 g F | 24 g KH

Karamellcreme, einfach

½ l Milch	abmessen, 8 EL Milch abnehmen.
100 g Zucker	in einem Edelstahltopf unter Rühren erhitzen, bräunen lassen. Topf von der Platte nehmen.
	Vorsichtig – sehr heiß!
	Karamellmasse vorsichtig mit
4 EL heißem Wasser	und der Milch ablöschen. Karamellmasse aufkochen lassen.
	In der Zwischenzeit:
40 g Stärke	und
10 g Zucker	in der abgenommenen Milch anrühren, in die kochende Karamellmilch einrühren, aufkochen lassen. Creme in ausgespülte Formen füllen, kalt stellen. Stürzen.

Tipp zur Verfeinerung: 20 g gehackte Mandeln und 1 Eischnee unterheben.

930 kJ | 4 g E | 4 g F | 41 g KH

Rote Grütze

250 ml Wasser oder Obstsaft, z. B. Brombeersaft,	abmessen, davon 8 EL abnehmen.
200 g Früchte, z. B. Brombeeren,	waschen, putzen, in die Flüssigkeit geben.
Evtl. Zucker	zum Süßen verwenden.
	Flüssigkeit zum Kochen bringen.
	In der Zwischenzeit:
40 g Stärke	mit der abgenommenen Flüssigkeit verrühren und in den kochenden Saft einrühren. Rote Grütze aufkochen lassen. In Formen geben, kalt stellen, stürzen.

360 kJ | 2 g E | 19 g KH

Apfelgelee

6 Blatt weiße Gelatine
4 EL Wasser
½ l Apfelsaft
250 g Äpfel

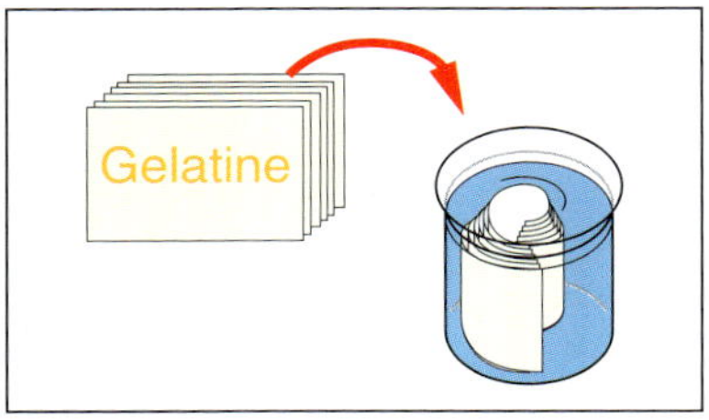

Gelatineblätter aufrollen und in 4 EL kaltem Wasser einweichen.

Wasser für das Wasserbad erhitzen.

½ l Apfelsaft abmessen, in eine Schüssel geben.

250 g Äpfel waschen, schälen, Kerngehäuse entfernen.

Raspeln, zum Apfelsaft geben.

Gelatineblätter ausdrücken und in ein Metallgefäß geben. Im Wasserbad auflösen.

Zu der aufgelösten Gelatine zunächst etwa 5 EL von dem Apfelsaft unter Rühren hinzufügen.

Die Gelatine unter Rühren zu dem restlichen Apfelsaft mit den geraspelten Äpfeln geben.

Apfelgelee in Schälchen füllen, kalt stellen.

Buttermilchgelee

6 Blatt weiße Gelatine	einweichen.
½ l Buttermilch	mit
2 EL Zitronensaft,	
50 g Zucker, 1 Vanillinzucker	mischen.
	Gelatine im Wasserbad auflösen. Gelatine zur Buttermilch geben, vgl. Apfelgelee. Ausfüllen, kalt stellen.

440 kJ

7 g E

1 g F

15 g KH

11 Milchmixgetränke

Projekt

1. Berechnet die Preise für die Milchmixgetränke.
2. Informiert euch über die Herstellung der Getränke.
3. Organisiert die Arbeitsverteilung.
4. Erstellt Getränkekarten für die Milchmixgetränke.
5. Nehmt Bestellungen für die Getränke entgegen.
6. Bereitet die Getränke zu und verkauft sie.

Bananenmilch

2 Bananen	schälen und mit
1/2 l Milch	im Mixer mischen.
1 EL Zitronensaft, Zucker	zum Abschmecken.

Mandarinenbuttermilch

1/2 kleine Dose Mandarinen	mit
1/2 l Buttermilch	mischen, im Mixer zerkleinern. Mit
2 bis 3 EL Zucker	abschmecken.

Joghurt, pikant

2 Becher Joghurt	mit
600 ml Tomatensaft	im Mixer mischen. Mit
2 bis 3 EL gehackten Kräutern, 1 Pr. Salz	abschmecken.

Erdbeermilch „Süßer Traum"

1/2 l Milch	mit
1/2 Packung Erdbeereis	in den Mixer geben, verschlagen. Sofort servieren.

Kefir-Drink

1/4 l Kefir	und
400 ml Maracujasaft	im Mixer mischen. Mit
1 EL Honig	abschmecken.

Apfelsinenmilch

2 Apfelsinen	auspressen, unter Rühren
1/2 l Milch	untermischen, die Milch gerinnt sonst.
1 EL Zitronensaft, Zucker	zum Abschmecken.

12 Gebäck

Blitzkuchen (8 Stück)

1 Grundrezept Rührmasse

Belag
40 g Butter
2 EL Zucker
100 g Mandelsplitter

Achtung: Diese Rührmasse reicht für ein halbes Blech.

Grundrezept Rührmasse:
125 g Margarine
125 g Zucker
2 Eier
250 g Mehl
2 gestr. TL Backpulver
1/16 l Milch (6 EL)

Rezept

14855 kJ
60 g E
205 g F
344 g KH

Ein halbes Backblech einfetten.

Fett und Zucker schaumig rühren.

Eier dazugeben, schaumig rühren.

Backpulver mit dem Mehl vermischen.

Mehl mit Backpulver und Milch abwechselnd unterrühren.
Alles gut verrühren.

Masse gleichmäßig auf dem halben Backblech verteilen.

Butterflöckchen, Zucker und Mandelsplitter gleichmäßig auf die Masse geben.

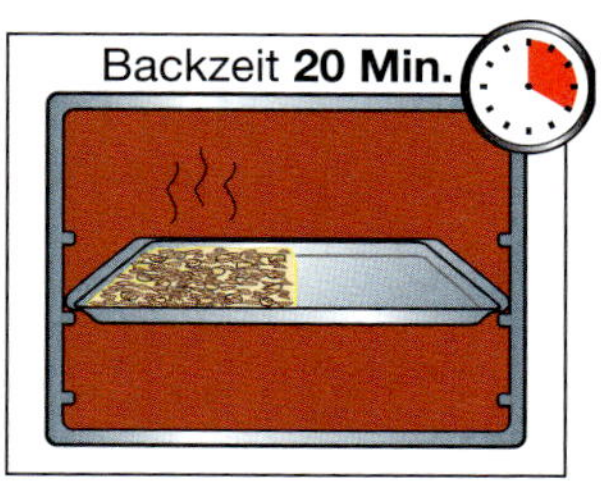

Backen: mittlere Schiene – 15 bis 20 Minuten.
E-Herd: 220 °C, **Gasherd:** Regler 4.

Mandel-Honig-Muffins (12 Stück)

100 g gehackte Mandeln
100 g Honig

200 g Mehl
2 TL Backpulver

80 g Butter, 100 g Zucker
200 g saure Sahne
4 EL Orangensaft
1 Pr. Salz
2 Eier

1 130 kJ
5 g E
14 g F
30 g KH

Muffinblech dünn einfetten.

100 g Mandeln mit 100 g Honig mischen. 6 Minuten einkochen. Nicht fest werden lassen. Abkühlen lassen.

200 g Mehl mit 2 TL Backpulver mischen.

80 g Butter im Topf schmelzen.

Die geschmolzene Butter, 100 g Zucker, 200 g saure Sahne, 4 EL Orangensaft und 1 Prise Salz verquirlen. 2 Eier unterrühren.

Mehlmischung und die Honigmandeln unterrühren.

Teig in die Vertiefungen des Blechs füllen.

Backen: im vorgeheizten Ofen mittlere Schiene – 25 Minuten. **E-Herd:** 180 °C, **Gasherd:** Regler 2.

Muffins 5 Minuten auskühlen lassen, herausnehmen.

Waffeln

125 g Margarine
50 g Zucker
1 Vanillinzucker
2 Eier
¼ l Milch
250 g Mehl
1 TL Backpulver

Speiseöl

Rezept
10 000 kJ
50 g E
125 g F
255 g KH

Fett, Zucker und Vanillinzucker schaumig rühren.

Eier dazugeben, schaumig rühren.

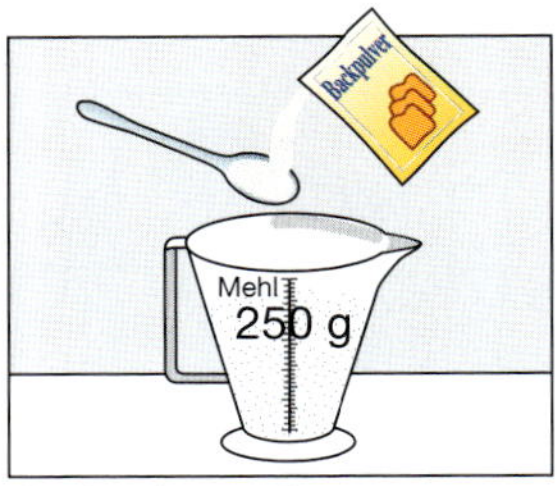

Backpulver mit dem Mehl mischen.

Mehl mit Backpulver und Milch abwechselnd unterrühren.

Waffeleisen fetten und vorheizen.

Teig in die Mitte des Waffeleisens geben. Deckel beim Schließen andrücken, damit die Masse gleichmäßig verteilt wird.

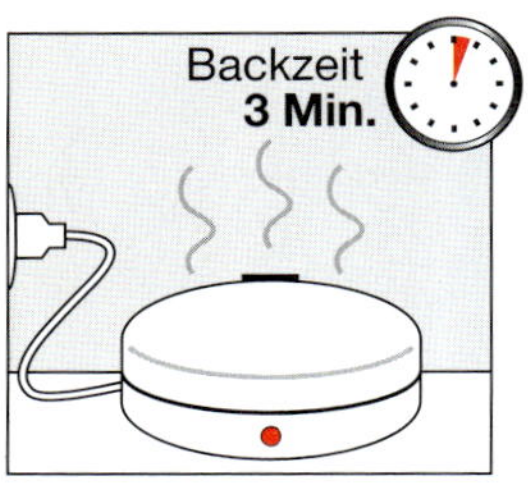

Waffeln 3 Minuten backen.

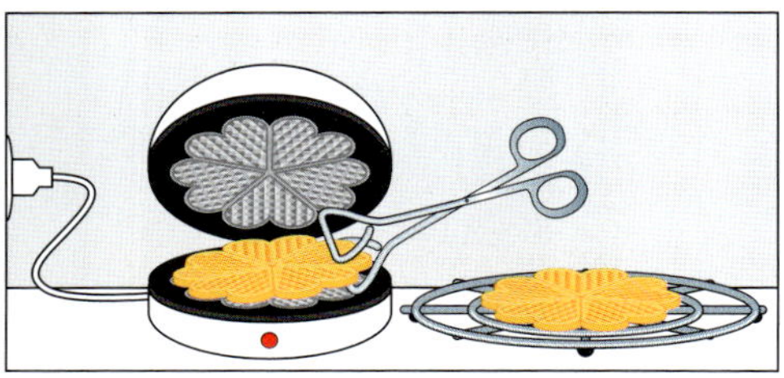

Waffeln herausnehmen. Auf einem Rost auskühlen lassen.

Herzen auseinanderschneiden.

Kleingebäck, süß – Mürbeteig

250 g Mehl
125 g Margarine oder Butter
65 g Zucker
1 Ei

Rezept

9 250 kJ	108 g F
36 g E	250 g KH

Backblech fetten.

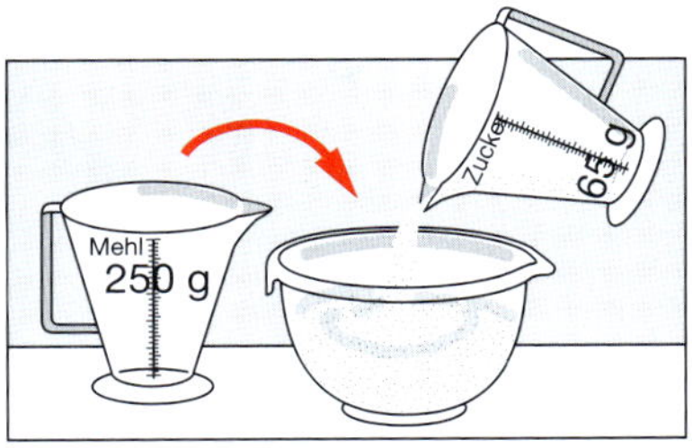

Mehl in eine Rührschüssel geben. Zucker in die Vertiefung in der Mitte geben.

Das Ei aufschlagen, auf den Zucker geben.

Fett in kleinen Stücken auf den Rand geben.

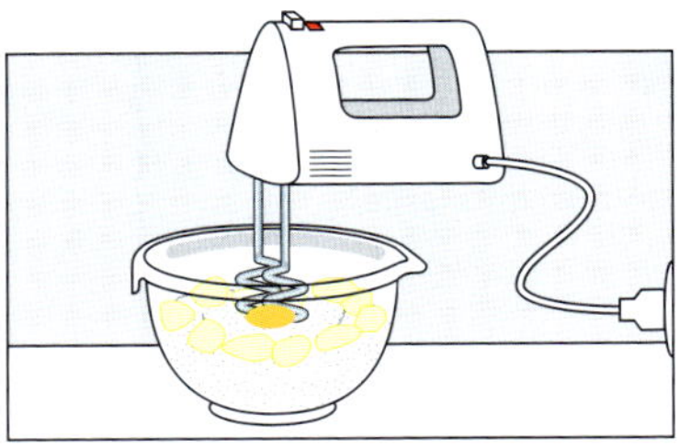

Zutaten von der Mitte her mit dem Handrührgerät/ Knethaken verkneten, bis alles gut vermischt ist.

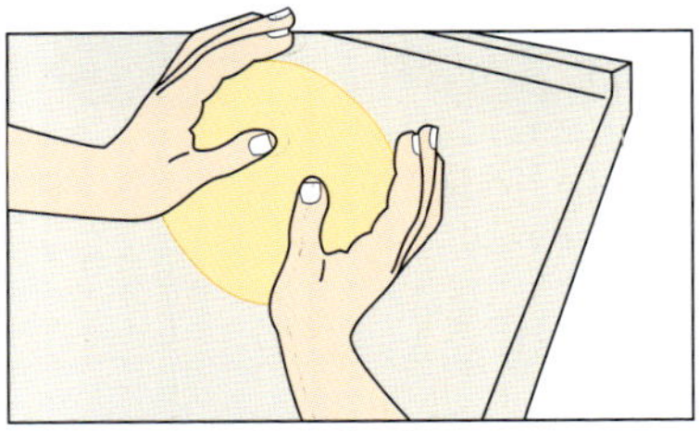

Teig mit den Handballen schnell durchkneten. Teig kalt stellen.

Backbrett bemehlen, Mürbeteig ausrollen.

Plätzchen ausstechen, auf das Backblech legen. Mit Kondensmilch bestreichen, mit Hagelzucker bestreuen.

Backen: obere Schiene 5 Minuten. **E-Herd:** 200 °C, **Gasherd:** Regler 3.

- Die Zutaten müssen kalt sein, dadurch wird die Verarbeitung erleichtert.
- Mürbeteig nicht zu stark kneten, er wird sonst brüchig/brandig. Wenn er doch brandig sein sollte, noch ein Eigelb zugeben.
- Plätzchen nach dem Backen sofort von dem Blech lösen. Sind die Plätzchen festgeklebt, Backblech nochmals kurz in den heißen Backofen schieben.

Zwetschenkuchen – Quarkölteig (16 Stück)

150 g Magerquark
75 g Zucker
6 EL Milch
6 EL Öl
1 Pr. Salz
300 g Weizenmehl
1 Backpulver / 4 gestr. TL

Belag:

1 kg Zwetschen
Zucker zum Bestreuen

Stück

790 kJ

4 g E

4 g F

32 g KH

1 kg Zwetschen waschen.

Zwetschen halbieren und entsteinen.

Quark, Zucker, Milch, Öl und 1 Pr. Salz in eine Schüssel geben.

Zutaten verkneten.

Backpulver unter das Mehl mischen.

Mehl und Backpulver unterkneten.

Teig auf einem gefetteten Backblech ausrollen.

Zwetschen mit der Innenfläche nach oben auf den Teig legen.

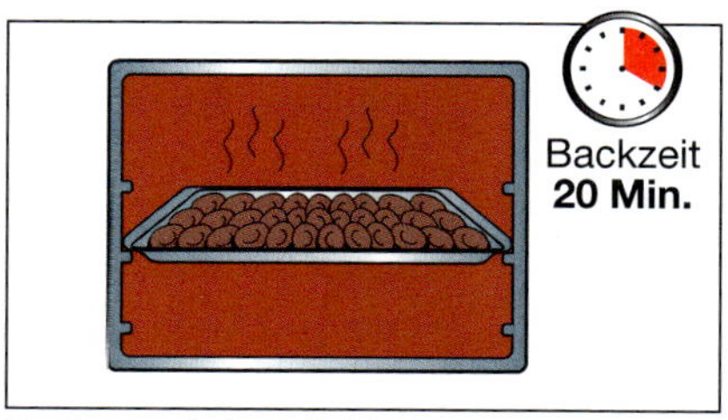

Backen: mittlere Schiene – 20 Minuten.
E-Herd: 200 °C, **Gasherd:** Regler 3.

Zwetschenkuchen nach dem Backen mit etwas Zucker bestreuen.

Weihnachtsplätzchen

Vanillekipferl (etwa 100 Stück)

250 g Mehl,
1 Pr. Backpulver,
125 g Zucker,
1 Vanillinzucker,
1 Pr. Salz,
3 Eigelb,
200 g Butter und
125 g gemahlene Mandeln in eine Rührschüssel geben. Zutaten verkneten. Eine Teigrolle formen, kleine Stücke abschneiden, etwa 5 cm lange Rollen formen.

Kipferl auf ein gefettetes Backblech setzen.
Backen: obere Schiene – 10 Minuten.
E-Herd: 190 °C, **Gasherd:** Regler 3.

Stück
170 kJ
1 g E
3 g F
3 g KH

Zimtsterne (etwa 40 Stück)

3 Eiklar steif schlagen,
200 g Puderzucker nach und nach unterschlagen.
4 EL von der Schaummasse abnehmen.

1 Vanillinzucker,
1 TL Zimt und
325 g gemahlene Mandeln vorsichtig unter den restlichen Eischnee heben.

Masse ½ cm dick auf
Puderzucker ausrollen. Sterne ausstechen, auf ein mit Backtrennpapier belegtes Backblech setzen.
Mit der restlichen Eiklar-Zucker-Schaummasse bestreichen.
Backen: obere Schiene – 30 Minuten.
E-Herd: 150 °C, **Gasherd:** Regler 1.

Stück
310 kJ
2 g E
4 g F
9 g KH

Wespennester (etwa 40 Stück)

3 Eiklar steif schlagen.
250 g Zucker,
1 Vanillinzucker,
125 g geriebene Schokolade,
250 g gehackte Mandeln zum Eischnee geben, vorsichtig unterheben.
Mit einem Löffel Häufchen auf ein mit Backtrennpapier belegtes Backblech setzen.

Backen: obere Schiene – 30 Minuten.
E-Herd: 150 °C, **Gasherd:** Regler 1.

Stück
340 kJ
2 g E
4 g F
9 g KH

Pizza – Hefeteig (8 Stück)

Teig
300 g Mehl
20 g Hefe
1 Pr. Zucker
1/8 l lauwarmes Wasser
3 EL Öl
1/2 TL Salz

Belag
250 g passierte Tomaten
250 g Champignons
300 g Gemüsezwiebeln
500 g Tomaten
250 g Käse, z. B. Edamer
Basilikum und Oregano

Stück
1950 kJ
19 g E
14 g F
69 g KH

Mehl in eine Schüssel geben. In die Mitte eine Vertiefung drücken.

Hefe in die Vertiefung bröckeln, 1 Prise Zucker darüberstreuen.

1/8 l lauwarmes Wasser dazugeben, Wasser mit Hefe, Zucker und etwas Mehl verrühren.

3 EL Öl auf den Rand geben. Salz ebenfalls auf den Rand streuen.

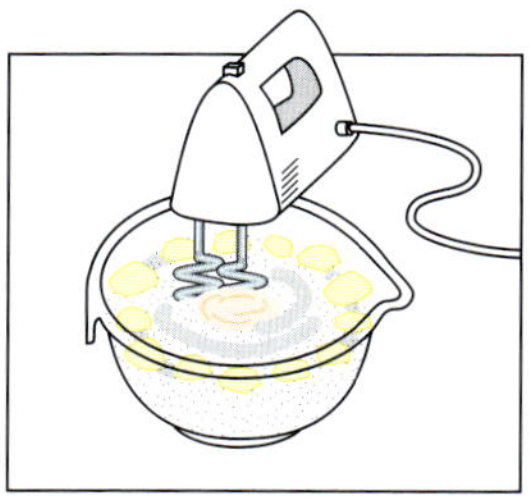

Teig vorsichtig von der Mitte her verkneten.

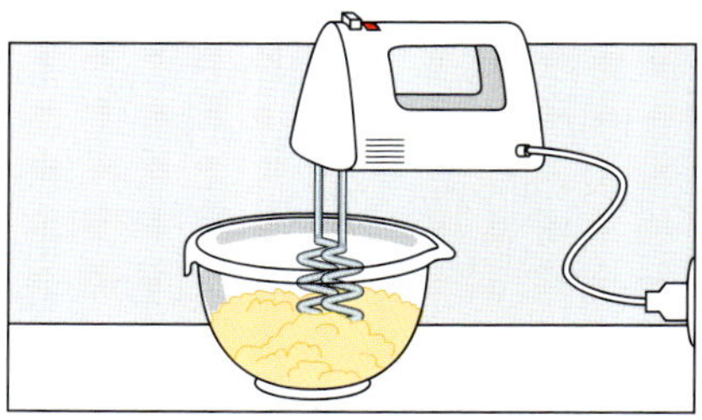

Teig kräftig durchkneten. Der Teig soll weich und formbar sein. Also evtl. mehr Wasser oder Mehl dazugeben.

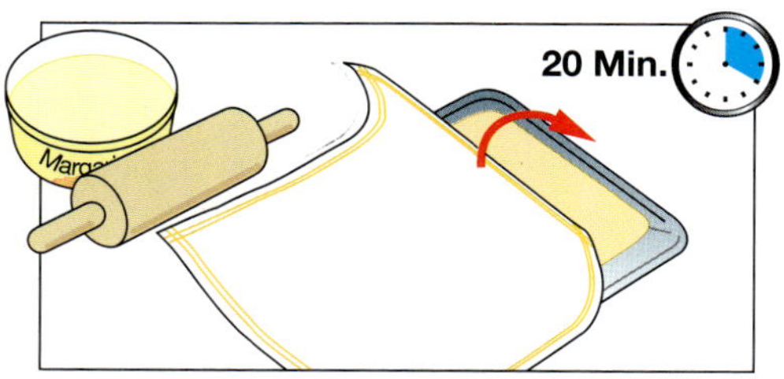

Teig auf dem gefetteten Backblech ausrollen. 20 Minuten abgedeckt an einem warmen Platz gehen lassen.

250 g passierte Tomaten auf dem Hefeteig verteilen.

Nun den Belag vorbereiten:

Frische Champignons
waschen, putzen,
in Scheiben schneiden.

Zwiebeln schälen,
in Scheiben schneiden,
diese in einzelne Ringe zerteilen.

Tomaten waschen,
Stielansatz entfernen,
in Scheiben schneiden.

Käse in Scheiben
schneiden oder raspeln.

Champignons, Zwiebeln, Tomaten und
Käse gleichmäßig auf dem Hefeteig
verteilen. Etwas Basilikum und
Oregano darüberstreuen.

Backen:
mittlere oder untere
Schiene – 30 Minuten.
E-Herd: 200 °C,
Gasherd: Regler 3.

- **Pizza kann auch mit anderen Lebensmitteln belegt werden:**
  1. 500 g Champignons
     750 g Tomaten
     6 Oliven
     1 Bund Schnittlauch
     125 g Käse, z. B. Gouda
  2. 125 g Fleischwurst
     1 kl. Dose Mais
     750 g Tomaten
     125 g Käse, z. B. Gouda
  3. 750 g Tomaten
     300 g Zwiebeln
     250 g Champignons
     1 kl. Dose Thunfisch
     125 g Käse, z. B. Gouda
- Pizza kann auch mit **Quarkölteig**, salzig, hergestellt werden, vgl. S. 242.
  Zutaten: 150 g Magerquark, 6 EL Milch, 6 EL Öl, ½ TL Salz, 300 g Mehl,
  1 Backpulver/4 gestr. TL.

Nährwerttabelle

Lebensmittel	Portion, Scheibe, Stück, EL Menge in g/ml		Eiweiß g	Fett g	Kohlenhydrate g	Energie kJ	Energie kcal	Mineralstoffe Calcium mg	Mineralstoffe Eisen mg	Vitamine B1 mg	Vitamine C mg
Getränke											
Apfelsaft	Glas	(200 ml)	+	+	24	410	98	14	0,6	0,04	2
Grapefruitsaft	Glas	(200 ml)	2	+	20	370	88	16	1,0	0,06	70
Orangensaft	Glas	(200 ml)	2	+	20	370	88	26	0,6	0,16	88
Traubensaft	Glas	(200 ml)	+	+	36	610	145	24	0,8	0,08	2
Zitronensaft	1 EL	(15 ml)	0	0	1	20	5	2	+	0,01	8
Karottensaft	Glas	(200 ml)	2	+	12	240	57	54	0,4	0,02	8
Tomatensaft	Glas	(200 ml)	2	+	8	170	40	30	1,2	0,10	34
Cola-Getränk	kl. Fl.	(330 ml)	0	0	36	611	145	13	0	0	0
Limonade	kl. Fl.	(330 ml)	0	0	40	677	161	17	0,3	0	0
Getreide, Backwaren											
Roggenmehl, Type 1150	1 EL	(10 g)	1	+	7	133	32	2	0,2	0,02	0
Weizenmehl, Type 405	1 EL	(10 g)	1	+	7	142	34	2	0,1	0,01	0
Weizenmehl, Type 1700	1 EL	(10 g)	1	+	6	129	31	4	0,3	0,04	0
Weizen, Stärke	1 EL	(10 g)	+	+	9	146	35	0	0	0	0
Weizen, Grieß	1 EL	(10 g)	1	+	7	140	33	2	0,1	0,01	0
Reis, Vollkorn, gekocht	Portion	(150 g)	5	2	41	825	196	50	1,0	0,11	0
Reis, poliert, gekocht	Portion	(150 g)	3	+	36	660	157	14	0,2	0,01	0
Eierteigwaren, gekocht	Portion	(150 g)	8	2	42	900	214	15	1,3	0,06	0
Vollkornteigwaren, gekocht	Portion	(150 g)	8	3	36	855	204	38	1,5	0,15	0
Cornflakes	Portion	(30 g)	2	+	24	456	109	4	0,6	0,02	23
Haferflocken, kernige	1 EL	(10 g)	1	1	6	157	38	5	0,5	0,06	0
Müsli mit Trockenobst	1 EL	(10 g)	1	1	6	139	33	7	0,3	0,04	0
Brötchen, Semmel, Weizen	1 Stück	(40 g)	3	1	20	426	101	11	0,5	0,04	0
Brötchen, Roggen	1 Stück	(40 g)	3	+	20	404	92	8	0,8	0,06	0
Knäckebrot, Roggen	Scheibe	(10 g)	1	+	7	132	31	9	0,5	0,02	0
Mehrkornbrot	Scheibe	(40 g)	3	1	17	378	90	10	0,9	0,05	0
Roggenbrot, Graubrot	Scheibe	(40 g)	2	+	19	382	91	12	1,0	0,07	0
Roggenvollkornbrot	Scheibe	(50 g)	4	1	21	428	102	20	1,6	0,09	0
Toastbrot, Weizen	Scheibe	(20 g)	1	1	10	218	52	9	0,3	0,02	0
Weizenvollkornbrot	Scheibe	(50 g)	4	1	21	428	102	30	1,0	0,13	0
Paniermehl	1 EL	(10 g)	1	+	7	151	36	3	0,3	0,02	0
Butterkeks	1 Stück	(5 g)	+	1	4	91	22	2	0,1	+	0
Vollkornkeks	1 Stück	(10 g)	1	2	4	176	42	8	0,3	0,07	0
Zwieback	1 Stück	(10 g)	1	+	7	155	37	2	0,1	0,01	0
Kartoffeln											
Pellkartoffeln, gegart	Portion	(200 g)	4	+	30	580	138	20	1,6	0,20	36
Pommes frites	Portion	(150 g)	6	20	47	1650	393	30	2,4	0,23	35
Kartoffelklöße	Portion	(200 g)	8	2	38	860	205	30	2,0	0,18	18
Kartoffelchips	Portion	(30 g)	2	12	12	708	169	15	0,7	0,06	5
Gemüse											
Auberginen	Portion	(250 g)	5	+	8	225	54	200	1,0	0,10	13
Blumenkohl	Portion	(250 g)	8	+	8	250	60	50	1,5	0,28	183
Bohnen, grün	Portion	(200 g)	4	+	10	240	57	120	1,6	0,16	40
Brokkoli	Portion	(250 g)	8	+	8	263	63	263	3,3	0,25	285
Champignons	Portion	(125 g)	4	+	1	88	21	25	1,4	0,13	5
Chicorée	Portion	(140 g)	1	+	3	77	18	35	1,0	0,07	14
Eisbergsalat	Portion	(140 g)	1	+	3	77	18	28	0,6	0,15	4
Erbsen, grün	Portion	(200 g)	14	2	26	760	181	50	3,6	0,60	50
Essiggurken	Stück	(50 g)	1	+	2	35	8	15	0,8	0	3
Grünkohl	Portion	(250 g)	10	3	8	400	95	525	4,8	0,25	263
Kohlrabi	Portion	(250 g)	5	+	10	250	60	175	2,3	0,13	160
Kopfsalat	Portion	(100 g)	1	+	1	40	10	35	1,1	0,06	13
Porree, Lauch	Portion	(250 g)	5	+	8	225	54	218	2,5	0,25	75

Lebensmittel	Portion, Scheibe, Stück, EL	Menge in g/ml	Eiweiß	Fett	Kohlenhydrate	Energie		Mineralstoffe		Vitamine	
			g	g	g	kJ	kcal	Calcium mg	Eisen mg	B_1 mg	C mg
Maiskolben	Portion	(250 g)	8	3	48	1050	250	263	1,3	0,38	10
Möhre, Karotte	Portion	(250 g)	3	+	13	263	63	100	5,3	0,17	18
Paprikaschote	Portion	(200 g)	2	+	6	140	33	20	1,6	0,12	278
Radieschen	Portion	(100 g)	1	+	2	55	13	35	1,5	0,03	29
Rhabarber	Portion	(200 g)	2	+	6	140	33	104	1,0	0,06	20
Rosenkohl	Portion	(250 g)	13	+	10	388	92	75	2,8	0,38	285
Rote Bete	Portion	(250 g)	5	+	23	463	110	75	2,3	0,05	25
Rotkohl	Portion	(250 g)	5	+	10	250	60	88	1,3	0,17	125
Salatgurke	Portion	(150 g)	2	+	3	83	20	23	0,8	0,03	12
Sauerkraut	Portion	(125 g)	3	+	3	88	21	63	0,8	0,04	25
Schwarzwurzeln	Portion	(250 g)	3	+	5	138	33	125	8,3	0,25	10
Sellerieknolle	Portion	(125 g)	1	+	6	131	31	63	0,5	0,06	8
Spargel	Portion	(250 g)	5	+	5	175	42	50	2,5	0,25	53
Spinat	Portion	(200 g)	6	+	2	140	33	250	8,2	0,20	104
Tomate	Stück	(70 g)	1	+	2	49	12	11	0,3	0,04	17
Weißkohl	Portion	(250 g)	3	+	13	263	63	113	1,3	0,13	115
Wirsing	Portion	250 g)	8	+	8	250	60	118	2,3	0,13	113
Zucchini	Portion	(200 g)	4	+	4	140	33	60	3,0	0,10	32
Zwiebel	Stück	(55 g)	1	+	3	66	16	17	0,3	0,02	5
Petersilie	1 EL	(6 g)	+	+	+	5	1	15	0,3	0,01	10
Schnittlauch	1 EL	(6 g)	+	+	+	8	2	8	0,1	0,01	3
Tomatenketchup	1 EL	(15 g)	+	+	4	67	16	4	0,2	0,01	2
Tomatenmark	1 EL	(15 g)	+	+	1	34	8	4	0,1	0,01	1
Hülsenfrüchte											
Bohnen, weiß	Portion	(60 g)	13	1	34	843	201	63	3,7	0,27	2
Erbsen, gelb, geschält	Portion	(60 g)	13	1	35	849	202	31	3,1	0,45	1
Linsen	Portion	(60 g)	14	1	34	840	200	45	4,1	0,27	1
Obst											
Ananas	Scheibe	(50 g)	+	+	10	170	40	8	0,2	0,04	10
Apfel, frisch	Stück	(160 g)	+	+	19	336	80	11	0,8	0,06	19
Apfelmus, ungezuckert	Portion	(125 g)	+	+	11	194	46	5	0,4	0,01	4
Apfelsine	Stück	(200 g)	2	+	18	340	81	84	0,8	0,18	100
Aprikose, frisch	Stück	(55 g)	1	+	6	113	27	9	0,3	0,02	6
Aprikose, getrocknet	Stück	(10 g)	1	+	7	128	30	8	0,4	+	1
Banane	Stück	(150 g)	2	+	24	435	104	12	0,9	0,08	17
Birne	Stück	(150 g)	2	+	20	360	86	14	0,5	0,04	8
Clementine	Stück	(60 g)	1	+	5	93	22	18	0,1	0,05	32
Erdbeeren	Portion	(125 g)	1	+	9	175	42	31	1,3	0,04	78
Grapefruit	Hälfte	(160 g)	2	+	11	216	51	16	0,3	0,08	70
Heidelbeeren	Portion	(125 g)	1	+	16	300	71	16	1,1	0,02	28
Himbeeren	Portion	(125 g)	1	+	10	194	46	50	1,3	0,04	31
Honigmelone	Portion	(150 g)	2	+	8	150	36	9	0,3	0,09	48
Johannisbeeren, rot	Portion	(125 g)	1	+	11	213	51	38	1,1	0,05	45
Kirschen, sauer	Portion	(125 g)	1	+	15	275	65	10	0,6	0,06	15
Kirschen, süß	Portion	(125 g)	1	+	18	319	76	21	0,5	0,05	19
Kiwi	Stück	(50 g)	1	+	6	110	26	20	0,4	0,01	36
Pfirsich	Stück	(125 g)	1	+	13	231	55	10	0,6	0,04	13
Pflaume, Zwetsche	Stück	(35 g)	+	+	5	89	21	5	0,1	0,02	2
Stachelbeeren	Portion	(125 g)	1	+	11	213	51	31	0,8	0,02	43
Sultaninen	1 EL	(20 g)	+	+	13	228	54	10	0,4	0,02	0
Weintrauben, grün	Portion	(125 g)	1	+	19	338	80	23	0,6	0,06	5
Nüsse											
Erdnüsse, geröstet	Portion	(50 g)	13	25	5	1253	298	33	1,1	0,13	0
Haselnüsse	5 Stück	(10 g)	1	6	1	288	69	23	0,4	0,04	+
Mandeln	5 Stück	(10 g)	2	5	2	269	64	25	0,4	0,02	+
Walnüsse	5 Stück	(20 g)	3	13	3	590	140	17	0,4	0,07	1

Lebensmittel	Portion, Scheibe, Stück, EL	Menge in g/ml	Eiweiß	Fett	Kohlenhydrate	Energie		Mineralstoffe Calcium	Eisen	Vitamine B₁	C
			g	g	g	kJ	kcal	mg	mg	mg	mg
Milch, Milchprodukte											
Vollmilch, 3,5% Fett	Glas	(200 ml)	8	8	10	620	148	240	0,2	0,08	4
Milch, fettarm, 1,5% Fett	Glas	(200 ml)	8	4	10	460	110	236	0,2	0,08	4
Milch, entrahmt, 0,3% Fett	Glas	(200 ml)	8	0	10	310	74	246	0,2	0,08	2
Buttermilch	Glas	(200 ml)	8	2	8	350	83	220	0,2	0,06	2
Kakaotrunk	Glas	(200 ml)	8	2	20	550	131	240	0,6	0,08	4
Joghurt, Vollmilch	Becher	(150 g)	8	6	8	488	116	180	0,2	0,06	3
Joghurt, fettarm	Becher	(150 g)	6	3	8	345	82	173	0,2	0,06	3
Vollmilchjoghurt mit Früchten	Becher	(150 g)	6	5	23	615	146	180	0,2	0,06	6
Kefir	Becher	(150 g)	6	6	8	465	111	180	0,2	0,06	2
Kondensmilch, 7,5% Fett	EL	(15 ml)	1	1	2	90	21	36	+	0,01	+
Schlagsahne, 30% Fett	EL	(15 ml)	+	5	1	191	45	12	+	+	+
Sahne, Rahm	TL	(5 ml)	+	1	+	26	6	5	+	+	+
Camembert, 45% Fett i. Tr.	Portion	(30 g)	6	7	1	375	89	171	0,1	0,01	0
Doppelrahmfrischkäse	Portion	(30 g)	5	11	1	497	118	24	+	0,01	0
Edamer Käse, 45% Fett i. Tr.	Portion	(30 g)	7	8	1	443	105	204	0,2	0,02	0
Edamer Käse, 30% Fett i. Tr.	Portion	(30 g)	8	5	1	314	75	240	0,2	0,02	0
Emmentaler Käse, 45% Fett i. Tr.	Portion	(30 g)	8	9	+	500	119	306	0,1	0,02	0
Feta, Schafskäse, 45% Fett i. Tr.	Portion	(50 g)	9	10	1	523	125	225	0,3	0,02	0
Goudakäse, 45% Fett i. Tr.	Portion	(30 g)	7	8	1	449	107	240	0,1	0,01	0
Hüttenkäse	Portion	(50 g)	6	2	2	215	51	50	0,1	0,01	0
Limburgerkäse, 20% Fett i. Tr.	Portion	(30 g)	8	3	0	239	57	153	0,1	0,02	0
Schmelzkäse, 45% Fett i. Tr.	Portion	(30 g)	4	7	2	383	91	164	0,3	0,01	0
Sahnequark, 40% Fett i. Tr.	Portion	(50 g)	6	6	3	360	86	60	0,2	0,01	1
Speisequark, 20% Fett i. Tr.	Portion	(50 g)	7	3	2	243	58	60	0,2	0,02	1
Speisequark, mager	Portion	(50 g)	7	+	2	153	36	60	0,2	0,02	1
Geflügel											
Brathähnchen	Hälfte	(300 g)	45	12	+	1245	296	30	2,1	0,24	6
Hähnchenbrust	Portion	(150 g)	24	2	+	465	111	21	1,7	0,11	2
Hähnchenkeule	Stück	(200 g)	30	4	+	670	160	30	3,6	0,20	0
Putenfleisch	Portion	(100 g)	23	3	+	510	121	10	0,8	0,10	0
Kalb-, Rindfleisch											
Keule, Kalb	Portion	(100 g)	21	2	+	435	104	13	2,3	0,15	0
Hackfleisch	Portion	(90 g)	18	8	+	621	148	9	2,3	0,14	0
Leber	Portion	(100 g)	19	4	+	480	114	7	6,5	0,30	31
Rumpsteak	Portion	(100 g)	21	2	+	435	104	15	3,1	0,07	0
Hochrippe	Portion	(125 g)	25	11	+	863	205	5	2,6	0,10	0
Schweinefleisch											
Kotelett	Portion	(125 g)	25	11	+	863	205	14	2,3	1,00	0
Schnitzel	Portion	(100 g)	21	2	+	435	104	9	1,7	0,80	0
Kasseler	Portion	(100 g)	21	17	+	1020	243	15	1,9	0,56	0
Wurst, Fleischwaren											
Bierschinken	Scheibe	(30 g)	5	6	+	299	71	5	0,4	0,09	6
Blutwurst	Scheibe	(30 g)	4	13	+	587	140	2	1,9	0,02	0
Cervelatwurst	Scheibe	(20 g)	3	8	+	378	90	5	0,3	0,02	4
Corned Beef, deutsch	Scheibe	(25 g)	6	2	+	153	36	8	0,6	0,01	5
Geflügelwurst	Scheibe	(25 g)	4	1	+	116	28	6	0,5	0,05	5
Leberkäse, Fleischkäse	Scheibe	(40 g)	5	9	+	448	107	2	0,8	0,04	0
Leberwurst, grob	Portion	(30 g)	4	12	+	534	127	12	1,6	0,06	6
Leberwurst, mager	Portion	(30 g)	5	6	+	333	79	3	1,6	0,05	6
Mettwurst, Braunschweiger	Portion	(30 g)	4	15	+	659	157	4	0,5	0,06	6
Mortadella	Scheibe	(25 g)	3	8	+	363	86	10	0,8	0,03	5
Salami	Scheibe	(10 g)	2	5	+	212	50	4	0,3	0,02	2
Schinken, gekocht	Scheibe	(50 g)	10	10	+	553	132	6	1,2	0,29	0
Schinken, geräuchert, roh	Scheibe	(50 g)	8	15	+	703	167	5	1,0	0,25	0
Speck, durchwachsen	Stück	(30 g)	3	20	+	807	192	2	0,2	0,14	0
Bratwurst, Schwein	Stück	(150 g)	15	44	+	1950	464	8	1,5	0,42	30
Frankfurter Würstchen	Stück	(80 g)	10	17	+	832	198	6	1,4	0,14	16

Lebensmittel	Portion, Scheibe, Stück, EL	Menge in g/ml	Eiweiß g	Fett g	Kohlenhydrate g	Energie kJ	Energie kcal	Mineralstoffe Calcium mg	Mineralstoffe Eisen mg	Vitamine B_1 mg	Vitamine C mg
Fisch, Fischwaren											
Forelle	Portion	(250 g)	25	3	+	525	125	45	1,8	0,20	3
Heilbutt	Portion	(250 g)	40	5	+	875	208	38	1,5	0,20	3
Hering, Filet	Portion	(200 g)	36	30	+	1780	424	70	2,2	0,10	2
Karpfen	Portion	(250 g)	25	8	+	713	170	125	2,8	0,17	3
Rot-, Goldbarschfilet	Portion	(200 g)	36	8	+	920	219	44	1,4	0,22	2
Seelachsfilet	Portion	(200 g)	36	2	+	690	164	30	2,0	0,20	0
Aal, geräuchert	Portion	(150 g)	21	33	+	1643	391	30	1,0	0,30	2
Bismarckhering	Stück	(100 g)	16	15	+	855	204	38	1,5	0,05	0
Bückling, geräuchert	Portion	(150 g)	21	14	+	885	211	53	1,7	0,06	0
Fischstäbchen, TK	5 Stück	(150 g)	24	11	30	1328	316	11	0,6	0,19	0
Heringsfilet in Tomatensoße	Portion	(100 g)	15	15	2	875	208	50	1,9	0,06	5
Thunfisch in Öl	Portion	(90 g)	22	19	+	1103	263	9	1,1	0,05	1
Hühnereier											
Hühnerei	Stück	(60 g)	7	6	1	370	88	60	2,1	0,13	0
Hühnereidotter	Stück	(20 g)	3	6	1	300	71	50	2,0	0,12	0
Hühnereiklar	Stück	(30 g)	4	+	+	70	17	10	0,1	0,01	0
Fette, Öle											
Butter	TL	(4 g)	+	3	0	120	29	1	+	+	0
Halbfettbutter	TL	(4 g)	+	2	0	64	15	1	+	+	0
Margarine	TL	(4 g)	+	3	0	126	30	+	+	0	0
Maiskeimöl	EL	(10 g)	0	10	0	370	88	2	0,1	0	0
Olivenöl	EL	(10 g)	+	10	0	370	88	0	+	0	0
Sonnenblumenöl	EL	(10 g)	0	10	0	370	88	0	0	0	0
Schweineschmalz	TL	(4 g)	+	4	0	156	37	+	0	0	0
Mayonnaise, 80 % Fett	EL	(12 g)	+	10	+	370	88	2	0,1	+	0
Salatmayonnaise	EL	(12 g)	+	6	1	256	61	2	+	+	0
Salatsoße, Joghurt	EL	(12 g)	+	2	1	101	24	15	0,1	0,01	1
Zucker, Süßwaren											
Bienenhonig	2 Tl	(20 g)	+	+	16	275	65	1	0,3	+	1
Konfitüre	2 TL	(20 g)	+	0	13	224	53	4	0,1	+	1
Nuss-Nugat-Creme	2 TL	(20 g)	1	4	5	230	55	13	0,3	0,01	+
Eiscreme	Kugel	(30 g)	1	4	6	269	64	48	+	0,01	+
Fruchtbonbons	Stück	(5 g)	0	0	5	85	20	0	0	0	0
Pralinen	Stück	(10 g)	1	2	7	190	45	2	0,1	+	0
Vollmilchschokolade	1/4 Tafel	(25 g)	2	8	14	580	138	54	0,6	0,03	0
Zucker	Stück	(5 g)	0	0	5	85	20	+	+	0	0
Alkohol											
Malzbier	Dose	(330 ml)	3	0	36	660	157	7	0,7	0	0
Vollbier	Dose	(330 ml)	3	0	10	660	157	10	0	0	0
Weinbrand	Glas	(20 ml)	0	0	+	204	49	+	0	0	0
Weißwein	Glas	(125 ml)	+	0	4	363	86	13	0,8	0	0

Zeichenerklärung: + = in Spuren

Sachwortverzeichnis

Rezeptverzeichnis

Lösungen

Seite 33, Geräte zum Vorbereiten von Lebensmitteln:
① Kastenreibe ② Küchenmaschine ③ Zerkleinerungsscheiben ④ Kartoffelpresse ⑤ Schüttelbecher ⑥ Pommes-frites-Schneider ⑦ Sieb ⑧ Pürierstab ⑨ Eierschneider ⑩ Handrührgerät ⑪ Knethaken, Passierstab ⑫ Rührlöffel ⑬ Wiegemesser ⑭ Sparschäler, Küchenmesser

Seite 64, Getreidearten:
① Weizen ② Roggen ③ Hafer ④ Hirse ⑤ Mais ⑥ Reis ⑦ Gerste

Seite 73, Exotische Früchte:
① Kiwi ② Mango ③ Kaki ④ Guave ⑤ Avocado ⑥ Granatapfel ⑦ Cherimoya ⑧ Papaya ⑨ Passionsfrucht ⑩ Physalis

Seite 123, Gewürze:
① Paprika ② Wacholderbeeren ③ Zimt ④ Nelken ⑤ Ingwer ⑥ Lorbeer ⑦ Safran ⑧ Curry ⑨ Muskat ⑩ Kümmel ⑪ Pfeffer ⑫ Cayennepfeffer

Seite 124, Kräuter:
① Kerbel ② Rosmarin ③ Thymian ④ Estragon ⑤ Majoran ⑥ Petersilie ⑦ Dill ⑧ Liebstöckel ⑨ Basilikum ⑩ Salbei ⑪ Schnittlauch ⑫ Bohnenkraut

Bildquellenverzeichnis

aid, infodienst Verbraucherschutz – Ernährung – Landwirtschaft e. V., Bonn: S. 73/1–9 – Arbeitskreis Iodmangel, praxis press, Groß-Gerau: S. 80/2 – as-illustrationen, Alexander Schmitt, Rimpar: S. 51/2 – Atelier Zweieck, Martin Metasch, Münster: S. 2; 109/2–7; 117/2–12; 128/1; 152/2, 3; 153; 157/1–5; 177/2; 194 – Udo Bär GmbH & Co. KG, Duisburg: S. 27 – Bauknecht Hausgeräte GmbH, Schondorf: S. 90/2 – BDEW Bundesverband der Energie- und Wasserwirtschaft e.V, Berlin: S. 25/2 – Walter Cimbal, Hamburg: S. 21/1; 33/2; 41; 42; 43; 44; 45/1–3; 47/1–3; 54/9; 60/1; 68/1–4; 77/2, 3; 81/4, 5; 82/2, 3; 84/1; 160; 200/2; 202; 220/8; 225/1; 229/1 – CPH Design, Frankfurt, LSI Language Studies International: S. 97/3 – Deutscher Fachverlag GmbH, Frankfurt/Main (Foto: Siemens AG): S. 100 – Friedr. DICK GmbH & Co. KG, Deizisau: S. 29/4, 5 – dpa-infografik GmbH, Hamburg: S. 163; 164 – dpa Picture-Alliance GmbH, Frankfurt: S. 6/3, 4; 7/6, 8; 103/2; 111/2; 138/4; 161/3; 190/3; 191/1 – ECOVIN Bundesverband Ökologischer Weinbau e. V., Oppenheim: S. 111/4 – Birgit Ehmsen, Kiel: S. U2; 60/2; 64/1; 79/2; 80/1; 88/2; 96; 105/1; 108/2; 110; 111/1; 113; 114/1; 128/2; 131/1 – Emsa GmbH, Emsdetten: S. 48/2b – Erich Schmidt Verlag GmbH & Co, Berlin: S. 114/2 – Erste Bayreuther Porzellanfabrik Walküre Siegmund Paul Meyer GmbH, Bayreuth: S. 48/2a – Michael J. Fabian, Hannover: S. 187/1 – Fotolia Deutschland, Berlin, © www.fotolia.de: S. 43/3a (© Goos_Lar), b (© Kamran Akhlag) – B. Franck, www.culinaryline.com, Nussdorf: S. 36/2; 207/6; 209/1; 215/1; 219; 223/1; 224/2; 225/8; 228/1; 230/9; 234/1; 235/2, 3; 238/8 – Wolfgang Gaedigk, Rellingen: S. 182/2–4 – Elisabeth Galas, Bad Neuenahr: S. 28; 56; 206; 207/1–5, 7–12; 208/2–8; 209/2–10; 210/2–7; 211; 212; 213; 214; 215/2, 3; 216; 217; 218; 220/1–7; 221; 222/1–5; 223/2–10; 224/1, 3–5; 225/2–7, 9–11; 226/2–8; 227/2–11; 228/2–10; 230/2–8; 231; 232; 233/1, 2; 234/2–11; 235/1; 236; 237; 238/1–8; 239/2–10; 240/2–10; 241; 242/2–11; 243/2, 3; 244; 245/1–6 – Claude-Bernard Gay, Hamburg: S. 10/1; 11; 12; 13/1; 14; 39/10; 40; 57/6–8; 58; 63/2; 65; 70; 72; 76; 78; 83/3; 86; 88/1; 98; 101/1; 107; 108/1; 109; 115/2; 116; 117; 121/2; 122; 126; 131/3; 132; 133; 136; 140; 145; 148; 150; 156; 159/2; 161/1; 162; 166; 176/1; 188/2; 193; 195; 204; 205; 208/1; 240/1 – Getty Images Deutschland GmbH, München: S. 6/2; 7/7, 9; 94; 138/1–3; 165 – Ralph Gieseking, Hamburg: S. 57/1–5 – Joanna Hegemann Illustration, Hamburg: S. 168 – Henkel KGaA, Düsseldorf: S. 87/2, 3 – Elisabeth Hönle, Gammertingen: S. 51/1; 180: 182/1 –

Dr. E. Hoting, Hamburg: S. 104/1 – hülsta-Werke, Stadtlohn: S. 174 – Information Management Services Team Information Centre Food Standards Agency, London: S. 101/2 – Institut für Kleintierzucht, Celle: S. 82/4, 5 – Institut für wissenschaftliche Fotografie Manfred Kage, Lauterstein: S. 105/2; 106 – Kroschke sign-international GmbH, Braunschweig: S. 23 – KRvF-Gymnasium Moosburg, Moosburg: S. 127/2 – Küche Journal 2002, Nolte Küchen, Löhne: S. 46/2 – Küppersbusch Hausgeräte AG, Gelsenkirchen: S. 38/1, 2 – Kunterbunt, Kinderfotografie, Heidi Velten, Leutkich-Ausnang: S. 97/1; 154; 157/6; 190/1, 2; 192 – Werner Krüper, Steinhagen: S. 8; 9; 16/2; 183 – Norbert Latz, u.a., Fleischerei heute (HT 1400), Hamburg: S. 71/1, 3 – Gerhard Laußer, Michelsneukirchen, www.webdesign-fotografie-werbung.de: S. 6/1 – Leibniz-Institut für Meereswissenschaften (IFM-GEOMAR), Kiel: S. 79/1 – Josef Loderbauer „Das Bäckerbuch Grund- und Fachstufe in Lernfeldern", Hamburg: S. 33/1 – Miele & Cie. KG, Gütersloh: S. 48/1, 4 – Moulinex GmbH, Köln: S. 45/4; 47/4 – Felicitas Naumann, „Das schnelle Geld. Mit Konto, Karte und Kredit. Eine Geschichte" Copyright © 1995, 2003 by Rowohlt Taschenbuch Verlag GmbH, Reinbek bei Hamburg: S. 149 – Annika Neese, Hamburg: S. 20/3; 87/1; 127/1 – newVISION!grafikdesign, Pattensen, www.newVISION-design.de: S. 17/2; 18/3, 4; 19; 20; 22/1, 4; 24; 25/1, 3, 4; 26/1; 30; 31; 32; 34; 37/2–5; 39/1–9; 51/2; 53; 54/1–8; 62; 63/1; 66; 74; 83/1, 2; 85; 118; 119; 130; 137; 139; 147/2; 158; 172; 175; 176/2; 178/1; 179; 186; 188/1; 198; 203; 256; U3 – Lennard Nielson, Stockholm (Unser Körper – neu gesehen): S. 115/1 – NORDMILCH eG, Bremen: S. 84/5a – Okapia, Frankfurt/Main: S. 68/5 – Picture Press, Hamburg: S. 201 (Foto: Gläser) – pixelio media gmbh München: S. 102/2 (Jentzig 71); 171/2, 3 (Bardewyk.com) – Robert Bosch Hausgeräte GmbH, Gerlingen-Schillerhöhe: S. 46/1 – ROST & DR. STEIN Grafik und Illustration, Hamburg: S. 184 – Cornelia A. Schlieper, Kiel: S. 17/1; 22/2; 48/2c; 60/3; 91 (HT 44951 – Nährwertprogramm erleben und lernen); 129 – Ralf Schröder, Kiel: S. 15/3; 22/3; 36/1; 49; 50; 59; 60/1; 61; 64/3; 67; 69; 71/2; 77/1, 4; 81/2, 3; 84/2, 3; 87/2; 97/2; 103/1; 131/2; 147/1; 161/2; 176/3; 181; 189; 199; 222/7; 229/3; 233/3 – Siemens-Electrogeräte GmbH, München: S. 38/3 – Aus: Maureen Stewart, Essen? Nein, danke! © 1996 Maureen Stewart München, Wien Umschlagillustration: Elisabeth Hau © 1998, 2003 by Ravensburger Buchverlag Otto Maier GmbH, Ravensburg: S. 99 – Stiftung Warentest, Berlin: S. 134 – StockFood GmbH, München: S. 48/3c; 200/1; 222/6 – Tony Stone, Hamburg: S. 102/3 – Transglobe, Hamburg: S. 102/4 – Werner Turtschi, Hondrich/Schweiz: S. 10/2; 13/2 – Unilever Deutschland GmbH, Hamburg: S. 81/1; 84/5b; 125/2; 200/3; 210/1; 227/1; 230/1; 242/1; 245/7, 8 – Verbraucherzentrale Bundesverband e.V., Berlin: S. 135/1 – Verbraucherzentrale Nordrhein-Westfalen e.V., Düsseldorf: S. 135/2 – Verlag Handwerk und Technik GmbH, Hamburg: S. 15/1, 2; 16/1, 3; 18/1, 2; 26/2; 36/3; 37/1; 52; 64/2; 73/10; 75; 82/1; 84/6; 104/2; 141; 159/1; 170; 171/1; 191/2; 239/1 – Vorwerk Deutschland, Raumpflege, Hamburg: S. 151 – Shahin Wagner: S. 7/5 – Wirths Public Relations GmbH, Fischach: S. 226/1 – Ed. Wüsthof Dreizackwerk, Solingen: S. 29/1–3, 6–8 – Zabert Sandmann Verlag, Taufkirchen: S. 84/4; 123; 124 – Zefa, Hamburg: S. 102/1

ISBN 978-3-582-0**7434**-8

Verlag Dr. Felix Büchner – Verlag Handwerk und Technik GmbH,
Lademannbogen 135, 22339 Hamburg; Postfach 630500, 22331 Hamburg – 2009
E-Mail: info@handwerk-technik.de – Internet: www.handwerk-technik.de,

Umschlaggestaltung: harro.wolter@freenet.de, unter Verwendung folgender Abbildungen: U1/1 von Michael J. Fabian, Hannover; U1/2 von Fotolia Deutschland, Berlin, © www.fotolia.de; U1/3 © Falk Verlag Ostfildern

Technische Umsetzung: CMS – Cross Media Solutions GmbH, 97080 Würzburg
Druck und Bindung: B.O.S.S Druck und Medien GmbH, 47574 Goch

Mengenangaben zur Aufstellung und Berechnung von Kostplänen

Folgende Abkürzungen werden verwendet:

1 Liter	1 l	1 Gramm	1 g	1 Prise	1 Pr.
1 Milliliter	1 ml	1 Kilogramm	1 kg	1 Esslöffel	1 EL
				1 Teelöffel	1 TL

Inhalt eines Wasserglases:

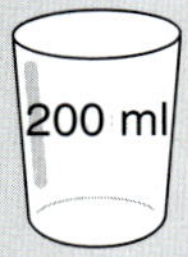

Suppentellers:

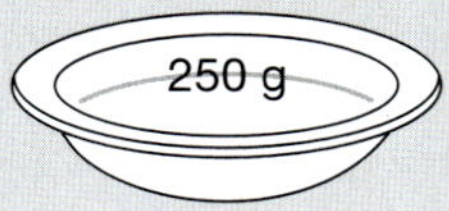

3 Teelöffel ≙ 1 Esslöffel

8 Esslöffel ≙ 1/8 l

1 Prise ist eine Menge,
die man zwischen Daumen und Zeigefinger halten kann.

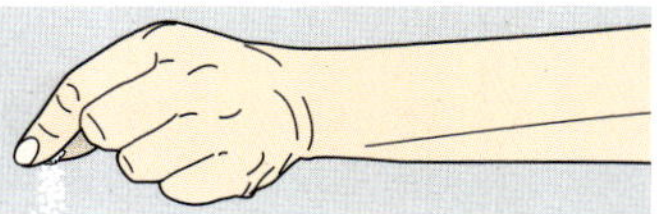

Grundmengen pro Person (Angaben beziehen sich größtenteils auf die Rohware)

Rohkost, Salat	roh, geputzt gekocht	50–100 g 125–150 g
Soßen		60–100 g
Mayonnaise		40 g
Reis, Teigwaren	Beilage Hauptgericht Suppeneinlage	60 g 100 g 20 g
Kartoffeln	Beilage, Eintopf	250 g
Gemüse	Beilage Sauerkraut Hülsenfrüchte	250 g 100 g 60 g
Suppen, Eintöpfe	Vorspeise Hauptgericht	250 g (1/4 l) 500 g (1/2 l)
Fleisch	mit Knochen ohne Knochen Hackfleisch	150 g 100 g 75–100 g
Fisch	im Ganzen ohne Kopf Filet	250 g 220 g 100–150 g
Obst	frisch Kompott Backobst	150–200 g 125 g 50 g
Süßspeisen	Flammeri, Creme Gallerte	125 g 125 g